明天文库·青年传播学者丛书

大众传媒在农村社区的角色变迁

——湘中S村的个案阐释

尤 游 著

上海交通大學出版社

内 容 提 要

大众传媒的体制改革已经不可遏制地向市场化发展，对这一阶段传媒现代性的得失作出一个学人审慎的反思虽然冒险却值得。本书试图将大众传媒转型的过程与阶段性结果仅仅设置投放在中国的某一个普通山村，以社区研究法巧妙地将这一宏观的、抽象的问题转换成微观的、具体的问题，具体而言，则是通过对湘中S村转型前后传媒角色的变化来检验宏观的传媒性质变迁。

本书可作为传媒专业师生、社会问题研究人士的学习参考读物。

图书在版编目(CIP)数据

大众传媒在农村社区的角色变迁：湘中S村的个案阐释/尤游著. —上海：上海交通大学出版社，2011

(明天文库. 青年传播学者丛书)

ISBN 978-7-313-06942-9

Ⅰ. 大... Ⅱ. 尤... Ⅲ. 大众传播—传播媒介—作用—农村—社区—建设—研究—湖南省 Ⅳ. ①G206.3 ②C912.82

中国版本图书馆 CIP 数据核字(2010)第 225544 号

大众传媒在农村社区的角色变迁

——湘中S村的个案阐释

尤 游 著

上海交通大学出版社出版发行

(上海市番禺路 951 号 邮政编码 200030)

电话：64071208 出版人：韩建民

同济大学印刷厂 印刷 全国新华书店经销

开本：787mm×960mm 1/16 印张：12 字数：223 千字

2011 年 2 月第 1 版 2011 年 2 月第 1 次印刷

印数：1～2 030

ISBN 978-7-313-06942-9/G 定价：26.00 元

总　序

这套丛书的作者是一批初入传播学的年轻人，所呈现的成果大部分是他们的博士论文，可以说是他们首次交给学界的入门答卷，也可以说是研究中国当代社会与传播鲜活的案例，跳动着时代的脉搏，听得见时代的脚步声，可喜可贺！我希望他们继续自己的研究，走在时代的前列，不断呈现新的成果，以发展中国的人文社会科学研究事业，丰富中国的传播学研究。

中国的新闻与传播学研究是中国人文社会科学研究的一个重要领域。但不客气地说，这个领域发展的不怎么好：新闻学研究已经有百年历史，经历了三四代人，在新闻史研究、新闻业务研究方面有一批成果，但新闻学研究的总体水平比起其他学科有很大的差距；传播学研究有30多年的历史，著作有千部之余，论文有数万之巨，但基本上仍停留在介绍西方传播学理论的基础上。从这个角度看，中国新闻与传播学研究仍然很苍白！

我们当然知道中国新闻与传播学研究的难度，我们也忘不了中国老一辈新闻传播学者所做的艰苦努力。现在我们只有把希望寄托在年轻一代身上。他们才是中国新闻传播学发展的未来。

在这套丛书出版的时候，我写下如此几行文字，权当感言，以求教于大家。

戴元光

辛卯年初月于上海寓所

前 言

我国大众传媒的体制改革在以经济体制改革为发端终而席卷全社会的全方位变革中姗姗拉开帷幕。从确立新闻发言人制度、制播分离，到成立传媒集团、部分传媒公司进入资本市场，国家全额拨款的事业单位渐进到拟公司化，大众传媒的体制改革已经不可遏制地向市场化发展。可以说，这一过程实践运作的错综复杂使得传媒改革的初衷与阶段性结果并不完全重合，无论是政策的制定者、执行者、接受者或者专家体系，哪路人马均不可能对这一阶段传媒现代性的成败得失做到完全胸有成竹的了然。然而，这样宏大的社会改革更加需要不断地计算得失、总结经验，以为下一阶段的改革所用，就我个人而言，对它作出一个年轻学人审慎的反思虽然很冒险却仍然值得。

本书试图将大众传媒转型的过程与阶段性结果仅仅设置投放在中国的某一个普通山村，以社区研究法巧妙地将这一宏观的、抽象的问题转换成微观的、具体的问题，具体而言，则是通过对湘中S村转型前后传媒角色的变化来检验宏观的传媒性质变迁。为此，我历时近十年，前后进入湘中S村多次进行实地调查，获得了比较全面丰富的第一手调查资料以及相关的文献资料，并在这个实践基础上分析并提炼出一些观点。

调查发现，社会转型前，我国国家政治权力实现了对政治、经济、文化、意识形态和一般社会生活的全面控制，为了加强国家政权与农村地区的联系，此时的“全能主义政府”一手创建了我国广大农村的大众传播体系，这也是大众传媒第一次实现了完全意义上的“大众化”。此时，广播与电影是湘中S村主要的传媒形态，传媒的主要功能是宣传党的方针、政策，传播内容有浓厚意识形态色彩。但与此同时，在农民的社会生活被限制的实践语境中，电影故事化、情感化的宣传方式还是为大众传媒部分溢出政治设置的预期提供了空间，在农民心目中仍然获得了客观的文化意义。更重要的是，若以获得途径、方式、内容、等级等指标对照，当时老百姓使用传媒资源非常公平，老百姓从中能够获得翻身做主人的心理期许。

社会转型后，计划经济时代的全能主义政治体制逐渐转变为在经济社会生活有限多元化的后全能主义政治体制，但国家仍然控制着强力资源并具有超强的处理问题的能力。因此，国家为在农村地区持续落实行之有效的宣传，在原有“农村广播网”的基础上，继续推进“村村通广播电视工程”，改善了农村社会接收电视的条件。然而，此时的S村人口凋零、社会结构破败、道德文化滑坡，农民社区主动利用大众传媒的积极性大大下降，电视沦落为大部分农民赌博与宗教狂热之余的娱乐麻醉剂。若从传播效果而言，在实践中，大众传媒在农村几乎三头落空，既没有行之有效地实现政治宣传（农民接触新闻少），又没有在市场化条件下实现其经济功能，更没有在政府与市场两极之外实现某些社会功能，如为S村社区农民的发展创造有利的条件。这是一个客观的社会事实。

从农民的生存心态而言，若以整个社会的结构作为一个场域，在这个场域内部，社会转型后经过种种博弈，力量对比已经非常明确，农民阶层显然在利益表达与诉求上处于最弱势地位，且向上流动的空间极其狭小，这导致S村人心理性格趋于内生，对外界缺乏关注，精神堕落，丧失了主动运用电视信息的积极性。若以我国大众传媒业的结构作为一个场域，力量对比也非常明确，农民对应的生存心态也非常消极，他们在实践行动中还是首先选择本土可以利用的资源，以实现社会生活与个人发展所需要的种种物质与精神支持。比如，针对S村需要的各种教育、培训、就业等信息，S村人更相信同乡、同宗的提供或帮助；针对S村人的文化娱乐需求，拉家常、打麻将等本土娱乐方式是多数人首选，电视是次选；针对S村人的精神与信仰需求，宗教是庇护所，电视无所作为。

再来看结构性的因素，我在分析大众传媒业的场域时，实际上分成了两个子场域，一个是电视接收场域，也即有线电视建设，在阐释中运用了过程—事件的分析方法。毫无疑问，在这个场域内城乡差距很大，这还不是研究的重点，我发现即便不用于比较，1998年，由国家号召发起的"村村通工程"中，国家致力于改善S村收视环境的有线传输在实践的运作过程中已经也变成地方精英甚至国家代理人盈利的工具，他们垄断当地电视接收生态（电视传播过程中接收环节的生态环境，包括频道种类与数量、信号质量、信号开关控制等），农民最后从这起惠民工程中获得的利益已经非常小，仍然处于最底层空间，这在一定程度上剥夺了农民收看电视的自主权。另一个场域是制造电视内容的场域，由于我国传媒业单一的盈利手段，国内传媒业出现特殊的生存法则，即传媒是通过"第二次售卖"，即将受众"出售"给广告商并从广告商处获得主要收入，传媒在社会守望与市场角色的两相选择中必然通过选择目标受众、议程设置等经营策略向后者倾斜，客观上导致绝大多数电视节目与S村农民无关，因此从根本上抑制了S村农民接收电视的内在动力。

从更深的意义而言，媒介角色的变迁实际上是中国社会转型的特殊产物，是大众传媒业乃至所有行业的改革进程中利益分配格局发生偏差所致。因此，针对这一现状，下一阶段的社会转型必须在反思过去的基础上进行，必须在一个好的市场化的基础上进行，在一个法治化、公平与公正的社会环境内进行，才能实现传媒业与整个社会和谐、稳定的发展。

目 录

第一章 绪论

传播在相当长的历史进程中仅仅局限于小范围人群的微观互动，随着以城市化与工业化为特征的现代社会的发展，它的作用才日益突出。在这个过程中，齐美尔是最早认识到传播的作用的，“任何一定数目的人成为社会，不是因为在每一个人身上都存在着一种由物种所决定的或者推动的他个人的生活内容，而是只有当这些内容的活力赢得相互影响的形式时，当一个个人对另一个个人——直接地或者通过第三者的媒介——产生影响时，才从人的单纯空间的并存或者也包括时间的先后，变成一个社会。”[①]社会不是个人的总和，而是由互动结合在一起的若干个人的总称，互动（传播）被提升到一个非常重要的位置，这个观点在19世纪下半叶齐美尔的时代无疑是超前的。换言之，传播既是社会关系的具体体现，更是人类社会得以构成、维持和发展的必要条件。在传播的作用被逐渐认识的过程中，有两个步骤也在同时进行。

一方面，科技改变了传播的能量，曾经碌碌无为的传播被现代人冠以“社会血管”的美誉，通过它可以完全抵达社会的任何一处神经末梢。在工业革命其他科技成果的刺激下，通信与传播技术也突飞猛进，电报、电话最先横空出世，在短短一个20世纪，广播、电影、电视与电脑互联网犹如一枚枚重型炸弹相继而来，传播形态以几何式增长速度攀越口头传播、文字传播和印刷传播进入电子传播，传播方式也从面对面的人际互动—单向的大众传播方式—多向的多种方式选择，社会交流获得空前自由。与此同时，社会与文化也随之发生巨大的变迁，工业化、城市化与科技发展促使西方迅速向现代社会过渡，并且这种态势迅速从西向东扩散，所到之处社会无不打上现代的烙印。而现代社会公认最重要的特征和构成条件便是大众传播乃至互联网的运用，实际上大众传媒与网络已经成为维系社会互动、促进社会发展最重要的工具与形式，为此，有学者惊呼我们已经从一个以土地、资本或劳动力来衡量政治、经济权力的时代，进入一个在很大程度上取决于一个对情报和人民的

① 齐美尔. 社会是如何可能的[M]. 桂林：广西师范大学出版社，2002：22.

接触程度的时代。[①] 传播与社会两者的关系发展至今日出现某种程度的重合。

另一方面,实践中社会对传播的依赖催生人们将它作为一门学科专门研究。在社会互动与社会发展越来越倚重于外在于人类的大众传媒工具介入时,20世纪上半叶,美国的社会学家们抱着把社会学变成处理社会实际政策与日常任务的手段的实用主义思维,在媒体企业、军事机构、国会、慈善基金会或较大的政府机构力量直接介入下,进行了一系列涉及政治宣传、劝服等主题的调查研究,这些研究最终促成诞生了一个专门研究人类互动传播过程和传播媒介的新兴学科——大众传播学。

然而,由于大众媒介在互动行为以及社会发展中的重要参与作用,传播学最重要的理论基础仍然来自于研究社会的科学。除了第一批社会学家如德国的齐美尔、法国的塔尔德等人,后来的每一位社会学家的研究体系都不可避免地出现与大众传播相关的部分,比如杜威的"经验共享"、库利的"镜中我"、米德"主我与客我",以及芝加哥学派、伯明翰学派、法兰克福学派的媒介理论,这些理论从不同的视角出发共同奠定与延伸两个学科的理论基础。换句话说,传播学的诞生根源于社会的进一步明确分工,它脱胎于社会学,传播学与社会学的关系正如传播与社会的关系一样,根本也是无法分开的。

这两个方面共同形成一个认识。即在现代社会,传播与社会互相渗透,关系更为紧密,传播的问题与社会的问题不能分开讨论。许多传播现象必须放置在整个社会的背景下才能得到完整有效的解读,对社会现象的分析也必须充分考虑由于大众传播媒介参与引起的种种变化。否则,我们得出的研究结论极可能是不科学的,就如蹩脚的医生只会头痛医头、脚痛医脚,孤立静止地研究总是解决不了根本的问题。因此,传播学与社会学的交叉地带、致力于研究传播与社会两者关系的传播社会学是当前传播学与社会学两大学科各自的一个重要分支与焦点选题。作为一位初步具有两方面知识背景的年轻学人,从个人的知识体系而言,以两者共通的理论框架去研究社会中的传媒问题是笔者对研究的基本构想。

第一节　选题综述

一、提出选题

对任何一个研究者而言,选择合适的研究选题所依据的不外乎主观与客观两个条件。客观因其客观性不作赘言,需要解释的是主观条件。正如许多学者而言,

---

① 尼古拉斯·约翰逊.如何反驳你的电视机[M].北京:社会科学出版社,1995:41.

研究者的个人条件如成长经验、研究兴趣跟科学研究要求的客观真实并不违背，相反是进行科学研究的起点与客观条件。

从主观出发，三个层次的理由令笔者选择了农村传播作为主攻的方向。其一，若从个人无意识层面分析，笔者出生于农村，长于农村，虽然后来进入城市，仍然如候鸟一般在城市与农村之间穿梭，农村人的集体无意识早已深深印入心中。换句话说，吃穿住行与户籍在城市不等于摆脱了农村的文化身份，顶多是在原来农村人的基础上再学习一套城市人的身份内容，甚至是城市人的外貌与农村人的底色两条线索并行不悖。实际上，此类人是中国城市中的大多数，这吻合了30年改革开放的人口流向与社会变化。其二，在日常化的意识与经验层面，无论是抽象的农村风土人情、风俗习惯、人际交往，还是具象的村舍规划与内部装饰、田地承包和转租、乃至牲畜饲养等等笔者大致通晓。毫无疑问，全国农村地域文化肯定有差异，但经了解、走访甚至研究过的农村对比来看，有差异的主要是表现形式，但决定这些表现背后的文化制度是相通的。其三，若于社会层面，农村也是不二之选。笔者出生于20世纪70年后期，初识人事最早知道的一个具有社会意义的名词便是“分田到户”，恰好与农村一起分享了这个名词给农村带来的荣耀，但当汇入城市并带着城乡对比的视角回视农村时，农村经济文化落后的事实根本不容反驳，我们这一代从农村走出去的人有责任为农村总结原因并找出出路。总之，无论就责任还是个人能力，熟悉的农村都是最合适的选题。

其时，恰有一个契机。2004年初，一位师长主持一个“从传播效果与公信力的视角研究市场经济条件下我国大众传媒竞争力”的国家课题，笔者有幸在其中承担了一部分工作。为此，笔者花费三个月的时间到湖南农村（原因后面详解）进行预研究。调研发现，传媒竞争力是需要标准参与才能鉴定，而传播效果与公信力本身也是一个定性的概念，它可能涉及两者或多者。联想到更早前在江苏北部农村所做的“电视在农民生活中扮演的角色的研究”，当时调查的结果与之前最初的认识出现很大反差，令笔者一直没有停止反思，但这个研究由于种种原因并没有继续挖掘下去，仅仅停留在表象而成为一个遗憾。湖南的预调查表明两地的调查初步结论有某种程度的一致，这引起了笔者的研究兴趣，认为还是可以在这个基础上把媒介角色（大众传媒的角色）这一主题继续深入探讨下去。因为一方面过去的研究积累可以提供参照的观点、可行的思路和方法（此文附录在正文之后），另一方面媒介角色的范围很广，媒介竞争力也可归于其内，与师长研究的主题较为接近；更重要的是，“角色”（有时也称作“社会角色”）原是社会学最重要的概念之一，通过这个主要概念的连接可以自然地将传播学的命题设置在社会学的理论框架之下。

社会学“角色”一词原是指与人们的某种社会地位、身份相一致的一整套权利、义务的规范和行为模式，是人们对具有特定身份的行为期望，它构成社会群体或组织的基础。[①] 可见,在社会学家的眼中,角色首先是指人,角色是在社会或某一群体中处于一定地位并按相应的行为模式行为的一类人。这里鉴定的大众传媒的角色与大众媒介的性质、地位、权力、功能、职能、任务等紧密相关,涉及大众媒介的权力界限、功能范围、行为方式等。大众传媒虽然表面上从属于物质体系,但它本身既具有"主我",又具有服务国家与社会的"客我",既具有任何他人或机构所不可替代的职能功能因而具备一定的独立性,又由于权力与资本的介入而使这种独立性大打折扣。而且,角色一词是相对的、人本主义的,它设置的是一个多方(至少两方)参与的语境,即多个角色期待方与被期待方。因此,从这些意义上而言,用"媒介角色"而不用"媒介功能"则考虑了大众传媒所有的复杂性、丰富性,具有了活的人类特性,有利于我们基于这个角度对它重新综合地思考和定位。

二、选题的定位

至此,"农村大众传媒的角色"这一选题仍然停留在抽象、模糊的阶段,确定研究视角与研究范围才具备实践的操作性。应该说,确定这两者都跟研究者所持的方法论直接相关,但为了叙述的清楚,笔者再三考虑之后将它们人为地分成具体与抽象两步,这里仅仅呈现具体的研究设计,至于研究设计之后的方法论思考则放在后面研究方法之中探讨。

一次传播行为存在传受双方,这构成两个最基本的审视传媒角色的研究范式。大众传媒本身算一个,比如,以某一个微观的传媒组织为视角,通过观察、分析和反思它的主观努力、行动、效果和变迁等。这种方式最大的优势在于:假如将此传媒组织比拟为一个人,与这个人的亲密接触可以进入其心理世界,最大限度地获知其思想与行为的动机。然而此方式最大的弊病在于很容易将研究选题停留在"传播者为中心"的主观阶段,缺少实践检验。相对的,如果以受众为视角恰好可以解决这个问题,却又容易陷入实用主义的泥淖。这个问题正是长期以来困扰社会学的客观主义与主观主义之间的二元对立。翻阅西方社会学的历史,这个学科仅百年的发展,宏观与微观、主观与客观、社会结构与个体的巨大对峙一览无遗。然而,自20世纪80年代以来,社会学在研究主题与研究方法上出现了相互对话、彼此借鉴和相互渗透的综合趋势。在一批试图综合的社会学者中,布迪厄提出了一种双重解读的关系主义方法论,有效超越了社会学界普遍存在的社会物理学的客观主义/结构主义方法论和社会现象学的主观主义/建构主义方法论之间的二元对立。受到布迪厄解决这一问题思路的启发,本书也尝试把这两种视角结合起来,选取它们共同关心的个人与社会的关系作为研究的切入点。这个综合的视角下出现一明一

---

① 郑杭生.社会学概论新编[M].北京:中国人民大学出版社,1987:126.

暗两条线索，明线从受众（传媒产品的使用者）出发，检验传媒角色；暗线以传媒制度为核心，展示其变迁；两个视角在国家、其他权力、受众与传播者的多重关系中得以统一。这样制度与个体随时相互观照，既可以在宏观的制度中观察农民的反应，也可以在农民的行动中理解它们对制度的重塑作用。

时间与空间共同确定研究坐标，首先来看时间意义上的横坐标，对“最目前”问题关注并反思一直是笔者的研究志趣。那么，用一个什么样的概念或词汇界定“最目前”呢？“社会转型期”，这是一个我们每天接触的高频词，不过大多数人都会将之当做一个政治套话不作认真的留心，严肃媒体也常常犯错误，将“转型”与“现代化”、“发展”混为一谈。事实上，它本身蕴含非常丰富的独特文化内涵。“社会转型”确实属于发展社会学的一个范畴，这一词汇最初来源于西方社会学现代化理论，西方社会学家借用此词汇来描绘社会结构具有进化（或演化）意义的转换和性变，通常指传统的原型社会的规范结构向“发展逻辑”的更高层次的演化，通俗地说就是传统社会向现代社会的转变。

因此，各个国家根据自身历史条件和现状的不同，社会转型会有各自不同的内涵。在我国，社会转型的概念争议也非常大，争议到最后，转型有广义与狭义之分。广义的社会转型是指 1840 年洋务运动以来历经戊戌变法、辛亥革命、新中国成立直至 1978 年实行改革开放一个半世纪的社会发展变迁与转型的历史过程。这一过程大致又可分为三个阶段，第一阶段即 1840～1949 年中国尝试西方发达国家的资本主义现代化道路和模式，结果都以失败告终；第二阶段是 1949～1978 年，即新中国初建国三十年间，由于缺乏对我国实际情况的分析，借鉴了苏联式的社会主义，建立了高度集中的计划经济体制，这种体制虽在初期发挥了重大作用，但导致了资源分配上的大锅饭现象，个人与社会最终都失去了发展的动力；1978 年至今是第三阶段，从社会转型的整体历史进程来看，这种转型是全方位的，深度和广度都是历史上绝无仅有，在邓小平的主持下开始了从“以阶级斗争为纲”到经济建设为中心，从封闭转向开放，从传统计划经济向市场经济体制的伟大转变。①

狭义的社会转型则是指 1978 年实行改革开放以来的社会变迁过程。针对这个过程也有很多争论，然而，已经有不少专家都指出中国的社会转型包括了“现代化”与“发展”的部分内涵，但由于范畴不同，与它们有本质上的区别。现代化是西方学者根据自己的发展模式提出的，是朝着欧美型的社会、经济和政治系统衍变的过程；发展是拉丁美洲与东亚国家在 20 世纪 60 年代后提出的不依附路线，是在全球的框架内争取更优势位置的过程。而社会转型则是社会主义国家寻求发展的道路，孙立平认为它至少有三个关键的含义，首先，如果西方发达国家与发展中国家

① 腾竞. 我国当代社会转型及其阶段研究述评[J]. 文教资料，2009(17)：88-90.

的发展都是从市场经济或传统自然经济的基础上开始的话，转型在经济上的主题是从再分配向市场经济的转型；其次，转型表现在国家与社会的关系上，是总体性社会体制的不断弱化和解体，并由此产生市民社会形成与社会重建的主题，现代化与发展这方面的主题恰恰是民族国家的形成；第三，社会运作方式实现由社会动员让位于科层化和常规化。① 纵观这些内容，社会转型必然是一场与西方及其他发展中国家不同的全面社会变迁过程。也正由于这个原因，这个特殊时期不仅仅在时间上与“最目前”重合，更重要的是，可以将研究拉进完全的本土语境，研究传媒与社会之间产生的真实问题。只要研究者的思路与方法到位，应该能够捕捉到这个特殊时期大众传媒与社会发展的同步运动，捕捉到大众传媒在母系统的变迁中自身呈现的真实、斑驳、复杂、变化的社会实践形态。

再来分析空间意义上的纵坐标。中国地大物博，地区经济、文化差异巨大，任何研究客观上都很难将它全部包容进去，何况即便有雄心大略者往往也会犯面面俱到最终面面不到的错误。许多学者借鉴西方基于数据分析的实证研究方法研究中国的传播角色问题，然而，这种研究方法产生于西方的历史经验，与中国语境有些距离，而且这种方式天生就难以深入分析事物内部作考察。对于中国复杂的制度、文化和伦理环境，最好还是选择费孝通先生一直强调的社区研究。当然，必然有人会质疑社区的代表性，后面将有针对的回答，此不赘言。

选择社区分为三步。第一步，城乡之间选择农村，理由太多太多，在前面已经提出研究者个人的条件原因，这里再提出一个实际的客观观点，“木桶理论”告诉我们，决定木桶容量的不是最长的那块木板，而是最短的那块木板，中国要持续发展，尾大不掉肯定会阻碍社会进步，并有可能激化矛盾，加剧冲突。作为客观上一直受忽视的农村地区，作为主观上更可能期许媒介作为的农村地区，农村的媒介环境更值得我们关注。第二步，农村这个单位仍然太宏大，有限的资源（人力、物力与财力）与个人孜孜追求的深刻性否定了抽样调查的可能性，要求将研究的重心继续集中至某一个农村社区。第三步，千万个农村社区中最终锁定陌生的湘中S村②，因为笔者与它有特殊的渊源，同时相较于较熟悉的农村地区又能够提取“陌生化”效果，既“进得去”，又“出得来”③。换句话说，实际上研究者所能调动和运用的资本数量和种类决定了我们如何进入实地和进入哪些实地，从而最终决定了我们所能获得的经验知识④。对笔者而言，跨度有10年之久的多次湘中之行绝不仅仅为了

① 孙立平．社会转型：发展社会学的新议题[J]．社会学研究，2005(1)：1-23.

② S村是当地行政区划几经变化后确定的新名称，为方便叙述，论文均以“S村”代之。

③ 费孝通．再谈人的研究在中国．东亚社会研究[M]．北京：北京大学出版社，1993：163.

④ 包亚明．布尔迪厄访谈录——文化资本与社会炼金术[M]．上海：上海人民出版社，1997.

功利研究的资料收集，更是理解研究对象、深入当地文化和不断反思的过程。

至此，针对"农村大众传媒的角色"这一选题，精确的坐标系已经构建。已经无法回忆曾经多少次在头脑中苦苦编织这个研究方案，任何一个小小环节出现矛盾都必须从零开始织网，当它最终呼之欲出，突然感受到研究的魅力。具体而言，将湘中S村作为一个具体情境，试图将大众媒介置于纵深的活灵活现的社会转型背景之下，以媒介角色作为主要的切入点，从农民对大众媒介的实践反应中理解目前媒介在农村社会中扮演的角色，并试图以该个案的研究为基础提出相关问题进行理论方面的继续探讨，进而体现该研究的现实针对性及其学术价值。

第二节 文献综述

一、关于媒介功能、效果与权力理论的研究

(一) 关于媒介功能

关于媒介功能的研究有两大学派，一是美国的经验学派。拉斯韦尔、拉扎斯菲尔德、怀特、默顿等人共同形成至今仍然被认可并运用的观点。1949年，美国的拉斯韦尔(Lasswell)在《传播在社会中的结构与功能》一文中首先提出大众传媒具有以下三个功能：监视社会环境、协调社会各部分的关联以适应环境的变化和实现社会遗产的代代相传；1952年，查尔斯·怀特(Charles Wright)在这三个功能的基础上又补充了大众传媒的娱乐功能；施拉姆先后两次进行调整，最后于1982年出版的《传播学概论》里提出四种媒介功能：雷达功能、控制功能、教育功能、娱乐功能。之后，国外的研究虽增加了部分功能，但主要是对功能的细化，基本观点仍与前相近。

我国传播界对媒介功能的认识不脱拉斯韦尔的窠臼。我国的党报理论是在延安整风运动期间确立其传统地位的，1942年9月22日《解放日报》的社论《党与党报》为党的媒介的功能定下了基调："报纸是集体的宣传者和集体的组织者"。这里的集体不是仅仅指报社，而是指整个党的组织。"报纸是党的喉舌，是一个巨大集体的喉舌"，"喉舌论"是我们对大众媒介的定位。老一辈专家王中在1956年写作《新闻学原理大纲》中论及报纸的性质和职能时指出"报纸是传布新闻的工具"，但是"报纸、广播、电视传布新闻仅为其任务之一"，强调只有通过"办报卖"与"买报看"两方面结合才能发挥宣传作用，这就是所谓的报纸的宣传与商品的两重性。

随着社会转型，我国新闻媒介自身也进行了改革，媒介的功能得以继续拓展。

复旦大学童兵教授认为媒介有提供信息、协调和管理、教育、娱乐等四个功能①,而年轻学者陈翔通过对各个学派理论的梳理,将媒介概括为监视、解释、联系、传承社会文化、教育、娱乐、经济等七个功能②。功能拓展的同时则是功能内涵的变迁,这表现在:第一,媒介信息传播功能从单一的宣传功能向多种信息传播功能拓展;第二,媒介舆论功能从舆论引导到舆论引导和舆论监督并举;第三,媒介文化功能从传播知识、文化教育到提供文化娱乐的延伸;第四,广告对媒介的渗透,使媒介的经济功能得以承认和发展③。

另外,针对社会出现的新现象,一些专家和学者还讨论了媒介的负功能。传播理论界讨论较多的主要是虚假信息、信息泛滥、信息污染、麻痹大众、垄断意见、人情冷漠、金钱至上等④。这些负功能在具体案例展开的情境中体现得较明显,比如常德张君一案,媒介一方面发挥了监视环境的"雷达"功能、联系功能及协调功能等正功能,另一方面,媒体又发挥了三大负功能,他们分别是:过度强调危险导致的社会惊惧或者引发媒介"麻醉"负功能,暴力新闻满足猎奇心理,商业逻辑侵蚀新闻传播场。因此,目前关于媒介公正与司法公正的关系讨论如火如荼:媒介权力如同一把双刃剑,其合理的监督有助于提高司法的公正性及透明度;而监控不当与超载越权则会影响司法公正⑤。媒介是坚守守望者的角色还是介入司法领域,这是个理论上十分清晰但实践难以把握的命题。

不过,从国内外的研究来看,功能论长期只有量的增加没有质的变化。它的优缺点都是显而易见的,它因其想包容所有关涉传媒问题的雄心而具有高度的抽象性、不可操作性,又因强调系统内部的均衡和调适而具有强烈的保守性、静态性,正因为结构功能主义具有忽视历时性和行动主体的内在缺陷,这种功能论随着社会环境的变化其现实意义没有得到实质性发展。

第二是欧洲的批判学派。法兰克福学派、英国伯明翰学派、布迪厄、波德里亚等都有精辟见解,不过其理论都建立在媒介强效果论之上。以德国法兰克福大学为中心形成的法兰克福学派以批判的姿态对资本主义制度下的媒介生产与文化予以否定,他们对媒介的否定主要集中在科学技术批判。他们将媒介传播的大众文化叫做"社会水泥"、"文化工业",马尔库塞指出媒介技术不但受到社会的全面控

---

① 童兵.理论新闻传播学导论[M].北京:中国人民大学出版社,2000:107.

② 陈翔.回顾与批判:检阅媒介功能理论[J].西南民族大学学报(人文社科版),2004(11):370-371.

③ 程明.论媒介功能的拓展与媒介竞争力[J].新闻前哨,2001(9):7-9.

④ 邵培仁.传播学[M].北京:高等教育出版社,2000:59.

⑤ 贺建平.媒介权力与司法监督[J].上海大学学报,2004(7):88-94.

制，而且技术本身就是预先按照统治者的意志和需要设计出来的，设计本身就包含了统治的先验性和控制的欲望[①]。但是法兰克福学派对媒介的批判很少深入到媒介与社会现实的内部，对媒介的内部规律缺乏认识，逻辑推理、哲学思辨、历史求证、法规判断等人文思维是他们主要的研究方法，因此他们的媒介功能理论存在明显的主观色彩和理论固执。这样的缺陷在另一个重要的批判学派——英国伯明翰学派那里得到了部分纠正。这个学派的主要成员有雷蒙·威廉斯、斯图尔特·霍尔、托尼·本尼特、约翰·费思克等。费思克将媒介角色纳入整个资本主义经济体系，提出了著名的“两种经济”理论，即金融理论与文化理论，揭示了媒介的本质属性。另外，霍尔的研究第一次将受众纳入研究的轨道，通过研究电视话语如何被观众理解的微观过程，将单方面的传播者视角转换成传播者、媒介与受众组成的关系范畴中定位媒介的角色。布迪厄对媒介的批判主要集中在《关于电视》一书中，他首先揭示了电视制作的奥秘，其次具体阐释了传媒的社会功能受异化的过程。他认为电视在资本主义社会中的两大基本功能是：反民主的象征暴力和商业逻辑制约的他律性[②]。波德里亚对媒介角色的研究极具后现代主义特征，一方面他认为大众传媒、时尚、技术等本身都是当代资本主义消费社会中的商品化形式和消费形式，同时，大众传媒又为资本主义社会创造了“拟像世界”。“在这里，我们进入了博尔斯坦在其作品《形象》中谈及的伪事件、伪历史、伪真实的世界。即不是产自一种变化的、矛盾的、真实经历的事件、历史、文化、思想，而是产自编码规则要素及媒介技术操作的赝品。”[③]

毫无疑问，批判学派对媒介功能思考的精神是值得肯定的，他们在绝对多数人盲目接受科技的一切后果时保持了难得的清醒与警觉。但是，任何一个事物都是双刃剑，他们过分地从最理想模式出发，执著于发现媒介的副功能，并错误估计媒介的作用力，缺乏对媒介功能的全盘思考和理性评价。

（二）关于传播效果

传播效果理论至今仍然是传播学中的核心内容。它的理论构建经历了三个历史阶段，第一阶段：1935～1955年，认为传播媒介是“枪弹”、“注射针”，具有巨大的威力，是万能的；第二阶段：1955～1960年，认为大众传播媒介极难改变一般人的意见、态度和行为，其效果是有限的；第三阶段：1960年至今，似乎采取这样的立场，既承认大众传播媒介有相当大的效果，也强调它并非万能[④]。但无论是那个阶

① 马尔库塞.单向度的人[M].重庆：重庆出版社，1993.

② 布迪厄.关于电视[M].许钧，译.沈阳：辽宁教育出版社，2000：6.

③ 波德里亚.消费社会[M].刘成富，等，译.南京：南京大学出版社，2001：135.

④ 倪红.大众传播媒介的权力[J].新闻与传播研究，1999(1)：22-29.

段其研究内容始终紧紧围绕媒介展开，仍然不脱拉斯韦尔 1949 年提出的“5W”窠臼，即谁(who)？说什么(says what)？通过什么渠道(in which channel)？对谁(to whom)？有什么效果(with what effect)[①]？我们相应的称为“控制分析”、“内容分析”、“媒介分析”、“受众分析”和“效果分析”，这样就大大地缩小了研究内容，如果把这样一个研究过程置放到社会学的视野下去思考，传播效果研究应该说仍然是一个微观的研究，是基于对社会生活的某一侧面、专门领域进行的具体的、特殊的研究。

另外，麦克卢汉的技术论也是一种效果论，他提出“媒介即讯息”、“媒介是人体的延伸”，认为媒介技术对人类的生活方式和社会关系模式具有深远影响，这种影响主要表现在媒介对人类感官的延伸和心理的塑造。现在很多西方学者把麦氏理论归入媒介生态学的范畴，这个学派另有刘易斯·芒福德(Lewis Mumford)、加奎·埃吕尔(Jacques Ellul)、哈罗德·英尼斯(Harold Innis)、波兹曼 (Postman)、尼斯纯 (Nystrom)等人，他们的理论内核就是“将媒介作为环境”，认为传播媒介在将数据或信息从一个地方传递到另一个地方时并不是中性、透明或无价值的渠道，它的那套专门的物理和符号特征为其带来了一套偏倚或倾向(biases)，最终使传播技术在很大程度上推进了世界上各种不同的因果关系。

关于媒介权力的研究主要都是以媒介功能、效果理论为理论工具，因此不再赘言。

二、关于发展理论中的媒介角色研究

对传播社会学的研究者而言，仅仅关注传播过程中的“5W”，仍然还局限于传播学的研究范围，传播社会学所要研究的则是传播发展的社会条件，以及传播发展对社会生活的其他领域的影响，侧重点应该在传播与整个社会的关系上。从这个角度出发，对西方媒介角色的研究还可以归纳到另一条轨道，就是将媒介角色纳入发展社会学的框架中去思考，也有人称之为大众传播与国家发展理论。但由于多种原因在这一框架下的这一命题没有得到一如既往的关注，不多的研究主要集中在 20 个世纪五六十年代的西方与中国社会改革启动后，为了便于叙述的方便，下面的综述将分成国外与国内两个部分。

(一) 西方的研究

发展社会学有两个主要的学术传统并由此形成两个主要的理论流派，一个是主要面对近代以来西方发达国家现代化过程的现代化理论(theories of

① 张国良. 20 世纪传播学经典文本[M]. 上海：复旦大学出版社，2005：199.

modernization)，另一个则是主要面对20世纪60年代以来发展中国家社会发展(特别是拉丁美洲和非洲及后来的东亚部分国家和地区)的发展理论(theories of development)，它们之间存在着时间差，在这两个学术背景下产生了不同的媒介角色理论。

现代化理论阶段的媒介角色：这个阶段的理论主要来自于勒纳、施拉姆和罗杰斯三个传播学家。1958年，美国麻省理工学院教授勒纳教授(Daniel Lerner)根据20世纪50年代初美国哥伦比亚大学应用社会学研究所对土耳其、黎巴嫩、约旦、埃及、叙利亚和伊朗等六国所作的一次大规模社会调查的结果，发表了《传统社会的消逝——中东的现代化》一书。此书的中心论点为，世界上的大多数社会都经历着从口头传播系统向大众传媒系统演进的过程，这一过程与社会的其他变化(主要为城市化、读写能力和政治民主)相互关联。换言之，传播系统的变动，既是整个社会系统变动的结果，又是其变动的原因。并立足于传播角度，划分出三种社会类型：即以口头传播系统为主的传统型社会、传播与口头传媒系统并立的过渡型社会、以大众传媒为主要传播系统的现代型社会①。具体而言，传播媒介是刺激，是传达"同理心"(empathy)最好的工具，传播媒介把"现代化人格"普遍扩散到社会各阶层去，故有"魔术扩散者"之称，当一个传统社会里具有"同理心"的人多起来时，量变引起质变，传统人格和传统的生活形态逐渐消逝，传统社会便逐渐变成现代社会。他的原话是这样的："社会发展的动力图式是这样的：具有流动性人格，易于接受变革的人物组成变动的核心，然后由不断发展的大众传播媒介传播社会流动性和变革的观念、态度，再通过城市化、文化普及、工业化和大众传播媒介参与诸要素之间的相互作用，使第三世界走向现代化。"

传播学集大成者施拉姆也是最早研究大众传播与社会发展之间关系的学者，他的研究成果来源于1962年联合国教科文组织的委托调查，在这次调查中，他全面考察了大众传媒在国家发展中所扮演的角色并列出一系列影响力清单。

另一位传播学家罗杰斯同样将传播看做是社会变革的基本要素，他认为社会的变化分为内生型和接触型两种，前者变革的动力来自于社会内部，主要适用于发达国家，接触型变革的动力来自于接触外界的信息，发展中国家的社会变革多数属于接触型，即由于接触西方的新技术和新观念而促使传统社会向现代社会转型。因此，他把接触型改革看做是创新和发明的传播扩散过程。在这个过程中，大众传播是催化剂，充分使用可以促进同情心的增强，创新性的扩增，政治知识的提高，成就动机的增加以及期望水平的提高等等，进而增进国家整体的现代化水平。在他的研究中，农村是关注的重点，农村现代化的道路遵循这种发展模式，"农民现代化

① 张国良. 20世纪传播学经典文本[M]. 上海：复旦大学出版社，2005：314.

的关键是他们从不同渠道接受新思想:到城里旅行,接触变迁中介人以及晶体管收音机一类的大众传播工具。"①

可见,在现代化理论框架之下的媒介几乎是一个决定性的角色,"在为国家发展服务时,大众传播媒介是社会变革的代言者。它们所能帮助完成的是这一类社会变革:即向新的风俗行为、有时是向新的社会关系过渡。在这一类行为变革的背后,必然存在着观念、信仰、技术及社会规范的实质性变化"②。然而,由于人们一方面忽视了国际间隐藏的不平等、不合理的经济秩序和传播秩序的存在,一方面盲目夸大了传播媒介的能量,这条发展模式的结果令人大失所望,发展中国家与发达国家不但没有缩小距离,所有的差距反而日益扩大,早期所谓的"枪弹论"、"靶子论"等传播效果的强效果论在事实面前轰然倒塌。

发展理论阶段的媒介角色:当传统的现代化理论遭受学术界的尖锐批评和实践无情的检验而陷入困境的时候,立足于研究发展中国家的发展理论获得了越来越大的张力,这一阶段学者从社会的整体形态与结构、传播体系与政治经济制度的关系、国际政治经济秩序与传播秩序的关系等方面提出了新的见解,形成了"媒介帝国主义"(Media Imperialism)理论。媒介帝国主义由美国学者赫伯特·西勒提出,他认为发展中国家的传媒软硬件或其他主要传播方式,单独或整体地,不论在控制权或所有权上都被西方发达国家主宰,由此导致对本土社会的文化、规范及价值观带来颠覆性影响。由此,发展中国家一方面提出了独立自主、自力更生的媒介发展路径,一方面提出建立"国际传播和信息新秩序"的主张。此时罗杰斯等人开始反思早期的研究结论,依据他在拉丁美洲、柬埔寨等发展中国家的研究,写下了《传播与发展:批判的观点》一书,书中媒介仅视为意识形态的工具,其在信息、技术、文化交流以及提高本民族人格素质、加强国际传播等方面的作用没有得到充分阐释。

自20世纪七八十年代,传播媒介在技术层面上发生了巨大的变革,卫星传播、网络系统等的发展,使大众媒介显示出前所未有的威力,传播的强效果论又开始抬头,显然媒介可以在改变本国位置的发展中担当十分重要的角色,但人们又同时意识到,发达国家同样有可能利用经济与技术优势逐渐在全球范围内形成传播霸权,媒介的角色在日益变化的国际国内社会环境下开始多元化发展,错综复杂、扑朔迷离。

---

① 埃弗里特·M·罗杰斯,柏伯尔·J·伯得格.乡村社会变迁[M].王晓毅,译.杭州:浙江人民出版社,1988:309-310.

② 威尔伯·施拉姆.大众传播媒介与社会发展[M].北京:华夏出版社,1990:121.

（二）国内的研究

国内关于传媒与农村社会的研究较少，如果说“中国的三农问题与农民的话语权利往往处于这样的一种尴尬境地，即文本上受到重视而在现实中却被边缘化”（陈潭，2005），在这个问题上更遭遇文本与现实的双重边缘化。为了分析的方便，将这些不多的研究分成三个阶段，即1982～1987年的第一阶段；1988～1995年的第二阶段；1995年至今的第三阶段。

（1）代表性研究有以下几项：1982年杨云胜、程世寿对湖北襄阳地区农村进行的读者调查；1983年祝建华等人对上海郊区农村进行的传播网络调查；1985年张学洪等人在江苏的苏南、苏北、苏中等地农村进行的受众调查；1986年中央人民广播电台举行的全国性农村听众调查，以及1987年中共中央宣传部、广播电影电视部联合调查组开展的经济发达与不发达地区农民居民的比较调查。当时的研究目的主要针对传播事业发展现状、受众与传播效果等，但从调查设计到结果的表述，均没有涉及具体的理论问题，只是一般的描述性研究。

（2）1988～1995年这一阶段是中国新闻传播专业比较沉寂的时期，但关于农村传媒的研究还是有初步成果，主要体现于四项研究：其一是复旦大学新闻学院裘正义的博士论文——《大众传播与中国乡村发展》；其二是陈崇山等编写的《媒介·人·现代化》一书，其中有相当部分涉及乡村社会；其三是中国社科院新闻所王怡红的硕士论文——《论农业新技术传播》，以罗杰斯的“创新一扩散”模式为理论参照，以天津武清县等为研究样本，分析了我国农村居民采纳新事物的过程[①]。其四是戴元光教授主持的传播与文化观念变革研究，其成果《撞击下的浮躁与选择——当代中国西北人的文化价值观》以定量研究方法首次研究了传播对中国西北人文化观念的影响。

（3）1995年至今，这个阶段新闻体制改革开始启动，网络传播出现，市场化、集团化、媒介经济、媒介素养等词汇被人们津津乐道，传媒的研究注意力再次被城市、全球化的语境所吸引，传媒与农村的研究依然没有形成热点。这个阶段目前主要也有以下一些研究成果：其一是由张宇丹主编的《传播与民族发展》；其二是复旦大学博士后方晓红在苏南主持调查并编写的《大众传媒与农村》，作者以定量的研究方法全方位检讨了媒介对现代化建设发挥的巨大作用；其三是复旦大学郭建斌的博士论文《社会转型期大众传媒与少数民族社区——独龙江个案的民族志阐释》，作者从文化的角度对独龙江地区进行实地调查，并用深描的方式呈现独龙江人民使用大众传媒的情况，以及大众传媒对当地的生活与权力结构变化的影响。

---

① 陈崇山，孙五三．媒介·人·现代化[M]．北京：中国社会科学出版社，1997：30.

以上的研究存在一些规律性的特征。首先，大多数研究者都自觉地将自己的研究纳入传统—现代的发展理论框架之中，探讨媒介对农村发展的影响。比如，陈崇山、裘正义、张学洪、戴元光、方晓红等人的调查，一个共同的理论内核就是传媒与人的现代化；其次，研究者在梳理媒介与农村发展的关系问题上，存在两道截然不同的景观，一是对于传播积极效果的乐观，在戴元光教授的研究中，大众传媒可以给贫困和偏僻地区带来各种信息，有利于当地群众改变因循守旧的价值观念①，因此传媒正是促成20世纪90年代初西北人"浮躁"并"选择"的直接动力。李良荣教授对方晓红的研究给予了这样的肯定："方晓红教授领衔所做的调查以详尽的数据令人信服地证明：大众传媒对于农村的政治、经济、文化建设具有重大的作用，'大众传播媒介是江苏农村先导性增长的推进器'。"②二是对于传媒给乡村社会带来的消极影响的担忧，其重点在传媒危及传统文化方面，这虽然不是郭建斌阐述的重点，但在其论文里隐讳地存在着，"这正如电视进入当地以后他们或多或少地从电视中所看到的外地的生活与当地自己的生活的对比中看到了某种差别，但一旦他们想改变自己的时候，对这种变化本身则是完全没有意识。"③不过客观而言，在这两道景观中，对媒介的肯定占了绝对的上风或者主流；从研究方法而言，所有的研究(郭建斌除外)均采用定量分析的研究方法，其主要测量手段是问卷式的抽样调查及问卷回收后使用统计学进行的相关分析。这种"拆整为零"的研究方式、对技术与方法的过度依赖，以及价值中立的研究原则导致了一些弊病，或多或少影响了社会科学研究的整体性、意义性和动态性④。综合而言，部分前人的探索或者停留于现象的描述，或者是对西方传播理论或研究理念的中式应用，社会背景或具体语境基本忽略不计，缺乏本土化的学理性的探索。郭建斌的论文是个例外，应该说是对沿用西方理论和研究方法的一次成功反拨，但其仍然将大众媒介定位于施动者的角色，这样的研究视角决定了他的研究仍然归属于新闻传播学，缺少社会学营养。

由上可知，媒介角色问题一旦转换成媒介功能、效果等问题，不外有两种研究方式，一种是传播学的视野，如拉斯韦尔的功能论、麦克卢汉的技术论和媒介生态

---

① 戴元光．撞击下的浮躁与选择——当代中国西北人的文化价值观[M]．兰州：兰州大学出版社，1993：322.

② 李良荣．大众传媒与农村[M]．北京：中华书局，2002：1.

③ 郭建斌．社会转型期大众传媒与少数民族地区——独龙江个案的民族志阐释[D]．上海：复旦大学新闻学院，129.

④ 张红川，王耘．论定量与定性研究的结合问题及其对我国心理学研究的启示[J]．北京师范大学学报(人文社科版)，2001(4)：99-105.

学，这种视野下，传播的内部规律是其研究目的，传播与社会的关系主要呈现为传播对社会的影响力，反之则遭到遮蔽；另一种是文化批判学的视野，如法兰克福学派、伯明翰学派、布迪厄、波德里亚等，他们的理论突出强调了媒介某一方面的功能，媒介角色以偏概全。因此，通过转换概念获得的角色理论仍然没有被很好地整合进一个范畴，没有在媒介与社会的关系层面上得到完整的阐释。发展社会学框架下的媒介角色成功地将媒介的角色纳入社会发展的轨道，但无论是现代化理论还是发展理论，其研究者均来于资本主义世界，针对资本主义文明，媒介是西方资本主义社会的媒介，这种媒介角色理论虽然对我们构成借鉴意义，但根本上并不能适应中国的社会语境。而尴尬的是中国学术界对这个命题的本土化研究很少，主要着力于对西方理论的翻译介绍与中式嫁接，“稍加注意即可发现，这一部分所使用的理论武器，几乎全是美国学派的”①，而且“有些理论一经我们之手，还被弄得玉碎瓦不全，变为一种残缺的、变形的中式改造”②。事实上，中国实行的是社会主义制度，它有着与西方资本主义非常不同的价值、制度和运作逻辑。并且中国自1979年以来正进行着一场与资本主义发展相比更复杂更精妙并且没有理论和实践参照的社会转型，这场转型也与苏东的转型模式不同，我的选题以“深描”方式将媒介角色的内涵从西方的话语空间转入社会转型期中国独特的语境，从一种单纯的功能、效果论引向丰富多彩的社会场景，还原媒介角色本身错综复杂的真实面目，孜孜追求媒介角色的本土化与实践性。

第三节 研究方法

一、实地调查法

研究者的研究动机（本土化与深入性是研究的目标）和研究条件（研究者能力、人力、物力与财力等）已经决定，实地调查法是用排除法多次排除后剩下的唯一选择。

研究本土社会的现实问题是我国老一辈社会学家孙本文、陈达、李景汉、潘光旦、吴泽霖、吴文藻、吴景超等人为我们树立的榜样，但最初的研究主要凭借研究者自身摸索出来的经验，并没有非常清晰的研究步骤。

---

① 黄旦，韩国飚．1981—1996：我国传播学研究的历史和现状——对几种新闻学术刊物的简略考察[J]．新闻大学，1997年春季号．

② 王怡红．僵化与断裂——对我国传播研究思路的反思[J]．新闻与传播研究，1998(4)：24-30．

吴文藻第一次介绍引入了西方人类学的田野调查方法，第二代社会学家费孝通用他自身的经验鉴定了实地调查这种研究理念与方法的本土合法性。不可否认，人类学的田野调查最初是用于向异域的他者寻求知识与人类的经验，也即所谓“他山之石，可以攻玉”。比如，摩根对亲属称谓研究的《易洛魁联盟》、怀特的《街角社会》、泰勒的《原始文化》和玛格丽特·米德的《萨摩人的成年》都是传统人类学的经典，费孝通本身在20世纪30年代与新婚妻子王同惠远赴广西大瑶山写出的《花篮瑶社会组织》应该也属于这个传统范畴。若大瑶山调查恰如费孝通的中国导师吴文藻先生认为的“立下了社区研究的基石”①，那么，《江村经济》则正如他伦敦经济学院时期的导师马林诺夫斯基预言的“是人类学实地调查和理论工作发展中的一个里程碑”②，这个里程碑式的重要意义之一体现在开弦弓村的社区调查将研究目光从他者处转向本土社会，并以无可辩驳的说服力大大拓展了传统人类学研究方法的适用范围。费孝通本人也以一生贯彻了这个研究理念，从1935年的大瑶山开始，他历经六十多个春秋，深入全中国各个社区乃至整个中国的发展提供行之有效的药方。老一辈学者这条务实求知的“迈向人民”的学术传统需要我们年轻学人继承发扬。

具体而言，所谓实地调查，是指经过训练的研究者亲自进入调查地区，通过直接观察、具体访问和住居体验等方式获得第一手研究资料的过程③，又称现场研究、田野工作或民族学实地调查（民族学、人类学与社会学部分研究内容重合）。因此，这样的实地研究实际上就是以研究者本人为研究工具的一个学习过程。很显然，这种方法最大的优势便是可以全面、深入搜集信息，可以使研究者“更多一些常识感，更加关注那些乍看起来微不足道的常规事件的意义，也更加尊重有血有肉的个体行动者和具体而又多变的生活过程本身，而不是关于生活中的人和事的种种概念”，从而“可以使我们尽可能地靠近社会生活实践过程”④。可见，这种研究方法非常合适深入研究，从我的研究设计而言，不仅需要研究现象，更需要理解现象的意义和背后的逻辑，这就需要从文化的深度进行一番追溯，因此，采用实地调查的方法最有利于实现本项研究的研究目的。

然而，一个小村子的调查如何能构成一幅中国社会的整体面貌？运用这种方法无法回避的一个现实在于个案不具备普适性。社区调查有其自身优点，但也有

---

① 吴文藻. 花篮瑶社会组织[M]. 南京：江苏人民出版社，1987：导言.

② 费孝通. 江村经济[M]. 北京：商务印书馆，1997：13.

③ 宋蜀华，白振声. 民族理论与方法[M]. 北京：中央民族大学出版社，2003：172.

④ 阎云祥. 礼物的流动——一个中国村庄中的互惠原则与社会网络[M]. 上海：上海人民出版社，2000：中文版自序.

天然弱势，弗里德曼就一针见血地指出，“人类学者用以探讨其他社会的民族志的方法不足以研究文明社会，因为文明社会的整体是民族志方法所无法把握的，研究文明社会的学者如果想以自己发现的材料说明点什么，那他就需要首先考察一下他拥有的材料是否对理解社会整体有用”①。费孝通也了解这个方法的不足，在《江村经济》后也力图完善，他曾经尝试通过建立“类型”和“模式”将一个个小社区拼接成大社会。实事求是地说，这个目标在这一本书中无法实现，任何研究方法都有优点和缺点，我们不可能指望一种研究方法能够解决社会研究的所有问题，若要追求研究的深入性和本土化，基于社区的实地调查仍然是最合适的方法。因为，通过对小型社会单位的透视，社会人类学者比其他领域的学者更容易渗入到研究者中，体会和理解他们的生活世界，避免本身文化价值观和主观规范的制约，较为开放地吸纳“本文化”之外的现象和事物②。

与此同时，微观研究与宏观研究难道就无法结合起来吗？补救的办法仍然是有的，理性地将社区研究与其他宏观研究方法结合起来，研究的效果比单纯的微观和单纯的宏观也许更加充分有效。选择合适的研究地址（选址）是我第一个相应的策略。著名华人传播学者祝建华在复旦演讲时将追逐重大事件、独特现象、突发事件等视为选题的陷阱，选择调查地点与选题是一个道理，越是突出的、典型的、独特的越不具备代表性。之所以选择湘中S村恰恰因为它不是突出的、典型的和独特的，它极其普通，隐身于全国无数个社区之中毫不起眼，没有值得荣耀的历史，没有赫赫有名的人物，没有让世人难忘的事件，经济、政治、文化等均无突出之处，它是那些千千万万个以农业为经济主体、农民收入主要来自于“离土不离乡”或者“离土又离乡”的外出务工所得并以血缘、地缘为纽带聚族而居形成的自然村落的一个。一句话，普通的往往更可能具备普遍意义。

除此之外，更关键的是笔者选择糅合了一些最新的社区研究方法，比如“扩展的个案方法”。传统的社区研究一般被称为“微观社会学”，它是一种建立宏观社会学之微观基础的努力。扩展的个案研究则采取了相反的方向，它将社会处境当做经验考察的对象，从有关国家、经济、法律秩序等已有的一般性概念与法则开始，去理解那些微观处境如何被广大的结构所形塑，用布洛维的话来说，它试图建立微观社会学的宏观基础③。由于在研究的过程中引入了微观的宏观基础，通过关注微观与宏观的两个层次的相互作用，时时在一方的观照下考察另一方，有可能达到两

① 李蓝天.人类学实地调查和理论工作发展中的一个里程碑——《江村经济》读后[J].文山师范高等专科学校学报，2009(3)：76-78.

② 王铭铭.社会人类学与中国研究[M].桂林：广西师范大学出版社，2005：引言.

③ 卢晖临.社区研究：源起、问题与新生[J].开放时代，2005(4)：25-31.

者的融合。与此同时，将个案与制度分析结合起来研究。受客观主义传统的影响，制度对个体和群体行动的影响一直被突出强调，但个体或群体行动者对制度的理解、调试却一直遭受忽略，而所谓“限制中的选择”(Nee,1998)力图解释的正是这个问题。本书的研究还注意吸收王铭铭提出的带有强烈“国家—社会”关怀的社区史叙述文体，走出功能主义的“封闭性社区整体论”和“无历史”的局限，将传统理念与社区现状、共时与历时融合在社区史的分析框架中，因此也可以达到“以小见大”研究效果，并最终可以达到提升所研究问题的代表性的目的。

二、具体调查

基于一种实用主义的逻辑，笔者对调查的最初设想是一气呵成式的完成。但事与愿违，这种逻辑的必然结果使笔者不得不一次次打断正在进行中的写作重新回到调查地点继续开展工作。实地调查并不一帆风顺，计划的一次性进入变成事实上的多次进入，前后时间跨度长达六七年，才逐渐由暗入明、由表及里，抓住要领。若总结、回溯整个曲折的调查过程，可有多种条分缕析的方法以有助于梳理清晰，虽然事实上的调查并没有这么清晰的分区。

第一，不同的进入渠道。实地调查遇到的首要问题是研究者有没有进入实地的渠道，通过哪种渠道进入实地。进入渠道有多种，在国内主要不外有通过熟人介绍、行政官方渠道及单位介绍信三种方式，依实践而言，各有长处，熟人介绍最合适搜集社区研究，调动行政资源易于与调查对象建立主被动关系，省时省力省钱，若研究者所在机构有权威和公信力，单位介绍信能够迅速获得对方信任。

第二，若以时间分区，可分为初入社区、熟悉社区与反思社区。初始进入社区，面临严峻的调查障碍。这首先是语言，符号是传播与交流的基础，而语言又是一种最基本的符号，如果没有一定的语码转换能力调查根本无从谈起。S村所属的娄邵片(娄底邵阳)方言在湖南方言中最为复杂，语速快，语调怪，许多发音与普通话完全背离。最初，曾经借熟人充当翻译，事实证明，借用翻译的访谈结果难以深入，翻译自身常常在翻译之时加入自身的了解，而且一旦涉及较为深入难以直译的话语，研究者立即陷入孤立状态。因此，很长一段时间内，笔者与当地人的交流互动只能大致猜测或者用神态、行为等非语言传播方式，这其中引起的误会、弄出的笑话常常一瞬间拉近了与调查对象的距离，获得意想不到的调查收获。真正意义上的调查一直延迟到笔者熟记部分特殊发音与字符乃至基本听懂当地日常言语之后。当然，笔者有时也“逼诱”对方使用普通话，但这种状况一般只发生在无第三方在场的情况。

其次也是每位田野调查者必然遭遇的问题，即调查者本身如何在调查中保持身份适度。所有有关调查的教科书上都强调注重调查的技术性层面，它们忽略了调查本身更是一种社会实践活动，是调查者和被调查对象之间进行社会交往和互动的过程。这种社会实践性体现在多个方面，比如，如何与陌生的调查对象之间建立合适的关系以得到他们的配合，如何坚持自身的问题不被调查对象引入"歧途"，在调查对象提出他们的疑问和要求时如何正确应对等等。最初，调查常表现为拉锯状态，似乎正在进行一场拔河比赛，双方队员都想将对方拉入自家阵营。一方面，笔者必须接受S村的"异文化冲击"并真正达到"深度沉浸"（deep immersion）[①]；另一方面，保持观察者应有的反映距离，以防出现完全认同本地人价值立场（going native）的危险。"保持距离"和"取得一致性"两种要求加在一起[②]，调查者身份尺度的把握需要极高的智慧。在实践中，应该说也是通过不断的反省，我选择回避这一对二元对立的矛盾，调查的过程我强调"深度沉浸"，就现象分析和理论概括时我则加入多种视角，如其他微观主体以及制度、历史等外在的宏观体制因素，这种自始至终自省的"进得去"与"出得来"策略使得结论尽可能在主观与客观、宏观与微观统一的基础上抵达实践本身。换句话说，笔者以尽量隐匿调查者本身的方式尽力化解这一对难以调和的关系。

熟悉社区这一阶段主要为搜集资料阶段。在搜集资料阶段，笔者主要采用了定性先行、定量跟进的方法论策略，主要有以下几种具体的调查方法。首先，"参与式调查"是最基本的方法，这个过程解决的是调查对象即基本分析单位的生活世界进行系统的观察和了解，与此同时，这也是研究者认识社区文化的基本途径。这个具体实施过程一般有"建立联系"、"观察"与"适度引导"三个步骤，第一、二个步骤是调查对象处于行动的主动地位，研究者则充当一个忠实听众和观察者。建立联系是一个从认识——局部深入——全面深入的循序渐进的过程，第一阶段主要借助笔者与调查社区的关系以及S村作为一个典型"熟人社会（费孝通，1983）"的优势，由内而外、由近而远、由亲及疏地达到与村人结识的目的，观察纯粹凭着当时环境自然设定。第二阶段主要将留守家庭的女人、老人等设定为入户调查对象。第三阶段将调查对象扩展到社区男性，在与其他家庭成员已建立相互信任的基础上，选择男人上班前或者下班后的时间入户。观察的内容最初没有限定在跟研究主题最密切的电视节目、有线网络方面，而是辐射面很广，从调查对象自身乐意交谈的任何话题如服饰、明星、超女、哺乳、补钙、丈夫、公婆、教育、儿孙、晚年生活等等家长里短入手，搜集到S村包括自然、地理、政治、经济、文化、历史、宗族等综合信息，间接地了解当地的文化。这个优势毫无疑问是能够使调查做到"以无厚入有

---

① 陈永龄. 田野调查是民族学者成长的必由之路[G]//马启成，白振声. 民族学与民族文化发展研究. 北京：中国社会科学出版社，1995.

② 阿特斯兰德. 经验性社会研究方法[M]. 北京：中央文献出版社，1995：84-86.

间”,因势利导、因性任物、因民随俗,从中自然而然地获得需要的信息,缺陷在于无法集中于研究问题,耗费人力财力。此时,将准备好的研究提纲派上用场便是必要的,由于之前建立关系的种种铺垫工作做得比较扎实,适度的话题引导往往不引致反感。

除了参与式调查之外,访谈是另一个重要的搜集资料的途径。如果说参与式观察是在研究对象的情境中(本土语言与文化环境)初步明确研究主题,访谈则是通过与具体的调查对象进行更深入的对话,获得他们对研究主题的扎根式的认识。虽说社区中人人均可成为访谈对象,研究者均可从他们处搜集到资料,根据目前农村社区的实情,访谈要做到事半功倍最好是寻找到“明白人”。在任何一个社区,总有几个明白人,在他们的头脑中,似乎储存着调查者所需的绝大部分信息,但对多数糊涂人来说,访谈的话题一旦越出他的家庭范围便无法表述清楚了。在乡村做社会调查,关键是要找到这样的明白人①。排查下来,社区文化的“明白人”有三种类型,一种是经历丰富的老人,一种是村干部,最后一种是文化人。村里老人颇多,但绝大多数是老实巴交的失语者,且常常贫病困窘,对话常常中断。不过确有几位老人提供了非常丰富的历史资料,他们阅历都十分丰富,S村浩瀚风云一一亲历见证,还有一位S籍老干部提供了由他个人所著的《S文史》,但客观而言,这位从农村走出去的老干部在回溯历史时存在着一种老当益壮的豪情,文史记录的更多是光辉史。S村历届村干部是第二类“明白人”,他们年龄在50～70岁之间,由于本身的阅历及年轻人进城打工造成的后继中坚力量缺位,这批人实际上又与“明白人”中的第三类——文化人重叠。笔者与这一群体的初次交往源于一次由修路引起的宅基地纠纷,亲眼目睹村委会合理平衡事件中多个主体的利益关系,他们对当地情况的了解、处理问题的精干圆熟使笔者认识到调查离不开这部分人的帮助,笔者有信心认为自己与乡村精英的交流已经深入到当地的文化语境。

但具体到本书的研究主题,“明白人”又另有其人。首先是社区有线网络的运营商和管理者,他实际掌握着规则和许多核心数据,与这个人以及他的子女邻居的对话,让笔者对许多问题茅塞顿开。其次,若从对电视节目的熟悉程度而言,女性和青少年是知情人,他们是最好相处的调查对象,看电视本身就是他们重要的生活内容之一,甚至电视内容也构成他们重要的精神世界,因此不需要任何话题引导,他们就能提供丰富和意想不到的资料。S村还是一个较传统的社区,男性在社区扮演的往往是公共领域里的角色,因此,与他们之间的访谈有助于了解到社区对大众传媒与大众文化的最高认识程度。

除了参与式观察与访谈之外,焦点小组访谈也是比较常用的方式。如果说跟

---

① 曹锦清.黄河边的中国[M].上海:上海文艺出版社,2000:61.

一个人的开放式访谈可以获得的资料信息类似于一个个散点透视，那么，焦点访谈小组这种以一个研究者与多个研究对象展开的对话形式则有利于围绕研究主题获得相对稳定的“集体情境定义”。焦点访谈小组主要在两个群体中进行，一个是女性，与城市女性的互相隔绝不同，熟人社区的女性常常集群活动，所以小组访谈非常适合她们，而且这个氛围也为她们提供发表认识和意见的勇气。另一个是青少年群体，学校和班级原本就是天然的小组，笔者在社区组织过初中二年级、小学三年级两个焦点小组访谈，另外，也曾在社区内大小不一的部分留守儿童中间进行过类似的调查。

问卷调查也辅助使用过，不过考虑到调查对象的教育程度和交流习惯，笔者一般在实践中将问卷内容默记心中，以封闭式访谈的方式获得答案。进入某户进行深入的全程跟踪调查，也是本书研究中的搜集资料的一种方式。后面有详述，此不赘言。

最后，文献调查不十分顺利。能够呈现社区广播、报纸与电视发展历史与现行政策的数据、大事件等等文献资料主要来源于官方，这样的相关资料本身并不多，加之行政部门对研究者查阅这些资料的目的和用途颇有疑虑，致使通过行政机构的调查一度几乎中断。由于深谙个中缘由，笔者一方面没有放弃，积极寻找官方渠道进入，或通过人大、政协等组织协助，获得一部分文献，另一方面，退而求其次，通过熟人介绍与相关行政机构的工作人员进行访谈以获得相关信息。由于访谈所难以避免的主观性，给整篇文章的客观性打了一点折扣。不过，由于访谈对象都是传媒机构与相关行政事业单位的老领导、老职工，有些是一线的参与者，他们提供的信息均来自丰富的实践经验，虽不排除其中有少数敷衍现象，但从相异的访谈对象处仍然得到相似的判断，因此通过访谈获得一个基本事实是可以确定的。

毫不夸张地说，笔者调动了几乎可以调动的所有资源（社会资本、经济资本与文化资本的集合），全力以赴去搜集资料。但需要反复强调的是，实地调查本身是一种研究者亲自参与并与调查对象对话和交流的社会实践活动，这种社会性的存在决定了实地调查本身是需要不断自省的，资料获得的经验性方式也决定了对资料的使用有一个从理性认识上升到内化体验的较长过程，而且，社区研究的局限性要求将这个研究结果放置在更客观的全局范围内通盘考虑以增强调查的可靠性，这整个过程称之为反思阶段，若遵从时间分区，则概括为熟悉社区之后的反思社区阶段。这个过程之漫长与结果之无限期超出了之前的料想。如果说在资料搜集阶段，资料搜集方式、访谈人员选择、研究提纲和主要提问等都是明确、具象和可操作的，那么这个反思内化就比较神秘难以捉摸。实际上这个问题是绝大多数社会研究者面临的困境，许多学者提出了自己的观点，细数之下发现他们之间或在打架或也说不清楚。比如格尔茨的反思内容就是文化诠释，但遭受一致批判，因为文化解释无法构建整体现实，拉比诺的反思是事后对“实地研究的反思”，显得十分笼统，德里达的反思强调通过“移情”或“分延”来精心琢磨实地调查工作中的种种处境，虽然提出具体方式，但说到底仍然是一种诠释工作。笔者甚至发现，反思的内容与他们有交集，但还有更多的非交集部分。对S村社区的调查到底多大程度上是主观适度参与的客观而不是个人解释，文字展示下的S村文化到底对他们是仪式表象还是真实的实践呈现，在这种文化和历史基础上展开的媒介角色认识是否是唯一的认识还是延展与反思的空间，这些困惑和思考历经多年一直伴随着笔者，唯一欣慰的是笔者由此获得了对这个社区持续性的研究兴趣和精神探索。

第二章 湘中 S 村社区

“社区”是一个人们既熟悉又陌生的词汇，理论和实践活动中大量使用，但对其内涵并不十分清晰。这个词汇最早由德国社会思想家腾尼斯提出，在 1887 年他出版的成名作和代表作《共同体和社会——纯粹社会学的基本概念》一书中，“社区”的概念首次引入社会学视野，他以“社区”（又译成“共同体”）表征人类共同生活的某种表现形式，“社区”被定义为一种传统的、基于情感与伦理而连接起来的共同体，又称“礼俗社会”；与之并列的是“法理社会”则是以个人意志、理性契约与法律为基础形成的社会团体。类似的探讨在早期社会学家涂尔干和韦伯等人那里也出现过，“机械团结”和“有机团结”的内涵与区分跟“礼俗社会”和“法理社会”大致相当。腾尼斯创造这个词汇引领了学术界的一种思潮，引发了 20 世纪 70 年代以来方兴未艾的社区研究，这个研究跟第三部门和 NGO 研究一样属于同一种努力，即试图在政府和市场之外寻找另一种组织类型去应对和解决社会问题的途径。

可见，腾尼斯的社区概念是有特定内涵的，但实际上这个词汇从一开始就存在概念分歧，加之随着政治、经济生活的发展，社区形式日趋多样性和复杂性，社区的概念也不断得到丰富和发展。有关“社区”的内涵与外延也逐渐丰富，据美国的一位学者较早之前所作的总结，社区的定义已有 94 种之多①，大致上形成几个不同的认识角度，政治—法律视角、地理空间视角和社会心理视角②，以至今日从不同的研究目的与研究角度出发，完全可以对社区作出不同的界定。不过尽管社区的概念众说纷纭，国内研究在使用它将它简化成两类：一类是功能主义观点，认为社区是由共同目标和共同利害关系的人组成的社区团体，即功能社区，这种观念与腾尼斯的定义比较接近；另一类是地域主义观念（我国大部分学者均采用地域主义观念），认为社区是在同一地区内共同生活的有组织的人群，即地域性社区③。

---

① 徐琦. 社区的概念与理论起源[J]. 运城学院学报，2005(2)：32-36.

② 殷妙仲，高鉴国. 社会社区工作——中外视野中的交流[M]. 北京：中国社会科学出版社，2006：20-21.

③ 姜振华，胡鸿保. 社区概念发展的历程[J]. 中国青年政治学院学报，2002(7)：121-124.

反观湘中S村，研究中之所以将它视为一个独立社区，应该说是基于社会心理和地域主义的双重考虑。简言之，解放前，这个社区就是由一个主要的家族扩展成的共同体(跟腾尼斯的礼俗社会相似)；解放后国家依靠行政力量对农村划分了生产队、大队和人民公社三级共同体，这里也不例外；之后虽然人民公社解体，行政参与规划大致没有变化。最后，S村在由历史选择和政治规划的共同作用下，形成了目前的自然村落基础上的法定的区域生活共同体。

第一节　历史沿革与自然条件

调查的地点S村，坐落于湖南省中部娄底地区涟源市(县级市)。尽管湘中腹地在近现代史上人杰地灵、英雄辈出，毛泽东、曾国藩、刘少奇、彭德怀、秋瑾、陈天华……无法尽述，但对临近的这个村落而言，无论是地方志等正史还是民间修纂的历史书籍，版图上并无特别出奇之处，在全国范围内而言，无名山、名水和名刹，亦没有出现特别杰出的历史人物，是块平淡无奇的土地。

S村居涟源市最西部，与涟源市政府所在地蓝田镇仅7公里，并与邻市冷水江市接壤。经过约20小时的跋涉，从上海始发的火车抵达涟源市火车站，下车后坐上私人运营的小公共汽车，等满客人，15分钟即可到达目的地——S村。

这里景色确实十分怡人。15分钟的坐车时间车行景转，冒着黑烟的城市逐渐被连绵不绝的山丘抛至后面，映入眼帘的巨大无边的绿色振奋人心，在火车站附近短暂停留获得的混乱、置身于异文化的陌生，以及对此行研究的前途担忧逐渐淡去。步行在村中，近景景致更丰富，平原农村"井"字式的村舍、河流和田地体现的是一种整齐的秩序，山区农村的错落有致亦是一种情趣。这里的山丘跟江、浙的婉约温柔相比自有不同，山形粗犷，草木繁盛，姿态奔放，十足是浪漫恣意的楚地风情。

S村太小，若要了解这里的地理与自然条件，必须仍以涟源为研究单位。从地图上看，湖南省属中南地区，雄鸡腹地。涟源正地处湖南几何中心，亦是沟通湖南东西经济走廊的咽喉之地。湖南全省东西南三面环山，中北部低落，地形呈马蹄形，涟源市位于中部丘陵地带，处衡(阳)邵(阳)盆地北缘，湘江支流涟水上源，湘黔铁路穿越市境。

若近距离分析其地理位置，它东临娄底、双峰，南接邵东、新邵，西邻新化、冷水江，北连安化、宁乡，居北纬27°27′至28°2′，东经111°33′至112°2′。东西最大宽度40公里，南北最大长度65公里，总面积1895平方公里，占湖南总面积的0.8%[①]。

① 涟源市志编纂委员会. 涟源市志[M]. 长沙：湖南人民出版社，1998：1.

今涟源境域，历史沿革历经无数变化。春秋战国时候属楚地，秦始皇统一六国后属长沙郡，秦至东晋时期大部分分属湘南、连道、湘乡、昭陵等县，北宋以后，其全部地域便长期分属湘乡、邵阳、安化和新化四县，1951 年才从安化、湘乡和邵阳三县划出一部分政区新建蓝田县。据说蓝田一名还有典故，清同治《安化县志》载，南宋著名学者张南轩曾来蓝田，见这里四周青山环抱，中间是一宽阔盆地，山脚两弯绿水，于是断言："此地宜蓝。"①然而，后来，正因为与陕西蓝田同名，又更名为涟源县（因其地处湘江支流涟水上源而得名），1987 年国务院批准涟源县撤县建市，始称涟源市。建县以来，涟源行政区几经变更调整，目前全市辖 19 个乡镇、1 个街道办事处，总面积 1 895 平方公里，总人口 113 万（2006 年）。

涟源境内，因受地质构造和地层岩性的强烈制约，加上外部营力的作用，形成复杂的地貌形态。以山地、丘陵为主，占全市面积的 90%。境内西北部有雪峰山余脉由西向北纵耸，海拔较高；西南部与新邵交界地带有龙山山脉横亘，主峰岳平峰海拔 1 513.6 米，为涟源最高地；中部地势不高，多为低矮丘陵；东部地区海拔不足 200 米，最低处仅 103.5 米②。若从地质构造来看，碳酸岩分布区地势较缓，属低山、丘陵地形，约占图区的 3/5；元古界、古生界的浅变质岩分布区山势陡峭，多属中低山、低山地形。综合而言，市境南北西三面山地环绕，中部呈屋脊状隆起的朝东敞开的"E"字形地貌轮廓③。S 村地处涟源市南北向的中部和东西向的最西部，属碳酸岩组成的中部丘岗平区，难能可贵的是相对平地较多，相较境内其他地方最有利于农耕生产。

据说这样的地质构造是适合矿产储藏的。境内也确实有有色金属，其品种众多，已探明储量的有煤炭、铁、锰、锑、铜、氧化锌、铅锌、硅石、磷、滑石、石膏、硫磺、重晶石、黏土等 20 多种，在湖南省享有"有色金属之乡"、"煤炭之乡"、"建材之乡"的美誉。不过，目前开发利用的只有煤、铁、锰、石灰石等少数几种，其余尚属潜在优势。重点要提的是煤炭，涟源境内煤炭储量 4.36 亿吨（除两个乡镇外，其他乡镇和村落都有，S 村亦有），占湖南省的 15.2%，为娄底地区的 40%④。不过，涟源的矿山都属于小型矿山，小矿山的开采同样引起诸多环境地质问题，如瓦斯灾害、煤矿水灾、地裂缝与矿坑疏干排水引起的地面岩溶塌陷、矸子堆放破坏土石环境等，

---

① 涟源市志编纂委员会. 涟源市志[M]. 长沙：湖南人民出版社，1998：823.

② 涟源市志编纂委员会. 涟源市志[M]. 长沙：湖南人民出版社，1998：83.

③ 王三丁，张令明. 湖南省涟源市岩溶地面塌陷特征地面分析[J]. 中国地质灾害与防治学报，2007(2)：122-126.

④ 涟源市志编纂委员会. 涟源市志[M]. 长沙：湖南人民出版社，1998：9.

这些问题亟待评估和解决①。

这个区域属大陆性特色较浓的中亚热带季风湿润气候区，全年平均气温16.9℃，降水量1387.3毫米，具有气候温和四季分明，春温多变，盛夏酷热，雨水集中，秋季常旱，无霜期长，严寒期短等季风性气候特征②，这种气候受当地的地质、地形影响较大，易导致山洪，诱发地质灾害，历史上曾经多次发生洪涝与旱灾。

全市土地面积共1 895平方公里，折合284.4万亩。然而可利用的耕地面积只有22.68%，宜耕土地中水田与旱地比例大约2∶1，以S村为单位计算，人均耕地面积(包括旱地和水田)仅3.8分。当地农业主产水稻、小麦、甘薯和畜养猪、牛、羊等，另外比较常见的经济作物有花生、油菜、烟草、柑橘、茶叶、棉花和丝瓜、线瓜、萝卜、苦瓜等十几个蔬菜品种。

若从土质而言，涟源境内共有九种土壤类型，属于中低山、丘岗地区的S村最主要为两种。平地土壤属水稻土类，适宜种植水稻。境内最早种植水稻的时间可以追溯到西汉以前，清代民国时期，水稻已经广为种植，目前一年收获两季水稻，大米是当地居民的主食。山地属红壤土类，适宜种植耐旱性作物，当地农民一般种植红薯、辣椒、柑橘、葡萄等。然而，由于客观上山地农业机械化难以推进，农业作物价格低廉，且村内留守劳动力缺乏，农民山地种植的积极性不高，S村山地基本落荒。

另外，当地水文资源丰富却无法使用。境内水系大小河流172条，除NW部有三条水系属资水水系外，其余均为湘江水系。主要河流为涟水、孙水和湄水，呈树枝状水系，流向自西而东，最后汇入涟水，流向湘江③。然而，对S村而言，唯一的水系涟水流经此地宽度不足2米，无法灌溉全村的田地，绝大部分田地只能依赖蓄水功能较差的池塘。S村有丰富的地下水，但由于经济落后，无法兴修水利，地下水资源优势无法显示。总的来说，S村的自然条件对长期的农业生产有利有弊。

交通不是自然条件，但交通往往依据自然条件而规划。据《新唐书·地理志》记载，境内在秦汉之时为江西经湖南入贵州所经之地，故逐渐形成一系列古道，至新中国成立前夕共有干线7条，总长240公里。

清末民国时期，境内交通改以水路船运为主。航道为湘江支流涟水上流，包括涟水及其支流孙水和湄水，总长145公里。由于涟水上游为山溪汇合而成，河道弯

---

① 易海霞，胡家新，洪勇，孟高头. 小型煤矿环境地质问题及防治对策[J]. 安全与环境工程，2005(4):65-68.

② 涟源市志编纂委员会. 涟源市志[M]. 长沙：湖南人民出版社，1998:96.

③ 王三丁，张令明. 湖南省涟源市岩溶地面塌陷特征地面分析[J]. 中国地质灾害与防治学报，2007(2):122-126.

曲狭窄,泥沙淤塞,河底礁石密布,四季水位变化无常,因此航道条件艰难,常有事故发生。20世纪50年代至60年代,政府多次组织专业队伍整治航运,但因泵、坝等严重碍航,故1964年后,水运航道逐步断航,至70年代中期全部停航。

水运衰落的同时,境内开始兴修公路和铁路,交通运输的重心逐步由水路转移至陆路。20世纪60年代初,已经建成一批干线公路,目前,娄涟高等级公路、娄新高速公路横贯东西,207国道和二广高速纵穿南北,从涟源出发一个小时可到市府娄底,两个半小时之内可到湖南长(沙)株(洲)(湘)潭任一城市,基本上公路交通四通八达。境内的湘黔铁路始建于民国25年(1936年),后湖南省政府奉命"毁路抗日",将铁路彻底毁坏,1958年政府决心复修,经过三年苦战,1961年湘黔铁路境内段竣工通车。这为水斗笠山煤矿、洪源、湘峰、湘中等地锻造厂、煤机厂、一六九厂等国家部、省属厂矿相机进入境内创造机会,这些大型的工业进驻也反过来继续促进了当地交通运输业的发展。目前,市内已有铁路12条,北上首都,南至广州、深圳,西进云南、重庆,东入上海与江浙,铁路交通运输畅通无阻[①]。

第二节　社会环境

一、宗族文化的瓦解与转型

宗族是中国农村社会的一种最基本的社会结构。客观的生产力水平低下与社会成员的集群而居,加之孔孟儒生的提倡与统治阶级的因势利导等等原因造就了宗族制度在中国农村社会的经久不衰,族长和农村乡绅阶层通过宗庙、祠堂、族田、族产和族规等,通过各种仪式和具体角色规诫长期在宗族内实施等级统治。S村虽然是法定的行政村,由于改革开放前常住人口基本没有流动,行政村基本上保留了之前自然村的人口结构与规模,因此S村基本上仍是以梁姓为主的宗族自然村。当然,从解放战争时期始,中国共产党逐步废除封建剥削制度,当地的宗族势力受到土地改革与后来一系列政治运动的冲击,附属于农村宗族的一系列因素逐步解体或转型。

在S村,当地95%以上的村民姓梁(夫妻同姓很常见),另有极少数小姓(当地人的称谓),如谭姓、肖姓、李姓等。他们部分是当年给梁姓地主做工的佃农的后代,部分是上门女婿,部分是由于战乱、天灾人祸等逃散至此。这个人口格局解放前就确定,解放后历次的人口流动高潮,农村人口均只提供供给,没有输入,因此外姓也没有补充。

---

① 涟源市志编纂委员会.涟源市志[M].长沙:湖南省人民出版社,1998:374.

这里对梁姓宗族的追溯志向不在描摹历史与文化的演变，而是以此为线索寻找梁姓人隐藏不露的集体无意识。秦兆雄（日本神户市外国语大学中国学科）根据自己在湖北农村个案调查写成《论宗族研究中的几个问题》，文中提出：宗族通常是由同一祖先繁衍下来的男系世系亲属。然而，谁是祖先则因分支和个人而异，不是绝对不变的，而往往是相对可变的①。

查梁氏家谱及梁氏后人所著《湖南梁氏S文史》得知：

梁姓鼻祖康公伐戎有功，周宣王二十五年戊戌（公元前804年）受封夏阳梁山（今陕西澄城县东北），国号梁，是为梁伯。梁国虽然很快灭亡，其子嗣却沿用梁姓。

此后，经过两千多年的缓慢历程，梁姓后人从北方逐渐向南方的江西、湖南、广东以及港澳台等地分散。S村这支梁姓（涟源市梁姓承脉于同一祖先）迁徙过程涟源市志有记载：

梁姓，原籍甘肃天水地区，转徙四川依政县，湖北监利县，再至江西太和县。相传自始祖康公至五十九世万隆公，先后担任商、周、秦、汉、隋、唐各代官员者较多。万隆公于唐末举进士，官至监察御史，因上书力抵和议，不合皇上意图，弃官隐退，于宋建隆元年（公元960年）举家徙湖广潭州湘乡之迪康（今属涟源市常林乡）。传至六十六世太义公，于南宋淳熙四年（公元1177年）迁至安化县三衙冲（今S村）②。

然而，据村内老人世代口口相传的版本跟市志有不少出入：

我们S村这支梁姓是南宋时期从江西躲避战乱迁徙过来的。晒谷坪太义公的墓可以作证，我们的始祖是太义公（跟市志无异）。太义公有一子炎龙，炎龙又生四子，太公乃是炎龙四子之一，我们这一支梁姓是太公的后代。据说，太义公率领众人从江西举家迁徙至涟源一带，太义公跟他的子孙们打算就此定居，由于太公是庶出身份，遭到诸兄弟恶意排挤，被安排于山地最外围处定居，以防外族入侵，其他三兄弟则迁入更远的深山。如今，相对躲进深山里兄弟的后代们，我们反而享受了更方便的交通环境。

市志的版本正式却缺少很多细节，民间流传线索很多但文学色彩严重，没有文献证据，两者之间还有不少矛盾之处。比如迁徙原因到底是基于战乱还是不满朝政？到底是从江西还是从湖南本省转移过来？从种种迹象分析，似乎正史更为可信，据市志中记载，这支梁姓后代自万隆公起，即以“勤耕读、不为官”为家训，经宋、元、明三朝，至清康熙三十六年梁昌拔入庠起，这种传统观念才有所改变③。这似

① 常建华. 继往开来：进入新世纪的宋以后宗族研究——“宋以后宗族形态与社会变迁国际学术研讨会”综述[J]. 史林，2007(5)：181-189.

② 涟源市志编纂委员会. 涟源市志[M]. 长沙：湖南省人民出版社，1998：818.

③ 涟源市志编纂委员会. 涟源市志[M]. 长沙：湖南省人民出版社，1998：818.

乎跟之前万隆公弃官隐退一事可以前后呼应，逻辑上更为严密。然而，梁氏家谱中确也记录了太公的庶出身份，也算是为民间故事自圆其说。也许，两者都有粗疏遗漏之处，官方视角下的政见不合、弃官隐退与民间视角下的避乱自保都是基于自身立场下的合理解释，两种视角的天然鸿沟可见一斑。其实研究不需要拘泥于一定要分清"真假"，可以确定这支梁姓的确是万隆公、太义公一路脉承过来的后代，这也就足够了。顺便提及，这支梁姓从太义公始迄今已经繁衍至第28代。

正如秦兆雄在《论宗族研究中的几个问题》所说，我国的宗族是一个个人为中心的多层次结构，所以通常是一个宗族制度、宗族群体和宗族组织这三种形态反复变动的动态体系①。这个动态体系基本从宏观视角解释了S村梁姓从宋以来的社会结构变化的轨迹。他继续解释，一般来说，宗族制度是宗族群体和宗族组织的核心单位和基本原理，随着时间的推移、子孙繁衍世代增多而成为宗族群体，而社会、宗教、经济、政治的因素和条件的变化以及领袖人物或成功者们的价值取向和行为意图等原因，既可以让宗族群体成为宗族组织，同时也可以让宗族组织解体，成为宗族制度和宗族群体。当然，这只是一种逻辑上的解释，任何人都无法实质还原这支梁姓28代发展过来，因为人口繁衍或其他种种原因从少到多、从自然集群到组织集群，然后继续分化为更小单位再次循环往复的社会结构变迁过程，只能对一些遗迹、器物或者文献作一番推理或者考证。最有力的类似活化石功能的证据是S村的聚居地点与民舍的变化。

S村最核心的聚居地当属以太义公墓为核心、辐射半径约1 000米的范围。这是一块低处山坳，此处在全村而言房屋建造密度最大，最古老破旧，明清纯木质结构的老房子也有不少保存。有几处保存比较完好的巍峨老宅体现非常明显的主次之分，几进的主屋设计风格、朝向、色彩装饰等保持一致，四周外围后建的裙房大小、朝向、风格各异，有的甚至就是随意搭建的棚户居。这些意义丰富，既呈现子孙繁衍人口增多的事实，又表明了解放前S村的宗族等级较为分明。或许是人口实在难以容纳，或者是新贵要另择体面家园，在这个主要聚居地略远的高地（不属于城内），后来又陆续分散修建了几处深宅大院，似乎暗示着一次组织分化和结构变动。

若据秦兆雄对宗族制度、宗族群体与宗族组织的内涵及相互关系理解，解放前，梁氏宗族已经形成纪律严明的组织体系，有序执行着对宗族内经济、文化、教育与其他公共事务的管理。据《湖南梁氏S文史》记载，至民国二十年止，梁氏完善宗祠、家祠、祖庙、家庙及以下各小宗公会组织一百七十三个，各类组织又可概括为祠

① 常建华.继往开来：进入新世纪的宋以后宗族研究——"宋以后宗族形态与社会变迁国际学术研讨会"综述[J].史林，2007(5)：181-189.

田会、祭田会、挂扫会、学田会、慈善会、公益会、规约会、宗教迷信会等八种类型。仅以教育为例，宗族就辟有专门的学田、店铺（蓝田、长沙）所得为学子提供20多种奖学金，在长沙为赴考学子设立梁氏试馆，民国时S村宗族又出资、出地、出人先后创办四所学校，免费提供本族本房弟子读书。种种举措下，S村梁姓的教育收获丰硕。略举几个数据：

自清康熙三十六年至光绪三十一年（1905年）废除科举止，前后共208年，S村梁姓入县、府庠生共146名，其中文庠生123名，武庠生23名；共考取举人9名（内武举人1人，副举1人，恩举2人）。

废除科举以后，自民国初至抗战前止，S村梁姓读书人仍然很多，据统计，有留日、美学生7名，大专院校毕业生99名，其中清华、北大、南开、交大、武大、浙大、湖大以及中央大学、中正大学、陆军大学、湘雅医学院等校本科生有47名，读书后入仕宦途的亦为数不少。一个小小的S村梁姓，在国民党统治期间，计有文官简任专员以上、武官少将以上官员13人，文官正、副县级、武官正、副团级以及相当这一级的官员54人①。

可见，梁姓宗族在长期的实践发展中，在宗族这一私空间内能够做到秩序分明、组织严密，管理有效。经多人拼凑起来的记忆碎片整理，S村的格局大致这样：解放前，曾经围绕在聚居地山坳的东南西北四方均有一个城门，早开晚合，宗族地主居于城中，平民、雇农、长短工等居于外围，祠堂、祖屋、族田等族产一应俱全，对外一致呈守势，对内等级分明，孝、悌与男女有别。

实际上，由于时隔久远，即便是村内老人都无法体会当时的社会秩序和宗族严明，更加谈不上认识宗族有效统治之外剥削和压迫的另一面。反而，不少人都在一种从古至今流行的英雄或非普通人的历史记载中记住了英雄并忽略了普通人的命运，村里时常有人告诉笔者：

我们S村连日本鬼子都不敢打进来，不相信吧？因为我们S村姓梁的出了两个国民党的少将师长，他们罩着我们呢。那个兵荒马乱的年代，我们村里没被打死几个人，反倒是那些出去求武功名的死了不少。

然而，事实上，由于政治与社会的变迁，S村的宗族开始失去继续存在的条件。1928年，出身于湖南农村并对农村有深刻了解的毛泽东在调查了江西井冈山革命根据地后，明确提出来农村宗族制度对于革命的消极作用。解放战争时期，中国共产党即着手领导解放区亿万农民进行土地革命，消灭宗族剥削制度，当时湖南作为国统区，没有跟上这场轰轰烈烈的运动。但这一课很快在新中国成立后补上，宗族内公田、公地充公，公钱、宗祠、宗庙等钱财与不动产被接管，族长、乡绅权力被剥

---

① 涟源市志编纂委员会. 涟源市志[M]. 长沙：湖南省人民出版社，1998：818.

夺，田地被均分给农民。随即，毛泽东指出："在农民群众方面，几千年来都是个体经济，一家一户就是一个生产单位，这种分散的个体生产，就是封建统治的经济基础，而使农民陷入永远的穷苦。克服这种状态的唯一办法，就是逐渐的集体化；而达到集体化的唯一道路，依据列宁所说，就是经过合作社。"①于是，S村社区跟全国其他农村一道进行了社会主义改造，田地归集体所有，农民个体按照自愿原则参加初级合作社、高级合作社直到人民公社。

中国共产党在全国范围内执行的土地革命与农村合作化道路直接冲击甚至瓦解了S村宗族文化。首先，随着人民公社成为农村社会的基本生活、生产单位，行政村落部分打破原有的地缘关系，建立新的地缘关系，加之几次生育高峰，同支的梁姓子辈、孙辈逐渐向四周分散，聚族而居的局面打破。其次，宗族仪式和宗族管理公共事务所依赖的物质条件都烟消云散，解放前，宗族上层部分跑到台湾（包括国民党的一个师长），部分被共产党镇压，"四清"运动中一处祠堂被当做封建主义产物拆毁并在原址上修建了社会主义的商业——供销社和粮站，一处宗祠原址修建了社会主义乡中学，原来的族学（宗族出资办的学堂）改成了乡小学，原属于宗族的集体土地收归国有。与此同时，新中国从意识形态着手，积极在农民中间宣传人民当家做主的思想，否定了宗族的等级统治合法性，并以集体主义精神规诫宗族文化，以人民公社的组织形式将散聚在宗族文化下的农民拆散出来并重新整合。经过这一系列的行政整合与配套的社会主义宣传，农民的心态发生巨变，宗族文化也已经失去存在的心理基础。

由于执政党的"左倾"错误，中国从新中国短暂的恢复建设后陷入了近三十年的泥沼，寄托着良好理想的农村合作化道路在后期越来越无法解决动力与秩序的矛盾。联产承包责任制与改革开放重新为中国农村扭转了发展的方向，人民公社解体，S村农民按照人口承租国家田地，恢复宗族社会中一家一户的生产模式。但经过这么多回合的政策、环境与人心变动，更重要的是宗族的一套基础没有随之恢复，S村再也不可能回到以前的文化语境。

这首先体现在"家"意识淡漠以及以此相连的祖先祭祀仪式的简化甚至消逝。大型祭祖的活动在解放后便销声匿迹，如今只存活于老年人的记忆中。20世纪60年代国家修水库拆走了山上所有的石墓碑，以至后人难以辨认先人的安睡之地。宗族或者参与人数较多的多房大家族集体祭拜祖先已经鲜见，传统祭拜日里，一般就是以三代之内的家庭为单位各自分头行动，对绝大多数刚成立家庭的年轻人而言，祖宗意识、宗教意识非常淡漠，这种场合他们往往并不参加，父辈代替置办贡品、烧点纸钱。20世纪90年代后期，在一位离休老干部（S村人）的多方奔走与主

---

① 毛泽东．毛泽东选集（第3卷）[M]．北京：人民出版社，1991：928-931．

持下，梁姓后人集资，重修族谱与祖先太义公墓，一块约长 34 米、宽 14 米、高 5 米的巨型墓碑在旧墓址上拔地而起。偶尔，会有四乡八邻甚至香港、台湾的梁姓人不远千里到太义公墓碑前祭拜。但远客的来去与接待仅关涉当地的统战部门及新时期的梁姓精英，此时族谱与墓碑主要成为梁姓精英建立威望或者达成心愿的名目与工具，与 S 村普通农民无关，除了顽皮儿童经常在此嬉戏玩耍，它最终只是雄踞于 S 村人实践生活之上的虚幻仪式。

其次，宗族伦理也在不断淡化。钱宗范将尊君、孝友、亲亲、尊尊和德行合一总结为我国传统宗族伦理的核心内容[①]，放置于农村家庭这一环境里可通俗理解为富有社会道德，孝顺和尊敬长辈，爱护朋友同辈，做到长幼有序，不能越轨。可见，中国传统的宗族伦理中，长幼之间的辈分限定非常严格，往往决定一个人在族内的社会位置。但在 S 村及相邻地带，辈分的概念已经相当模糊，长期以来同宗婚配非常平常，导致夫妻、甥舅辈分错位现象高频出现。宗族伦理淡化更重要的一个表现在于，在社会转型过程中，以家长权威为核心的家族本位模式已经逐渐让渡于以夫妻关系为核心的家庭本位，年轻夫妻与长辈的关系（仪式和种种义务）越来越受到利益的支配，基于情感的比重日渐下降。另外，在民选村官活动中，旧任梁姓支书并没有凭借同宗的优势获得选举胜利，更多梁姓后人将选票投向了更可能为他们带来发展前途的谭姓人，侧面暗示了传统宗族文化在日常外化的行动中已渐行渐远。

事实上，改革开放承认了农民个体发家致富的合法性，全国农村都有从封锁性走向外向性的趋势。S 村人的生活重心迅速从农业生产转向农业多种经营、外出打工或经商等等经济活动，这个重心的变化决定了他们一方面自然远离了宗族文化，却又实践性地让他们认识到，这种同根同宗因血缘与地缘建立的社会关系是他们离乡背井谋生的主要社会资本。

因此，目前宗族文化在事实上呈现一种又臭又香的奇特转型，S 村的社会关系越来越具备工具理性的特征。费孝通在《乡土中国》中提出“差序格局”这一极为重要的概念，准确解释中国传统社会以血缘与地缘为基础的社会关系特点。他说，“我们的格局不是一捆一捆扎清楚的柴，而是好像把一块石头丢在水面上所发生的一圈圈推出去的波纹。每个人都是他社会影响所推出的圈子的中心。被圈子的波纹所推及的就发生联系每个人在某一时间某一地点所动用的圈子是不一定相同的。”[②]改革开放后，S 村传统社会关系模式发生了一些变化，以情感为核心的社会

---

① 钱宗范. 中国传统宗族伦理与古代和谐社会的构建[J]. 广西右江民族师专学报，2005(4)：15.

② 费孝通. 乡土中国 生育制度[M]. 北京：北京大学出版社，1998：26.

关系受到了非常大的冲突,取而代之的是一种"工具性差序格局"。相较于旧格局,它有一些新的特点:①社会联系是自我中心式的,即围绕着个人而建立起来;②人们建立关系时考虑的主要是有实利可图,所以,亲属和非亲属都可以被纳入格局之中;③从中心的格局向外,格局中成员的工具性价值逐渐减弱;④中心成员常要加强与其他成员亲密的关系;⑤关系越亲密,就越有可能被中心成员用来实现其实利目标①。

表现在S村,村民之间的关系表现出了非常明显的临时性共同体特征。一方面,血亲与地缘关系仍然是最重要的社会关系。所谓"老乡见老乡,两眼泪旺旺",在S村农民离开家乡出门打工、求学及其他谋求个人发展的过程中,借助同宗同乡关系解决食宿、介绍工作并提供各种具体的或心理的支援是他们的主要选择。另外,宗族内致富的精英仍不改为宗族公共事业捐助的习俗,太义公墓是通过捐助重建的;重访S村,村民说,前年另一位宗族子弟(据说此人办焦化企业,资产上亿元)向S村捐助了二十几万元,在太义公墓附近50米处(水田改成的土地)修建了一栋约合300多平方米的三层楼,另修了太义公坟场拜台、水泥地坪与两座威严石狮,以及一处供人栖息的亭子。楼房前后时间挂了几块牌子,一块是S村老年人活动中心,一块是S村村民自治委员会,目前则换成S村组织活动中心,既为当地办了实事,也在宗族内立了威名。另一方面,利益面前,过去同宗之间基于亲情的淳朴关系遭到严重破坏,不但小群体内一致行动的能力逐步丧失,村内因为宅基地、土地分配不均之类的财产纠纷多了;甚至,由于人们对陌生人提防心理严重,"杀生(欺诈陌生人)"已经不那么容易实施,"杀熟(欺诈熟人)"也成为必要之时的选择。

二、人口生态

根据2007年湖南省社科重点科研项目《湖南农村人口及其治理研究》对湖南省10个市(娄底市也包括在内)的抽样调查,结果表明:湖南农村人口基数大、留守儿童多、家庭养老问题严重、农村劳动力素质普遍不高且再培训再教育意识淡薄、性别比例失调、年龄结构偏老②。S村的个案基本吻合这个全省人口的宏观状况。具体而言,与1949年时相比,现在S村的人口已经急剧扩张,目前共有314户,总人口约1168人(存在瞒报户口的误差),其中20个非农业户口(梁姓城市退休职工叶落归根)。相对于社会经济发展的整体状况以及资源、环境的承载力而言,S村人口问题表现出以下几个特征:

---

① 李沛良.论中国式社会学研究的关联概念与命题[M].北京:北京大学出版社,1993.

② 屈孝初,廖亚斌.湖南农村人口及其治理现状的调查与分析报告[J].企业家天地(理论版),2009(10):32-34.

第一，青壮年人口流出，S村失血严重。肇始于20世纪80年代、90年代初开始出现的大规模农村劳动力转移，基本是“只出不进”的模式。S村20～40岁之间的青壮年不到500人，90％以上完全放弃了农业生产。其中在附近打工早出晚归的100多人，到较远城市打工的累计300多人，主要散布在珠江三角洲、长江三角洲与京津唐等东部沿海发达地区。笔者多次进村调查，有时在当地长居一两月，却罕见35岁以下年轻人，只有极少数吃不了打工苦、种不了庄稼的年轻人三五成群地在附近游荡，当地人称其为“溜子”。

新中国成立至改革开放前，S村人口外向型流动只有参军、招工与升学三条途径，但每一条途径流动的人数少之又少，普通人更望尘莫及，人口内向型流动更稀少，只有婚嫁一条途径，且主要在相邻乡、村之间婚配，所以人口结构保持了高度稳定性。改革开放初期，农民要想改变农村人的身份，过这三座独木桥仍然很难。村里对历年招工与参军的数字没有统计，但通过考试升学走出去的，据统计，S村1978～2005年的22年期间考上大学的仅53人(实际上应该是1992～2005年13年间考上大学的共计53人，因1992年村内始有一梁姓学子考上北京一所专科学校)，名牌大学更是凤毛麟角，其中90％以上的幸运儿都产生在高校扩招之后，换句话说，若高校没有扩招，也许这个数字要被砍掉一半，这跟S村梁姓光辉的教育历史相比十分寒碜。

国家对农村人口流动的政策松动与临近珠江三角洲的经济崛起给农村人口的外向型发展提供了另一条途径，20世纪80年代后期，S村最早的一批建筑施工队就远赴新疆，90年代中期始，S村正式掀起一股告别校园直接奔赴珠三角的打工狂潮。这些青年大都没有受过专门的专业训练，他们成群结队离乡背井聚集在珠三角各种劳动力密集型的制造业工厂里，男性充当司机、保安和跑业务的销售员等中下层职工，女性往往在流水线上做一线女工，工作技术含量低、劳动强度大、收入少，村里一个女孩还曾经在东莞的机器上被切断四根手指。但在农业收入只能维持温饱的情况下，打工的汇款成为支撑S村发展的主要经济来源。

然而，从长远来看，大量年轻人的外出打工对S村自身的发展极为不利。流动的人口大多数是具有初中、高中毕业文化的人，他们是S村最有知识、技术、管理理念及良好身体素质的精英，并不是S村真正意义上的剩余劳动力，他们的离开恰恰是为农村本地的发展抽走了最有价值的人力资源，造成S村半数田地撂荒、大量的断层家庭与留守儿女以及积极上进的生存心态的丧失等严重的社会问题，致使农村的发展恶性循环，城乡距离进一步拉大。

第二，老龄化问题严重，养老困难。目前，S村60岁以上老人共150个左右，占全村总人数的13％以上，这个比例已超过联合国教科文组织设定的老龄化社会的标准。一方面，指望政府、社会养老不现实，农村的养老保险基本空白，养老机构少,条件差,更重要的当地人还不能接受这种方式,因此,家庭养老还是S村养老的基本模式。另一方面,种种原因导致家庭养老也越来越难,而且这种困境不是S村独有,是个全国性的问题,这在近年学者们在其他省份的调查中已经说得很清楚。首先,农村老人与子女经济条件一般都比较差,甚至子女的收入来源很大一部分本身就来自于代际转移,因此,S村60岁以上的老人如果不是完全丧失劳动能力,几乎全部参加农业生产,部分老人则通过种菜、种水果、养猪、养鸡、摆小百货摊等副业与商业维持生活;其次,计划生育使得过少的子女承担了过多老人的赡养责任,动摇了家庭赡养的根基,这在S村目前尚不是主流,因为S村人对于生育一直存有明显的性别偏好,且一对夫妇一般都生育两个孩子;对S村家庭养老造成重创的是青壮年子女大量涌向城市,留在家乡的老人不但没有享受到儿女的照顾,反而可能还得以"弱"养"弱"。他们一边接管子女(外出打工)的农田,一边还要负责孙辈的衣食住行和教育。当然与此同时,不可否认的是,一般外出子女对家庭老人的经济支持明显高于非外出子女,而对家庭老人的日常起居的照顾和情感支持则低于非外出子女,这个结论与其他省份的抽样调查结论遥相呼应①。总之,S村大多数老人身材矮小、干瘦,他们生活困难,缺少营养,有病很难及时救治。完全丧失劳动能力而不得不由儿子赡养的,月赡养费一般40元。村五保户有4个,都是无儿无女的,政府一个月拨出20元补助,生产小组提供些粮食,晚景着实凄凉,但尽管如此,这些人都不愿意住进敬老院。

与此同时,S村40～60岁之间的人口接近全部人口的1/3,几年后无疑使S村的老龄化问题雪上加霜。这些人是农村历次政治运动的主要承受者,无论男女普遍显得比实际年龄要苍老一些,难以从视觉上归于中年一列。这些人年轻时由于制度的原因没有离开村子,社会转型后由于年龄偏大与知识的短缺而无法被市场经济接受,已经比较顺从、保守,既是S村农业生产的主要劳动力,又是维护传统文化的中坚力量。这个年龄段以上的女性没有地位,农村所谓的女强人都定义在生活层面或者性格层面,而不是政治与社会的层面。S村的村干部也均在50岁之上,客观地说,这个年龄擅长协调关系、平衡利益,却难以带领S村人开拓进取、走上富民之路。

第三,下一代人口的结构与素质令人担忧。据老村长估算,十八岁以下每个年龄段都有十几个,20世纪90年代后期人口开始负增长,至七八岁以下每个年龄段只有七八个左右,因此S村共有200多未成年人。

首先,下一代的人口结构严重失调,据湖南省统计局的统计结果,湖南全省整

① 崔永学.我国农村养老存在的问题及解决对策——以吉林省为例[J].生产力研究,2009(12):40-41.

体人口性别比高达 120 以上，农村更大大超过城市，某些年份甚至高达 140～150 之间，据测算，到 2020 年，湖南进入婚龄期的男性要比女性多 170 多万人[①]。之所以人口结构如此失衡，跟明显的性别偏好有关，而之所以有性别偏好，则跟历史的、社会的、具体家庭因素都有关。历史沿袭的男尊女卑的文化习惯没有改变，社会层面上男性在婚嫁中的主要地位在农村没有撼动，且国家的计划生育政策客观加重了农民抚育子女与养老的风险，加之农村的生产模式要求男性劳动力，这些产生巨大的合力诱发村民产生强烈的性别偏好。S 村生育观的核心是必须有一个男孩传宗接代与赡养父母（当地文化习惯中，出嫁的女儿基本不要求赡养父母，也不能继承遗产），这个前提下，农民一般希望儿女双全。村里最典型的一户家庭一口气生了七个女孩才绝望地绝育。许多村民谈起以前因超生而被乡村干部拆掉房子、拉掉家产所造成的种种痛苦，但似乎很少有人检查自己超生有违法的行为。目前计生部门的强制行为确实不存在了，农民超生的普遍措施是罚款，超生一个罚款 3 000元左右，农民、村干部及计生部门达成“三赢”局面。

笔者在村里仅仅接触到一个独生子家庭，女主人告诉我她不生第二胎的原因：一是她的第一胎是男孩，二是他们夫妻是双职工，生二胎会被双开除。他们算了一笔经济账，如果只生一个孩子，退休工资至少有 1 000 元/月，而如果放弃工作生孩子，一个再孝顺的孩子顶多每个月给父母 100 元钱。当然，客观地说，计划生育政策在当地还是成果卓著，从无节制的自然生育到两个孩子为好，从多子多福的价值理性变为成本与回报核算的工具理性，生殖新观念还是在强制性的制度执行中缓慢生成。

其次，相比严重的性别失调，下一代的人口素质更加堪忧。一方面，从 2007 年湖南省有关农村人口问题的调查中得出，湖南省农村青年平均结婚年龄男（23.8 岁）女（22.2 岁），平均生育年龄为 23.8 岁[②]。以此推算，S 村未成年人的父母年龄在应在 24～40 岁之间，而上面曾提及，这个年龄段的青壮年劳动力有近 3/4 的人口在外地打工，换句话说，S 村大多数未成年人都属于留守儿童。从全省的统计来看：①湖南全省的留守儿童数量庞大特别大龄留守儿童（15～17 岁属于青春危险期）所占比例也高达 30%。②留守儿童大多数是由祖父母隔代照顾，祖父年龄 60 岁以下的占 7.61%、60 岁以上的占 92.39%，祖母年龄 60 岁以下占 15.12%、60 岁以上占 84.88%，处于身体健康状态的祖父占 61.96%，祖母占 58.61%，文化程度

---

① 屈孝初，易东，彭其林. 湖南农村人口性别失调及其治理研究[J]. 经济师，2009(11)：229-230.

② 屈孝初，廖亚斌. 湖南农村人口及其治理现状的调查与分析报告[J]. 企业家天地（理论版），2009(10)：32-34.

祖父平均受教育年限为5.02年,祖母平均受教育年限为1.92年。③15~17岁大龄留守儿童有20%以上不在学校读书,58.58%的大龄留守儿童处于无业游离状态[①]。这个情况跟S村的情况是高度吻合的。

除了缺少父母的关爱,客观上由于存在经济、户口等软硬体制的共同夹击,存在农村学校优质师资等教学资源的缺乏,S村的下一代也较难享受良好的教育。农村孩子上大学难也已是不争的事实,这已引起政府的高度关注,亟待政策制定方有具体可行的方案出台。笔者在村里接触了大量的小孩,没入学的婴幼儿脏兮兮地成天跟着祖父母,小学生一般在村里小学就读,似乎无忧无虑,上学、放学时间常在路上遭遇这些孩子成群结队、你追我赶、游玩于山野之间,初中以上的少年则沉静许多,辍学的不提,上学的大多数在S中学读书(几个村的联办初中),最后能够进入涟源一中(省重点高中)的学生只有几十分之一的比例,考上大学的概率更微乎其微,因此家长与孩子的积极性都不高,部分少年中途自动辍学,部分少年往往在假期直接到父母打工的工厂做工。可以推测这些少年的未来,他们既很难为自身争取到较好的发展空间,较低的人口素质也为整个社会的发展制造了瓶颈。

三、经济与文化

娄底市是湖南经济较落后的地区,涟源市又是省级贫困市,S村的贫困显然也不例外。仔细分析,S村的经济活动存在几个矛盾,第一,土地少与利用率低产生矛盾。土地资源少而珍贵,全村水田共410亩,旱田100亩左右,人均仅3.8分田,这么少的土地,一般不适合发展纯农业。然而,现实中,农民对土地利用率较低,仍然死守农业,农业收入是最主要的基本经济来源;而且,在这珍贵的土地上,农民仍然主要种植仅能维持生存的粮食,如水稻、红薯等。

第二,土地少但撂荒现象严重。资源稀少,应该引以为珍贵,然而,S村土地撂荒现象严重至令人担忧。100多亩山上旱地基本上全部撂荒。山上旱地一般离农民家庭较远,山上种植完全停留在刀耕火种阶段、没有任何机械化,种植、灌溉、防虫、防害、看护与收获任何一环节约很困难。据农民说,山上原来除了红薯还种麦子,然而,一旦麦子抽穗,需要日日看守,否则一群鸟飞过来,一会儿就将麦子吃得干干净净,所以慢慢就很少有人种了。水田撂荒没有旱田严重,但最严重时也达到一半,农业税免征之后,水田复种现象增多了,放眼望去,水田间长了些零星的绿苗,不再是成片成片的光秃。

需要交代的是,当地农业生产条件非常落后。①上面已经提到了,旱地没有机

① 屈孝初,廖亚斌.湖南农村人口及其治理现状的调查与分析报告[J].企业家天地(理论版),2009(10):32-34.

械化,事实上水田也基本如此。耕牛是主要的劳动工具,很多平原农村普及的播种机、收割机、脱粒机等等全无,比如,水稻脱粒是一种用脚致动、用手甩打的半机械化工具。②毛泽东总结中国农业特征的时候说,"水利是农业的命脉",然而,当地根本没有水利建设的配套。虽曾在人民公社时期集体修建一电排灌站,由于电排灌站的使用需要追加资金投入,因此如同虚设,唯一的涟水流经此地仅 2 米宽,不能满足当地的农田灌溉,因此水田仅依靠小池塘蓄水和自然降水,这也严重限制了农业。

第三,农业生产付出多与收入少的矛盾。上面提及,本来很少的田地撂荒却很严重,虽说有理由,仍可以反思一下:为什么过去的农民能够坚持种植山上旱地?他们难道不知道山地种植艰难?毫无疑问他们了解其中的艰难,但今天的农民与过去农民的一个区别在于,今天的农民除了农业之外还有另一条更合理的道路可选择。由于我国初级农产品的价格一直被控制在较低的水平,从事农业的经济回报很小,甚至没有盈利,农民种地积极性不高,相比之下,城市复杂的社会分工给外出打工的农民提供多种发展的空间和可能性,而且,眼面前的打工收入就比种地高出一截。所以,青壮年劳动力大都抛弃农业生产,改学瓦工、漆工、美容美发、司机等工种,留下年老力衰没有其他出路的中老年人从事最繁重的农业生产。

再看农业以外的其他产业。首先,S 村全村没有任何工业或者加工业,连为衣食住行服务的家庭作坊(如豆腐坊)都极其少见。除了粮食、蔬菜等农产品,生活日常消费品都要到市场购买,这种用低廉的农产品通过市场交换高附加值的工业品,对村民而言显然是一种逆向的不利交换。其次,S 村由三座山环抱而成,有一座已探明有煤储量,但矿产属于国家,S 村集体无权开采。

农业税免除后,村部没有一点收入,这个极大地限制了村民自治组织管理 S 村公共事务的积极性与能力。因此,村委会最常用的办法是尽量把各种经济指标压到最低,以获得政府、社会组织与少数发家致富的族内子弟的资助。这是一个行之有效的潜规则,据说通过多种公关途径获得贫困指标与扶贫款是当地官场、民间一致评价官员实际能力的一项潜在指标,S 村的老百姓也确实因为这个贫困指标获得了实惠。S 村正是用扶贫款修路、修缮小学。现在村里正在积极与某一社会组织交涉,争取另一笔款项修筑一条通往山坳的水泥路。这种策略显然是不得已为之,即便不得已是否就可以自降格调采用这种策略?另外是什么导致这种无奈的局面?这些疑问常常令研究者陷入沉思。

单一的农业生产与商业的萧条是相辅相成的。S 村呈半圆弧形,弧线上为丘岗高处的主干道,圆弧包围的中间洼处为水田,从弧线一端到另一端的位势由高到低。如果全村存在一个商业区域的话,这个区域则指的是大约一公里长的主干道两边区域。一个原因是计划经济时代 S 乡的供销社与粮站坐落于此,有商业形成的基础。另一个原因是此路是唯一通向涟源市的交通要道，来往人流相对较多，有些村民占着位置便利将临街的房间改成商铺，仔细数来，两三里的路程有六七家小百货店、四五家水果店、两家理发店、两家电器修理店、两家服装缝纫店、两家鞋店、一个小菜场。所有的店铺都相当简陋，卖的是廉价货和牙膏、牙刷、毛巾、脸盆等日常生活必需品。整条街没有一家饭店或旅馆，可见当地基本没有外来人口来往，一个人反复走在这条路上，无论什么时候，店主们目光殷切得令人很不自在。

涟源市的交通还算比较通畅，S村与涟源市之间不久前实现了基本的公路交通。S村与涟源市仅相隔7公里，此前长时间内两地只有乡村道路通行，S村人进城就靠两只脚（由于当地的丘陵地形，使用自行车并不方便），后来有少数摩托车、电动车。20世纪末政府着手修建的一条水泥路面的省道恰好连通了S村与蓝田镇，但路面高低不平，情况非常糟糕，道路修成后不得不连年修缮才最终有所好转。另外，涟源—娄底修筑的一条高等级公路也接通了两地，由于路途稍远，使用频率不高。

在修筑省道的同时，公共汽车进入了公路沿线的农村（包括S村在内）。不过，从涟源往所属各个乡镇的公路路线都已经在国家交通部门的允许下被多家私人联营承包，比如涟源－S村这条路线，共有十多个股东联合买断经营权（一般自带中巴车入股）。这条票价一元的线路笔者来来回回坐过不下几十次，脏、乱、差是一致的感受，正如曹锦清教授所言，他们（农民）只要票价便宜，因而车主不可能将资金投入到座位与车内环境的改善上去[①]。更令人惊惧的是，这些几乎报废的车子严重超速、超载，坐车简直是一场冒险游戏。不过退一步说，每半小时一班车确实客观上拉近了S村与城市的距离（没通车之前，S村人进城步行需1小时），部分人可以选择在涟源市内就业，而仍在家住宿。除公路之外，S村人引以为豪的是村中有两条铁轨经过，比之许多一辈子没有看到过火车的人，他们每天都能听到火车轰隆隆的长鸣声。

从农民个体而言，经济收入也很不乐观。S村在整个社会转型的带动下已经出现初步的社会分化，从职业分工而言，纯农户已极少，亦农亦工、亦农亦商、手工业者最多，私营企业主也已经出现。这其中，S村农民的兼业多数与建筑业有关，泥工、瓦工、电工、漆工、木工、钢筋工等非常多，在S村能组建几个建筑施工队。但S村的平均年纯收入仅600元/人，收入基本与农业无关，主要来自打工的工资。村支书说真正的年均收入顶多在这个基础上多一两百元，少报一点达到贫困线可以得到一些补助。笔者有些置疑，一个村民便给算了一笔账：

我家有一儿一女共四口人，一亩水田种植的粮食仅够一家口粮。收入有两块，

① 曹锦清.黄河边的中国[M].上海：上海文艺出版社，2000：87.

一块是我本人做泥工的工资，每日 30～40 元，但工作机会并不正常，年约 5 000～6 000元；另一块是我大女儿在广东打工的收入，扣除日常开支年约 4 000 元；老婆是家庭妇女，儿子初中毕业后没有工作变成闲散的溜子，都没有收入。家庭支出主要有三项，必需的生活日用消费品、农副业成本与各种人情往来的支出。如不将女儿的工资计入家庭总收入，结果则没有纯收入，白混一年而已；如将女儿的工资计入家庭总收入，我们一家的纯收入就是 1 000 元/年。不过，实际上女儿的收入由女儿自己支配，大部分是到不了我们这里的。（注：这是 2004 年的数字资料，迄今，建筑工的收入虽约增加到 70～80 元一天，然考虑物价上涨因素，收入未见增加。）

其实这户家庭是一个特例，既没有老人需要赡养，也没有未成年子女需要教育投入，属于没有负担的家庭。农村的收入与支出几乎一目了然，全村走访下来，村内大多数家庭试图尽力维持的就是能够与这户泥工家庭一样，基本保证收支平衡。整个村内仅有几户被公认在银行有大额存款，这些人是医生、村干部、建筑包工头及其他私营企业主等。根据在村中的观察，村中的有钱人大都小心谨慎，与村民保持距离，村人对他们的人品与攫取财富的手段均表示出某种微词，不过仍然可以察觉到人们对富人的仰慕与敬畏。

有房才是家，房子在中国传统文化里几乎就是家的代名词，农村的房子就是农民的面子，因此村民往往倾其所有不惜代价建造房屋。反映村民生活水平、富裕程度与幸福指数最重要的标志之一当属房屋。当地民居可分三个等级。第一等民居是 3～4 层的白色楼房，虽不如城里的别墅讲究各种造型，却更高大宽阔，外墙全部贴上瓷砖，里面的装修也很考究，大理石地板、吊顶，厨具、家电、家具一应俱全，门口放着一个鞋柜，外人不能随意进出。这种建筑总造价都在 20 万元以上，全村仅有三四户。

村里最常见的是改革开放后修建的楼房，砖混结构，有些涂一层白色涂料，有些直接红砖裸露，总造价在 5～10 万元不等。这类民居求大求宽，甚至有数十个房间，除人居的卧室外，大多空置或堆积杂物。

最后一类是解放前留下来的老宅院。它们历史久远，几十年、几百年不等，最远的可追溯到明末。这些老建筑有的是纯木结构，更多是砖墙砌成。最古老的一栋纯木房子一直到 20 世纪末才退出舞台，已不住人，但还可作仓库，曾经摆放过一张台球桌。稍晚的老宅都是中国传统的庭院式建筑群，从外看一律青砖外墙，上方飞檐翘角姿态潇洒，内部房屋群大小、外形基本一致，前后纵深，少则两三进，多则四五进，比起江南庭院，少几分精雕细琢的文秀，多几分楚湘豪迈。主建筑群两边另有许多裙房，数量不定，间距、朝向等均不讲究，是随添丁加口或为后人所造。这样的老建筑群在 S 村有六七处之多，大多已经破败不堪，腌臜腥臭，然 S 村至今仍有两三百人生活在这样的环境之中。2009 年，由湖南省建设厅、省文物局确定，湖南省公布了第二批共19个历史文化名镇名村保护名单，S村因这些老建筑群被确定为历史文化名村。

经济困顿的同时，S村的道德也逐渐滑坡。不赡养老人、家庭暴力已不是个别现象，行骗、偷窃等案例逐年增多。"读书无用论"也开始日渐抬头，1988年为了建小学，村里砍掉两个山林，贡献出仅有的集体资金，前几年，村里将获得的第一笔扶贫款用于小学的修缮。但近年S村人的观念逐渐开始变化，教育的高成本投入与低回报率使得人们的办学积极性发生动摇，S村人在整个社会裹挟而来的工具理性下开始不知所措。

第三章 再分配制度下的工具型媒介角色

笔者于2004年开始陆陆续续多次进入湖南中部的S村进行实地调查，主要集中调查时间2004～2006年。调研的目的很明确，意欲放弃抽象的理论推衍，以务实求知的方式去观察、理解、分析并反思目前我国的大众传播体系对农村地区的作为与作用。并以此个案为契机，提出相关问题进行理论方面的探讨，进而体现该研究的现实针对性及其可能的学术价值。

然而，随着调查的深入，笔者逐渐认清一个事实，即任何现实问题都无法回避历史。正如米尔斯在《社会学的想象力》一书中呼吁："每一门社会科学——或者更恰当地说，每一门经过慎重考虑的社会研究——都需要一个历史的观念领域和充分地利用历史资料。"①首先，对于大众传媒的社会角色这个主题而言，采纳S村的传播历史并不仅仅是弄清楚过去"究竟是什么"，而是要最终回答"过去何以能走到现在"这样一个基本的命题。其次，当我们不厌其烦地揭示历史之所以是这样的历史的各种限制性条件时，我们实际上将S村的历史再次带回我们的视野中，并自动展现出S村人在自身面临的独特历史语境中行动的理性选择过程。反之如果我们把关注的焦点仅仅锁定在既成的现实上，这等于让自己立足于一个非常褊狭的基础上，研究变成一次永远无法抵达终点的旅行，"让人们认清历史结构和自身的位置"也成了痴人说梦。

因此，当务之急首先要着重研究大众传媒在S村的历史发展过程及其相关问题。

第一节 旧中国：大众传播与S村农民无关

旧中国时期国家机器一般仅渗透到县一级，乡村社会则是一个由乡绅阶层治

① 米尔斯. 社会学的想象力[M]. 北京：生活·读书·新知三联书店，2001：156-157.

理的宗族聚居社会。具体到S村，宗族治理时期地域范围窄小，无论在宗族的公共领域还是农民生活与生产的私人空间，人际传播即能满足人际互动与社会交流的需要。而在大众传播学的范畴内，大众传播则是相对于人际传播而言的，是职业化的传播机构（如报社、广播电台、电视台）利用机械化、电子化的技术手段向不特定的多数人传送信息的行为和过程①。由此可见，满足大众传播必须有三个条件：第一，专门的传播机构；第二，必须利用媒介，而所谓媒介则是能够超越空间和时间进行大众传播的机械化、电子化的物质手段②；第三，传播的受众不是一个人或一群人，而是不特定的多数人，即社会公众。显然，由于需要满足种种物质技术条件，大众传播适应的应该是城市化、工业化、科技发展的现代社会，天然地跟S村这样的农村格格不入。

从唐至清末，以邸报为核心的封建新闻体制一直比较稳定，民间力量始终排除在外，这个变化发生在19世纪上半叶。一般地，革新总发生在政权不稳、社会动荡的时机，报业或新闻传播业的革新也不例外。但中国具有近现代意义的报刊不可能在当时的制度内部由封建统治者自行产生，民间对报刊的重大作用也还没有一点认识，攻破这个壁垒承担这个任务的力量超出当时统治阶层的意料，西方传教士在中国宣传宗教的过程中采用了报刊形式，1815年英国传教士马礼逊和米怜创办的《察世俗每月纪传》意外成为中国最早的近现代化报刊。这次突围意义重大，中国最早一批觉醒的人很快认识到大众传媒在面对大众宣传的重要影响力，因此，清末历次风起云涌的革命运动中报刊先行成了一个传统，清末地主阶级洋务派、农民阶级、资产阶级改良派、资产阶级革命派包括后来共产党起家，历次革命运动中报纸都担当了先头兵的角色。

随着中国近现代革命史的发展，原先的报刊出版制度出现重大的转折。体现在三个方面：报纸官办、官看的垄断被彻底打破，报纸发行面向社会；出现西方、官方（各级政府与相关社会团体）与民间三种新闻载体；民间办报存在私营和组织经营的不同经营模式，发展比较迅猛。

涟源境内的报刊媒体出现较早，而且主要以民间自发力量创办为主。民国元年（1912），桥头河、蓝田设置阅报处所，第二年，“梁焕文堂”书铺在蓝田开业，至民国26年境内私营书店发展到7家③。

① 张国良. 现代大众传播学[M]. 成都：四川人民出版社，1998：21.

② 甘惜分. 新闻学大辞典[M]. 郑州：河南人民出版社，1993：2.

③ 涟源市志编纂委员会. 涟源市志[M]. 长沙：湖南人民出版社，1998：624.

抗战爆发后涟源成为大后方，湖南省许多学校与文化团体如长沙长郡中学、明宪女子中学、大麓中学、上海交通大学唐山工学院(院长茅以升)等先后迁到涟源蓝田镇，蓝田境内有大学 2 所，中学 21 所，钱钟书父子也在当地的国立师范学院执教，一时间涟源成为湖南文化教育中心，使得当地传递报纸、出版书籍的风气兴盛一时。私营书店骤增至 47 家，其中最著名的有当地共产党人梁介福、梁宜苏等集资创办的“蓝田书店”，着重发行《共产党宣言》、《论持久战》等进步书刊；国立师范学院教授储安平创办“袖珍书店”，主编出版《袖珍综合文库》10 种；生物学家曹非著《动物学》、《植物学》等中学教科书，并开办“分丰观”；国立师范学院教授、著名历史学家李剑农所著《中国近百年政治史》1942 年在蓝田启明书局铅印出版。报纸发行这一块成果也相当丰硕，民国 20 年(1931)2 月，《国力日报》在蓝田创办；民国 31 年，蓝田农村服务部创办《宏农半月刊》；民国 33 年，国民党安化县党部、县政府、三青团县团部主办《中华时报》，杨执端等人创办《力行日报》，社址均设在蓝田；是年，陈大榕等人倡议筹办《湖南日报》次年 5 月 15 日在桥头河创刊，抗日战争胜利后迁至长沙；还有一些进步团体宣传抗日救国，秘密传递进步报纸如《新华日报》、《观察日报》等。①

旧中国时期电子媒体也在蓝田出现过，据史料记载，1934 年涟源蓝田镇曾经出现无声电影放映机和小型电影院②。

尽管涟源曾经有一段时间报刊、书籍出版非常活跃，这些跟 S 村农民仍然无关。封建报刊出版发行制度被打破后，大众传媒向民间发展，但这种发展仍然局限在国内少数觉醒的知识阶层。S 村附近大众传媒虽然出现了，这次虽然不是由统治阶级垄断，但它仅辐射到县城与乡村的极少数知识分子，仍游离于老百姓日常生活之外，没有变成 S 村人正常的社会活动。在村落内部，仅少数识字的可以接触纸质媒体如报刊、杂志和书籍，数量非常少，流通也不畅。大众传媒的影响力应该并不强，能够主动使用媒体的大都是上层，这些人求学、革命或其他向外发展的需求应该早有产生，剩下的当地人仍然奉行传统稳定的生活方式和文化习俗。可见，旧中国无论哪一届政府或进步势力都没有充分认识并发动群众的力量，由于知识的缺乏 S 村人也无法借助现代的传播工具主动获得知识、信息和对现实社会语境的判断。不过，从官方的高度垄断发展到民间办报，旧中国的大众传播发展尽管缓慢，也不可遏止地向开明的方向行进。

① 涟源市志编纂委员会. 涟源市志[M]. 长沙：湖南人民出版社，1998：625-655.

② 涟源市志编纂委员会. 涟源市志[M]. 长沙：湖南人民出版社，1998：25-31.

第二节 建国后至改革前的新传播系统

一、新中国成立后:国家与农民的互动以组织动员为主,大众传播辅之

自秦汉以来,在国家政权与乡村社会之间,宗族制度起到巨大的缓冲作用,因此,皇权并不需要直接面对农民。有学者将这种国家与农民的关系用“虚实双线关系”来形容,“实”的关系就是中央通过地方国家和士绅地主与农民建立的关系,这种联系主要体现在农民向国家交纳税粮上;“虚”的关系就是国家绕过地方国家和士绅地主这一中间隔离带,而经由社会直接与农民的联系,反之农民也可绕开这一隔离带直接与国家发生联系。这两者之间的关系,对国家和农民而言,都只具有象征和文化的意义,并不是日常的联系①。

中国共产党取得政权后,土改使得国家权力空前渗入乡村社会,“旧日的国家政权、士绅或地主与农民的三角关系被新的国家政权与农民的双边关系取代了”②。无产阶级专政不同于以往政权的地方之一在于它以庞大的行政系统取代了这个缓冲地带,对国家而言,国家政权下沉,需直接面对城乡居民,其意图、方式和结果一览无遗,组织形式的变化使得共产党与农民的互动关系便显得比以往更加敏感。而对农民而言,在缓冲带消失的情况下,置身于强大国家机器之下的农民,空前地表现出对国家政权的依赖。综合而论,改革开放前,由于种种原因,国家对农村实现的是一种超强控制方式,国家力量在农村社会超强发展,对农民的管理从宏观深入到微观的各个层面,农民的各项权益得不到保障,从而扭曲了国家与农民的关系。③

回顾历史,中国共产党正是凭借着对中国现实与农民关系的透彻理解,并长期坚持走“农村包围城市”的路线从而获得新民主主义革命的胜利,因此 1949 年建立新中国后党与国家充分认识到国家意旨与农民沟通的重要性,构建常态的沟通体系事在必行。在这样的思想背景下针对农民的传播体系应运而生,它的基本内容为:组织方式为主,大众传播通过舆论宣传辅之,或者是两者的相配套进行。

这套体系是党从战争时代的社会动员中总结的一套适合于农民的经验,应该

---

① 周作翰,张英洪. 农民与国家关系的演变模式及前景[J]. 湖南师范大学社会科学学报,2008(2):5-11.

② 黄宗智. 长江三角洲小农家庭与乡村发展[M]. 北京:中华书局,2000:173.

③ 张举,邵近东. 一种农村超强控制模式——改革开放前国家与农民关系分析[J]. 理论学刊,2005(7):80-82.

说这种从实践中摸索出来的方式比较适合国家管理农村。因为农村人口较为分散,农村人口文化程度较低,各地文化习俗不同,加之缺乏组织以家庭为单位的农业生产方式,大众传播这种标准化的以一对多的方式很难检验效率,诸如开会、入户宣传等面对面的人际传播的效果必然比较好。不过,从传播者的目的出发,与其称它为传播体系,还不如解释为一种社会动员方式。不同之处在于,前者的核心是互动,是传播与反馈的循环系统;后者的关键在于宣传,强调传播者对受众的单方面信息传递。

具体而言,联系国家各级组织与S村的互动形式主要是各级会议。由于带着研究大众传媒角色的目的,工具理性下的主题先行最初误导了我调查的方向。我总是不自觉地在实践中费尽心机搜寻大众传媒的种种历史呈现,结果发现在这种提问方式下一无所获,开始还自以为这不过印证了中国农民生存的经验不在于记忆、而在于忘却的前人学说,之后随着另一个词汇"开会"的高频出现才逐渐走出调查的误区。关于开会本身S村人没有一个人主动提及,但笔者发现他们所描述的众多事件与细节均设置在会场这个特殊场景,这才引起笔者的调查重点与方向的转移,顺藤摸瓜下去,一下子发现S村人有关开会的历史记忆其实丰富多彩。比如开会给小孩制造了伙伴嬉戏的机会,游戏、争吵、打架包括哭闹、叫嚷的现场与种种细节就呼之欲出;开会也让妇女们聚在一起聊家长里短、纳鞋底、织毛衣,搞一搞各种连横与合纵的小把戏。许许多多的碎片记忆相互叠加,俨然就是一个活生生以会议为特定场景的小社会。

一旦唤醒这些感性记忆,再去对照村里"明白人"①更清晰具体的"官方"样本,我们对会议传播的具体形式与透露出来的意义就十分清晰。在S村农民被纳入合作社、人民公社这样的组织形式后,开会就成为政策传递、生产互助的最重要手段。据多人介绍,当时的会议主要有人民公社、大队与生产队三级,党与国家的重要方针政策与精神的传达由公社召开三级干部会议,再由大队召开全体贫下中农大会,政治有问题的人不准参加集体会议。党与国家的非政治性精神如文卫等问题一般只传达到三级干部。生产队开会的几率也很大,十天左右一次,时间主要安排在生产之后或晚上,内容一般都是当地的生产计划与分配等问题,不大关涉政治问题。属生产队队务方面的会议18岁以上都可参加,都可发言,据说有些牵涉到大家利益的事情不发言还不行。除了思想引导、政策传达与生产互助,还有一种会议——批斗会,批斗会一般在大队召开,次数不多,"抬脚就见"是生产队一级回避召开批斗会的原因。

政治传递与生产互助是会议的功能,若从意义而言,会议的实质分明指向一种

---

① 曹锦清.黄河边的中国[M].上海:上海文艺出版社,2000:61.

单方面的、自上而下的组织传播制度。对于研究者而言，只有在透彻明了当时的传播制度的前提下才可能充分客观地认识大众传媒的作为，毕竟后者不能超越前者提供的舞台进行角色扮演。对于这一阶段大众传媒角色的解读应该始终将之与组织传播联系起来，或者说，此时的大众传媒本身就是一个高度组织化的组织。不过，客观而言，由于传播速度快、辐射广，党和国家对大众传媒也是高度重视，国家在刚刚建国极度缺少资源的情况下就着手尽可能为农村地区创造大众传播的物质与人力条件，从中可见国家对先进传播工具所可能发挥的传播效果寄予的厚望。

二、再分配：传媒进入S村的唯一途径

转入正题，S村大众传播的历史起点当追溯到20世纪50年代初期我国社会主义改造阶段。从此，作为国家与农民之间的一个重要沟通纽带——大众传媒必然是由党和国家担纲主角以组织形式在农村地区构建。具体到S村，建国初期至改革开放前的若干年中，其大众传播体系（报刊杂志、广播与电影）的规划、资金、建设等无一不是计划分配的结果。

（一）广播

首先，S村的广播媒介是国家政策的产物。20世纪50年代，建立“农村有线广播网”曾经是国家针对农村地区的重大传播政策，这一政策的第一个法令是1950年国家新闻总署发布的《关于建立广播收音网的决定》，但对农村广播的发展起到示范作用的是全国第一座县级农村有线广播站——吉林九台县广播站，它的成功给中共中央和毛泽东同志一个启发。1955年10月1日，毛泽东在中共七届六中全会上首次提出要“发展农村广播网”[①]。次年1月，中共中央在颁布的《全国农业发展纲要》第32条规定：“从1956年开始，按照各地情况，分别在7年或者12年内，基本上普及农村广播网”。随后，中央广播事业局确定了农村广播网的建设方针：“在党的领导下，依靠群众的积极性，充分利用现有设备，因陋就简，分期发展，逐步正规，先到村庄，后到院户。”[②]同年2月20日，国务院发出《关于农村广播网管理机构和领导关系的通知》[③]，规定中央广播事业局和省、自治区、直辖市都应设立相应的管理机构，负责全国和各级广播网的领导和建设工作；省、自治区、直辖市的广播管理机构属于各级人民委员会，在业务上受中央广播事业局的领导。此后各省、自治区、直辖市先后设立广播管理局或处。

① 方汉奇．中国新闻事业编年史（中篇）[M]．福州：福建人民出版社，2000：1691.

② 方汉奇．中国新闻事业编年史（中篇）[M]．福州：福建人民出版社，2000：1696.

③ 方汉奇．中国新闻事业编年史（中篇）[M]．福州：福建人民出版社，2000：1697.

中央的一系列政策陆续出台后，湖南省及其涟源市几乎在同一时间内做出反应。涟源市于1952年建立县级广播收音站，1955年开始以农业合作社为单位建广播收音站，其后，基层广播站几经裁撤与恢复，1970年全县广播站已达59个[①]。

由于当时国家媒介资源的极度稀缺，这项政策落实到最基层的S村已经力不从心，尽管涟源的广播站多达几十个，S村长期的广播接收设备只有分布在村子东西南北的四只广播喇叭。据S村老人回忆，近三十年的时间，这个广播接收设备仅两次在S村落户，第一次就是1963年公社给S村H生产队（当时的名称）分配的那四只广播喇叭，第二次是1975、1976年文革末期，上级给S村大多数农民家庭装上纸质广播喇叭（当地人称广播匣子）。不过这段广播入户的历史很短，由于质地问题，纸质广播喇叭一两年便破损无法使用。然而不可否认的是，“农村有线广播网”活动的推广毕竟实现了国家与S村普通农民之间的联结，四只广播喇叭正常的播音客观上为党的舆论宣传提供了工具性的保障。

从S村有线广播网所需的资金而言，也体现社会主义再分配的性质。普及“农村有线广播网”的资金主要有两部分，其一为建设经费，其二为广播站日常事业经费，都主要由国家与集体解决。1969年湖南省出台的《关于迅速普及农村广播网的指示》中明确规定：普及农村有线广播网的建设经费，由国家（省、地、市、县）、集体（公社、大队、生产队）、个人（用户）分别负担。原则上县到公社的传输设备和器材由国家投资；公社到大队、生产队的传输设备和器材由集体解决，个别地方有困难时，国家适当给予补助；生产队到用户的传输线路和喇叭，由生产队或用户负担[②]。《指示》还规定：从1969年1月起，县、市广播站（或相当于该级的广播部门）的日常事业经费列入国家预算。公社广播站（或放大站）的日常事业经费由地方财政解决（系指由各地农业税附加收入和按规定留用的预算外财政资金解决），不再向群众收取收听费[③]。与此同时，在实际建设有线网过程中所必需的技术人员、器材、设备、物资等等，同样均由国家与集体解决。S村农民若参与有线广播网建设（如提供人力），也与其他生产队生产劳动一样计算工分。

(二) 电影

电影进入S村同样是计划分配的产物。可以进入S村的电影主要有两个来源，第一个来源是国家组织成立的各种农村电影放映队。1955年，湖南省与邵阳地区各派一个放映队到涟源巡回放映，同时涟源本地也成立两个农村放映队；1963

---

① 涟源市志编纂委员会. 涟源市志[M]. 长沙：湖南人民出版社，1998：641-642.

② 湖南省革命委员会. 关于迅速普及农村广播网的指示[Z]. 1969-6-26.

③ 湖南省革命委员会. 关于迅速普及农村广播网的指示[Z]. 1969-6-26.

年，省、地的两个放映队下放县管，县成立专门电影放映管理站；两年后，原邵阳地区的放映队改组建成县农村一、二、三电影放映队；1973 年，全县农村放映队增加到 44 个；1976 年，放映队普及到各个公社。[①]

除了电影放映队，当时还成立了电影公司专门负责排片与管理拷贝的任务。据多位原人民公社时期的农村电影放映员口述，宣传部门规定每年的放映计划与任务，但不规定具体地点、时间。拷贝由县电影公司负责，县级电影公司每月获得上级电影公司的一份排片表，根据具体计划到上级电影公司领取拷贝，然后在县内统一继续向下调配。

电影放映的具体操作则由各个农村电影放映队完成，生产队与人民公社不直接组织，不过，“文革”后期各电影放映队的成员由人民公社决定。当时几乎每个人民公社均成立一个农村电影放映队，一般每队三人，两男一女。由于政府将放映电影上升到一个政治的高度，选拔电影放映员就成了一项非常严格并神圣的事情，备选人员既需要政治合格，还必须兼备文艺特长，人员一旦确定，需要到地区电影公司学习，组织考试考核上岗，成为真正意义上被众人羡慕的电影放映员。与此同时，为了一直保持放映员为人民放电影的革命干劲，在放映员中还常年持续不断地搞业务竞赛。现在虽时过境迁，老放映员们一回忆起那年代，自豪之意仍然油然而生。

电影的第二个来源是靠近 S 村的涟源各厂矿、驻军单位。1960 年，湖南省煤勘二队进驻 S 村，他们每半个月给内部职工放映一次电影，S 村居民可免费观看；1968～1969 年，省煤勘二队退出时恰逢部队进驻，部队搞军民联欢的内容也以放映电影为主，放映时间不固定，短时 1 个星期放映一次，长时一个月放映一次。由于部队驻地有多处，每次放电影的地点并不固定，但均对 S 村以及附近农民免费开放，直至 1977 年部队离开为止。

（三）书刊杂志

农村报刊、杂志份额不多，属典型的弱势媒体。人民公社成立后，公社可以通过国家逐级分配获得报刊，大队则由集体统一购买，集中放在大队部，由当时的大队干部保管。当时 S 村队部主要订阅的报纸有《湖南日报》、《资江报》、《红旗》、《参考消息》、《湖南科技报》、《涟源报》等，绝大多数是党报党刊。由于农村文盲居多，国家对纸质传媒在农村地区是否能够发挥作用是有所保留的，因此农民原则上可以借阅，实质上主要的阅读对象是干部，以及极少数出身好、关心政治的识字人。大多数农民不接触报刊、杂志，他们往往将阅读权与阅读能力作为区分干群身份、

① 涟源市志编纂委员会. 涟源市志[M]. 长沙：湖南人民出版社，1998：631-632.

文化身份的标志。

三、单向的传播体系

由上述可知，建国后农村的大众传媒由党与国家一手创建，党与国家耗费巨资，在农村地区建立庞大的大众传播体系必然有其鲜明的政治目的。毛泽东在20世纪40年代《对晋绥日报编辑人员的谈话》一文中就曾经说过，“报纸的作用和力量，就在它能使党的纲领路线，方针政策，工作任务和工作方法，最迅速最广泛地同群众见面。”[①]建国后大众传播媒介下乡，最根本的目的仍然是传达党和国家的决策和思想，并力图用群众“喜闻乐见”的形式使这些决策和思想能“深入人心”[②]。换句话说，大众传媒所构建的传播体系与会议式的组织传播一样，农民主体是完全被动的，仍然也是一套单向的、自上而下的单向传播系统。

不过，以1957年为分水岭，传媒前后向全国人民发表的内容有很大不同。在1952年传媒成为各级党政机关的一个部门的体制安排下，传媒报道方式全面继承和发展了延安时期《解放日报》工作经验，而不是重庆《新华日报》在大城市出版、争取群众的经验。那时新闻报道的风格颇为清新、朴素，没有一定之规，充满了对共产主义的憧憬，对党、党的领导人的热爱。1957年之后，批判话语逐渐升温，1966年5月9日，几乎所有的综合性报纸都两个整版转载了解放军高炬、何明《向反党反社会主义黑线开火》、《擦亮眼睛，辨别真假》两篇文章，批斗邓拓。“文革”期间的大批判报道以此为发端，此前报道方式上存在的缺陷被推向极致，政治完全成了新闻本身，新闻报道成为政治行为而不是专业行为[③]。总体而言，在国家左倾路线的支配下，这个时期传媒的基本特色是政治的喉舌、样板的园地、阶级斗争的工具、革命大批判的场所[④]。

（一）传播的单向性

S村广播喇叭的分配、管理与广播传播方式已经充分说明了传播的单向性格局。我们来看，上级分配给S村H生产队的四只广播喇叭被分别装在东南西北四

---

① 童兵，林涵. 20世纪中国新闻学与传播学——理论新闻学卷[M]. 上海：复旦大学出版社，2001：244.

② 孙立平. 转型与断裂——改革以来中国社会结构的变迁[M]. 北京：清华大学出版社，2004：190.

③ 陈力丹. 新中国60年：关于传媒性质的认识及新闻报道方式的变化[J]. 新闻与写作，2009(10)：28-30.

④ 李良玉. 报刊史研究与报刊资料的史学利用[J]. 江苏大学学报(社会科学版)，2008(3)：19-34.

个方向四户农民大门上，目的是保证全生产队的人均能听到。平时，这四只广播喇叭的开关由公社统一管理，与电话同占一条线。1966 年前，每天早中晚播音三次，全天播音 240 分钟，既转播上级台节目，同时自办“政策讲话”、“一周时事政策”、“农业技术”、“知识与生活”等节目，这些自办节目的风格与倾向与上级台节目显然高度一致。1966 年“文革”开始后，全国几乎都是来自中央的声音，这时广播以转播上级台为主，自办节目不定期播出，整个播出时间从 1972 年起又延长至 360 分钟①。广播以统一的口径、简化的内容与重复播出的方式清楚地表达执政者的意图。

有时，广播与会议传播会配套进行。由上述可知，S 村对社员的组织动员一般采取会议形式，但在国家发生重大事件、出现重大的政策变化并需要立即发动群众的关键时刻，组织听广播在 S 村也是一种方式。村民印象深刻的有两次，一次的主题是“农业学大寨”，另一次是声讨当时所谓党内最大的走资本主义道路的当权派刘少奇。干部先接到上级广播会议的通知，预先将农民集中到距离广播喇叭最近的空地，广播播音员传达整个事件并提出明确的宣传意图，之后当地干部登台继续组织动员，整个程序宣告结束。

与广播相比，电影是隐蔽的宣传工具。首先，从电影播放程序来看，S 村的电影放映长期奉行三段式，最先放映当地好人好事及宣传党的方针政策的幻灯片，其次是一段科教题材的加片，共约 30 分钟，最后放映电影故事片，这套形式已然贯彻了宣传的指导思想。

电影文本的工具性特征则较为隐蔽。很多人都有这样的认识，电影是一种艺术，而不是大众传播工具。事实上，即便是艺术也必须围绕政治这个轴心转，国家通过行政手段制定电影管理制度，建立一整套电影美学体系，从电影本体的源头上使电影为政治服务。村民们至今津津乐道的电影非常多。《上甘岭》、《渡江侦察记》、《海魂》、《英雄儿女》、《英雄虎胆》、《羊城暗哨》、《平原游击队》、《铁道游击队》、《洪湖赤卫队》、《智取华山》、《孙安动本》、《柳毅传书》、《山涧铃响马帮来》、《冰山上的来客》、《马兰花》、《穆桂英挂帅》、《地雷战》、《地道战》、《批判剧清宫秘史》、《金光大道》、《列宁在十月》、《暴风骤雨》、《于无声处》、《三打白骨精》、《一江春水向东流》以及八个样板戏等，这些电影除了个别来自其他社会主义国家，无一例外都是 30 年间拍摄的国产故事片。

根据为政治服务的程度不同，这 30 年电影可划分为“十七年”(即 1949～1966 年)与“文革”两个阶段。十七年间，类型化、公式化、说教色彩已经较为严重，如当时的主导样式“革命的抒情正剧”，大多直接表现人民革命斗争生活，正面塑造英雄

① 涟源市志编纂委员会. 涟源市志[M]. 长沙：湖南人民出版社，1998：643.

形象，如林则徐、聂耳、吴琼花、林道静等，通过人物的命运与情节的发展，达到树立党的威信与教育群众的目的；再比如，十七年的喜剧电影几经曲折，选择了一条承认矛盾又回避危险的策略，提供一套相对固定的解决父子、夫妻、邻里等内部矛盾的伦理机制，同样有较强的说教作用[①]。"文革"中文艺战线被"四人帮"控制，八亿人民只能看到八个样板戏，电影的艺术性被抛之不顾，电影的政治化、概念化被推到极点，比如，"四人帮"提出"三突出"作为样板戏的创作原则，即：在所有人物中突出正面人物；在正面人物中突出英雄人物；在英雄人物中突出主要英雄人物。这种创作原则指导下，之后拍摄的样板戏电影提供了一套"独此一家、别无分店"的电影样式，如"摄影构图，要反对'正不压邪'、'平分秋色'等错误倾向，无论在画面的安排、角度的仰俯、位置的高低、形象的大小等方面，都要造成英雄人物压倒一切的气势。"[②]

可见，这种自上而下的单向传播系统其本质在于：在传播中，高度重视传播者也就是上级或者执政者的意图向下级、普通群众的传播，但是下级或普通群众的意图无法通过传播工具得到反馈。它的优缺点都是显而易见的，不过，这里的讨论不是针对它的价值讨论，而是这种传播体系下被忽略的一部分人他们的所得所思所为。没有反馈机制或反馈通道不等于普通群众没有反应，事实上，S村农民的反应内容非常丰富。

（二）农民的反应

大多数人对广播信息都是分门别类采取不同态度，但一致对外对上的态度基本保持沉默。人们对通过广播传达的中央政策、文件、精神的真实性毋庸置疑，对于生活内容极其单调的农民而言，一些重要的信息经过广播反复播出后，他们不经过主动记忆就做到熟知，许多人迄今还能背诵几句当时几乎固定不变的广播开场白。对于那个年代发生的大事，比如林彪、"四人帮"两个反革命集团的覆灭，周总理、毛主席去世等重大信息，人们也是通过广播第一时间获知。不过，对于部分事件，虽然其他信息渠道几乎关闭，农民根据自己的经验也会保留自己的判断。比如，对于国家主席刘少奇一下子沦为"大叛徒、大汉奸、大工贼、大特务、大反革命"农民并不能理解；对于大寨开山凿坡、修造梯田致粮食亩产增长 7 倍的报道更心存疑惑。不过那个时期，为避是非，所有的农民都学会了以沉默的方式接受。20 世纪 60 年代后期，S村曾经有个别农民为了了解信息，购买了半导体收音机，但由于存在收听敌台的嫌疑，很快被禁止。

---

① 陆弘石，舒晓鸣. 中国电影史[M]. 北京：文化艺术出版社，1998：127-131.

② 革命样板戏影片摄制总结汇编（内部资料）[Z]. 1973.

与对广播表现的沉默相比，农民充分发挥主观能动性以接近电影。当时S村实行露天放映电影的方式，放映地点均不固定，人们所记得的电影放映地点非常多，晒谷坪、庄稼地、小学校等任何可以容纳几百人的空地均可以搭建成一个临时电影放映点。各家的孩子专门负责前期工作，一旦放映员与放映设备进入放映场地，孩子们争抢着搬来凳子，为了占住有利位置，对峙、打架等是常见的。大人们出场矜持一些，但一般都要稍作修饰亮相。有些人为了到邻村或更远的地方看电影，需要到处打听电影信息，路程可能较远，有时需要走十几里山路。另外，季节、天气、环境也可能制造较大的麻烦，如炎热、寒冷、蚊虫叮咬、半路下雨或者无座位等。不过，这些困难并不影响人们的激情，很多人迄今都将曾经追赶电影的经历当做人生最有意义的片断之一。一个当时仅十五六岁的男子告诉笔者，为了看《卖花姑娘》，他与爷爷徒步12里赶到露天电影场，到时电影场已黑压压一片，不慎一条腿踩入冰冷的池塘，仍坚持把电影看完。

不过，仔细分析，S村农民对电影的狂热与国家意欲表达的主观目的并不相关。电影制作者的目的是传播电影中隐含的逻辑、观念、伦理、道德，农民关注的是电影呈现的故事情节、生活、人物、情感等，电影的角色期待与实现在误识中达到了天衣无缝的吻合。对于电影中隐藏的国家意志，农民的态度与对广播的态度一样，沉默与被动，但针对不同的情况沉默呈现不同的内涵。对一些大是大非的判断，如坚持马克思主义、毛泽东思想等基本国策，农民的沉默是一种默认。但对影片中针对地主、富农、右派分子的具体态度、措施等，并没有农民照搬到实际生活中来。比如，S村人对被遣送回乡的部分右派及其子女并没有另眼相看；“文革”中甚至还出现普通农民阻止大队干部迫害地主的事例。农民并没有接受电影简单的政治说教，对于是非的判断仍然基于是非本身，与农民在漫长的历史过程中建立的一套伦理道德相比，电影中“阶级斗争”的煽动性在没有其他外部压力的情况下其影响是微不足道的。

“文革”后期，有些农民已经对电影的教条化、政治化、概念化等潜规则有所认识，“不看也知道结果，反正最后好人总是胜利，坏人总是失败”。可是对潜规则的认识并不影响人们对电影投入的情感：

《佩剑将军》很感人的，上山摘辣椒时还想着呢；

《赛虎》是一条英雄狗的名字，可是它最后救人死了；

《梅花巾》的具体名字可能不对，是说一个妈妈遗落一对双胞胎的故事，我一个人瞒着父母跑到铁路那边去看的，哭得稀里哗啦；

只记得《雪莲花》这首歌了，雪莲花，幸福的花……还记得一匹骏马从山崖跳过；

《奴隶》是外国片……

从这些感性的记忆可见，电影真正深入人心的是其中的情节、人物、情感、服饰、歌曲等表现出来的传统文化精神与抽象人性。这个意义而言，电影媒介客观地承担起寓教于乐的功能，因此，国家期望的媒介角色虽然与电影实际扮演的角色未必完全吻合，电影在农民心目中却获得了客观的文化意义。

另外不可否认的是，合作社时期的电影之所以令S村人十分怀念，除了从中可以享受到文化和娱乐之外，电影资源的公平使用也是一个重要的因素。上面展示的排片、拷贝管理、电影放映员的选拔与竞赛、电影放映程序等方式虽体现了国家集中控制电影事业的事实，然而对农民个体而言，作为在社会历史空间中始终处于社会下层的事实，这种形式可以轻而易举地从任何一次历史经验中嫁接认可，被管理是农民普遍认可的一种常态。但与此同时合作社时期露天的电影放映方式、集体单位电影放映的免费开放，以及在更微观层面但处处显示出来的公平公正，如先来后到的座位次序安排等，这些超越农民历史经验的事实是任何一个农民都可以亲身体验的，所以很多人自然地将这样的公平与党宣传的"翻身做主人"的期许自然对接，电影因此又被人们赋予新的价值。

四、传播环境：总体性社会与组织

这一阶段媒介角色的背后其实有深远的制度背景。在1949～1953年的社会主义改造时期，党和政府对城乡兵分两路分别采取了一系列措施。在城市，没收官僚资本等三大改造使国家基本控制了城市的资源，在乡村，通过土地革改后与建立初级社、高级社、人民公社等步骤，农村的土地与其他农业要素基本收归国有。这导致在改革之前，国家几乎垄断着全部重要资源。这种资源不仅包括物质财富，也包括人们生存和发展的机会(其中最重要的是就业机会)及信息资源①。

具体以农村为例，三个制度实现了国家对农村的超强控制。第一，国家为了迅速积累资源，启动大规模工业生产，对农村实行统销统购体制。即在流通领域，实行对主要农产品的国家垄断，限制城乡集市贸易，严禁民间贩运；在生产领域，实行指令性计划，严格控制生产的范围与领域，归并农民独立的使用权，严禁土地流动，以抑制地租对农产品价格上升的推动作用；在分配领域，对农民一手低价统派购，对城市一手低价配给食物和其他福利。第二，为使降低管理成本，并使农村为工业化建设提供资金支持和稳定的价格环境，国家出台了对农民微观管理的人民公社制度。人民公社实行"一大二公"、"政社合一"。土地产权归集体所有；自留地、宅基、牲畜、林业等生产资料与劳动工具全部交归公社所有，以全乡为范围建社，生产

① 孙立平.转型与断裂——改革以来中国社会结构的变迁[M].北京：清华大学出版社，2004:1.

开支、社员消费由公社具体管理;取消家庭经营,取消村级经济自主性。1962年,由于大规模饥荒,人民公社政策才调整为“三级所有,队为基础”的模式。人民公社的实质就是国家通过对土地所有权的全面控制而将其意旨贯彻到农民和农村的微观组织行为。第三,通过户籍控制严格限制农民向城市流动。它包括一系列的制度架构,如:户口制度、粮食供给制度、副食品供给制度、住宅制度、生产资料供给制度、教育制度、就业培训制度、医疗卫生保健制度、社会保障制度、人才就业制度、婚育制度、统筹和提留制度、集资和摊派制度等。这些制度共同人为地将公民按照不同的出身机会、出生地、家庭出身、劳动方式、税收手段等划分为城乡两大社会阶层①。

以这种垄断为基础,国家与社会的关系得以根本性重组,国家的力量得以空前强大,而社会的力量或由于游离于国家体制之外遭到根本性打击,或直接被改造入国家体制的框架。20世纪50年代后期相对独立的社会已不复存在,形成典型的强国家—弱社会模式,西方学者以“全能主义政治(totalitarianiam)”予以解释(邹谠,1994)②,国内社会学家则用“总体性社会”进行概括③(孙立平,1994)。

单向的、自上而下的大众传播系统既是这一系列制度之一,也是国家贯彻其他制度实施的先进工具与保障,所有这些最终彻底将农民以行政整合的方式网进严密高效、集多种职能于一体的总体性组织之中。国家对资源的计划分配也不是直接分配至农民个人,而是通过行政手段分配至农民所在的组织——人民公社,人民公社内部再分三级,最后才分配到农民个人,这导致农民对生产队、大队与人民公社组织极度依赖,因为“这总体性的组织形式,是人们能够借以接近和享受国家垄断的稀缺资源的唯一通道,离开这一通道,人将会丧失获得生存所必需的基本生活条件的机会。”④

---

① 张举,邵近东.一种农村超强控制模式——改革开放前国家与农民关系分析[J].理论学刊,2005(7):80-82.

② 这个概念最初由美国芝加哥大学政治学教授邹谠提出,在《二十世纪中国政治:从宏观历史与微观行动的角度看》一书中,他反复强调“全能主义”(totalism)是二十世纪中国政治的显著特征,这个概念也是他在针对集权主义(totalitarianiam)之外提出的与之不同的另一概念,原意“指政治机构的权力可以随时随地可以无限制地侵入和控制社会每一个阶层和每一个领域的指导思想,全能主义政治指的是以这个指导思想为基础的政治社会。”

③ 孙立平认为:总体性社会指社会的政治中心、意识形态中心、经济中心重合为一,此时国家与社会合为一体,资源和权力高度集中,使国家具有很强的动员与组织能力,但这种结构较为僵硬、凝滞。

④ 孙立平.转型与断裂——改革以来中国社会结构的变迁[M].北京:清华大学出版社,2004:184.

理解制度是理解转型前媒介与农民关系的前提。获得信息是人的基本需求之一，由于农民只能从国家与组织的方向获得媒介资源或者信息资源，在没有别的信息来源的情况下，接受舆论工具传达的官方信息成为人们唯一的选择①。更重要的是，当时党与国家在宣传、社会动员方面采取的是多管齐下的策略，既有面对面的人际传播（如当时的各种工作组），又有高效的组织传播（如会议与会议产生的官方文件），它们与大众传播一道构建了强大的舆论环境，确保国家期望的传播效果的实现。另外，在所有传播形式的背后，还有共产党解放全中国的恩情与国家机器的力量威慑，恩威合力对分散的农民形成强大的心理压力，无条件接受是最合适的选择。

然而，即便如此，当大众传媒提供的信息与农民的精神信仰及文化传统发生矛盾时，农民也并非完全没有化解与回避的途径。正如有学者总结的，中国农民历来表达其权力的方式不是上街、游行，也不是示威、罢工，更多的是隐瞒产量，少报少交，降低劳动生产率，偷偷扩大集市贸易，欺骗上级，偷工减料，贿赂官员，讨价还价，故意曲解或变通政策等等。公开的抗议几乎没有，也不如前者更能产生影响②。由于国家通过大众传媒传达的意志是显性的，而隐藏在农民个体的意见、认识与文化传统是隐性的，因此两者即便遭遇矛盾也是一种信息不对称的矛盾，农民在实践中往往能够采取不接触报纸、开会开小差、保持沉默、声东击西等“弱者的武器”（詹姆斯·斯科特，1985）予以规避。不过，由于农民对党和国家的高度信任，也由于国家制度的严密与自身对组织的依赖，农民的这类行为隐匿、分散，力度很弱，是日常生活中不易为人察觉的行为。所谓“民可使由之，不可使知之”，如果农民没有获得表达民意的权利与渠道，我们也很难抱怨他们在“表面接受”后的私下行为。

总之，在国家掌握资源并按照计划的方式配置社会资源的时期，大众传媒的角色也不可避免地打上制度的烙印，并在实践中成为国家社会动员的工具。不过，这种国家与农民的互动关系极为独特，一旦国家控制资源的能力发生变化，这种单向的沟通系统便难保不趋于变迁。

---

① 孙立平．转型与断裂——改革以来中国社会结构的变迁[M]．北京：清华大学出版社，2004：190．

② 张举，邵近东．一种农村超强控制模式——改革开放前国家与农民关系分析[J]．理论学刊，2005(7)：80-82．

第四章 媒介角色的变迁

近代中国，国家处于生死存亡之际，团结一致、救国图存是首要任务，孙中山、蒋介石都力求建立全能主义政府；新中国成立后，严峻的国内外环境也要求社会主义中国迅速发展起来，这种背景下，学习借鉴苏联全能主义政治模式有一定的合理性，对维护国家统一、国家经济政治制度的建立、经济建设的全面铺开和迅速发展，发挥了较大的作用。由此，党与国家在城市与乡村推动了一次旨在实现共产主义理想的宏大社会实践。然而，良好的愿望超越了中国的现实，尤其对于几千年来习惯于分散的、以家庭为单位进行农业生产的农民而言，私产充公、高度组织控制、集体作业、按工分平均分配等等做法严重挫伤了农民的生产积极性，最终溢出 1978 年 12 月安徽凤阳小岗村 18 户农民要求土地联产承包的历史事件。这种全能主义政府到了后期，无法解决动力与秩序的内在矛盾，对社会生活的侵入和控制程度不可避免地越来越缩小，国家决定开始自上而下推行从再分配向市场配置资源的社会转型。

这次社会转型首先从经济领域开始，带动了政治、社会、文化等的全面转型。体现在大众传播领域，一方面国家迄今为止并没有放弃“喉舌论”的基本立场，这个行业的改革远晚于其他经济领域的改革进程；另一方面国家也逐渐承认传媒业的经济属性，并对整个行业进行缓慢的市场化改革，事实上改革的进程常常是自下而上的。换句说话，由于大众传媒的特殊地位和作用，一直是“转制”的禁区，基本不触及其所有制形式的改革，改革主要体现在媒介经营这一部分。1984 年 10 月中共第十二届三中全会通过《关于经济体制改革的决定》后，新闻媒介经营体制的改革全面展开。

在 S 村这个微观单位，若用宏观视角来看似乎没有变化，但这恰恰是西方学者的理性难以企及的最中国化的地方，如果我们深入到中国社会最基层的一个细胞，事实上变迁总是在内部不可遏止地发生。国家在某一天开始停止了对村内广播与电影的所有给养。电影放映员部分被遣散回家，部分转移进县电影公司，村内的广播维护员也停止了工作。因为缺少维护和更新，S 村的四只广播与两只高音喇叭

(1978年装)在1980年停止工作,广播这种传播形态在S村消失。同时,国家的电影放映队、电影院开始接受个体承包,在电影恢复经济属性的同时工具性功能遭到遮蔽,最终经过农民的理性选择而逐渐淡出农民的视野。与此同时,由于总体性社会与组织的逐渐解体,社会与国家一起成为提供资源的重要源泉,在旧有的国家建构的大众传播体系慢慢解体的过程中,电视媒介登上S村的历史舞台,电视的物质载体电视机也通过市场购买的方式逐渐进入S村的家庭。

回溯电视的发展史,它也经历了一个一波三折的过程。我国的电视业起步较早,1957年国家决定发展电视广播业,1958年5月1日,北京电视台开始实验性广播,宣告了中国第一座电视台的诞生,同年6月1日,北京电视台播出了第一条电视新闻片[①]。同年,国内第一台黑白电视机在北京广播电器厂和国营天津无线电厂共同努力下研制成功[②]。但由于电视诞生于"大跃进"时期,遭遇了欲速则不达的拔苗助长式发展,接踵而来的"文革"又让电视卷入社会斗争中,无论是技术、新闻理念还是普及程度都没有跟上。十一届三中全会召开时,广播电视业仍停留在一个省一个频道,除西藏之外全国共28个电视台。第十一次全国广播电视工作会议,提出了一项对我国广电事业建设和发展产生了重要影响的方针,即"四级办广播,四级办电视,四级混合覆盖",暂且不论"四级办台"产生的这样那样的问题,有一点是肯定的,即大大催生了全国电视台的数量,客观上为电视机进入农村开创了条件。

与此同时,伴随着媒介改革电视接收信号的终端——电视机也逐渐进入亿万家庭。S村人的记忆中,电视最早出现在1980年左右,不过,这一批电视机不是S村家庭的所有物,而是在上级的号召下,当时的人民公社、供销社、医院等全民或集体单位由单位出资通过市场购买的电视机。夏日傍晚,这些单位的同志常常将电视机搬到单位的院子里播放,吸引了一群群附近甚至更远路程的农民和他们的孩子们,这个场景似乎重新将人们领入了露天电影的情境,很快带给他们一个并不特别遥不可及的希望,即自己家庭拥有一台电视机。

电视的出现,是我国大众传播业发展的一座里程碑,标志着大众传播大众化、市场化的发展方向。首先,从技术而言,文化传播经历了口头传播——文字传播——印刷传播——电子传播四个由高到低的过程,每次革命后,传播速度更快,传播容量更大,受时空限制更小。就社会意义而言,也是人类主体精神得以不断解放的过程。与前面几种传播形态相比,电视机带给S村村民的是一种具象的、动态的、较少受时空限制、传播速度较快的一种文化传播媒体。借助于它,剥离了高度

① 方汉奇.中国新闻事业编年史[M].福州:福建人民出版社,1998:1736-1737.

② 中国第一台电视机诞生实录[J].发明与创新,2009(10):14.

抽象的语言文字代码，卸载了印刷媒体沉重的物质重负而代之以生动、逼真、直观的影视画面，从而消除了人们的感观与对象之间的距离，使绝大多数缺乏语言文字水平及相关文化知识的S村人如鱼得水。将所有人都纳入文化的版图，这是电视机与视觉文化所带来的大众化革命，自此，农民可能从蒙昧状态中解放出来寻找自我，文化不再是少数精英的专利，而成为全民的、大众的群体消费行为[①]。另外，市场化是不言自明的，全国十多亿人口，计划配给不现实，观众首先就需要购买电视机。这第一步就已经预示着这个行业生产、流通、播放各个环节的全面市场化运作，否则无法提供快速传播、大容量的、连续不断的内容服务。而且，一个客观结果是，由于大众化与市场化，国家政权对大众传播业的侵入与控制越来越不现实，这个形势转而要求政府继续推进行业改革，直到制度与行业发展完全配套为止。

第一节 改革初期电视进入S村家庭的初期记忆

一、关于第一台电视机的记忆

电视机进入S村不是自上而下的宣传号召，而是农民自愿通过市场购买。改革开放初期，之前流行于农村的种种文化形式如农村露天电影、各种民间剧种等由于失去集体的支撑与配套的集体化生产方式逐渐淡出农民的文化生活，不过农村也没有因此出现文化空白，电视机作为更适合于家庭结构的设施进入农民视野。

S村的第一台电视机出现在1983年，这是一台通体深色的黑白电视机，二十一英寸，主人是LWC。一个小伙子(当年八九岁)回忆说：

那天晚上我正在家里写作业，听到西南面有很大的声响，我以为是放电影，后来我爸爸说不是电影，是电视。这是我第一次听说有电视这个东西。(LLB)

它的出现不啻给农民的生活方式带来一场革命，因此尽管时间已过去二十余年，大多数S村人对这台电视机都留存了丰富的记忆。

从出现那台电视机起，夜晚到LWC家所在的“光迪堂”(光迪堂是族居的老宅子)看电视成为人们生活中的一件大事。当时，看电视仅限于晚上，白天所有人都忙于手中的事情而无暇顾及，LWC家也从不在白天打开电视机，甚至无人知晓白天是否可以接收电视节目。每天晚上约七点左右，主人就把电视机搬到厅堂。S村老建筑群的厅堂有两层楼高，多家共用，四面延伸有多户，加上山区农村的夜晚特别寂静，电视机的声音很快就吸引过去几十个人。照例，主人家的

---

① 尤游，戴元光．影视文化身份刍议[J]．上海大学学报(社会科学版)，2005(1)：62-66.

人坐在最中央最舒服的位置。主人另外会摆放几排长条凳，附近的村民会自带板凳，但还是不够，常常三个人的长条凳硬挤下五六个人，有一次一声巨响过后长条凳被压断了，坐在上面的人仰面滚了一地。来得太迟没有位置的爬到窗子上便是一个办法，更迟的就只能回家等待，而其中对电视特别有瘾的就干脆站在外面听电视。为了坐上位置看上电视，不少人提早收工，有些收工不及的不吃饭直接扛着锄头犁耙扁担挑箩就来了。由于人多，原本气派的厅堂显得很局促。不过人虽多，厅堂也黑，但人们一旦找到自己的位置就一步不离，因此秩序倒也井然。一个村民说：

那个时候我们天天晚上到他家去看电视，电视就是比电影好，天天有得看，也不要钱。不过就是要来得巧，太早了人家还没把电视搬出来，来迟了站在后面看别人脑瓜子看不到电视。(LCC)

对于当时接收的信号质量，村民的记忆表现出很大的不同。大多数认为"麻子"(当地人对雪花的称呼)很多，少数人认为没有"麻子"，个别专注于电视情节忽略了信号质量，只是说"可以看，可以看"。一个村民说：

有一次，正碰上播放《神奇的蓝宝石》，我印象特别深，因为是我第一次看电视。情节特别好，是古代神话片，可是信号特别差，整个电视屏幕上除了麻子，只模糊看见影影绰绰的人。可是声音又很清楚，所以又舍不得走，就想着下面可能会好些，ZS(主人家儿子)一直转着天线到最后也没好。

笔者有幸碰到一位考上大学并留在城市工作的S村人，他告诉笔者：

LWC家的电视信号在当时是不错的，他们家本来地势比较高，又在屋顶上安装了一个室外天线，接收信号算很强了。后来我们到LTY家看电视，他们家住得低，那个麻子简直比人脸还大，屏幕老是晃，看得人都头晕了。(LJM)

当时，这台电视机只能固定接收一个频道——中央台，它所营造的集体观看方式、观看环境以及最初电视节目的编排促使人们仍将它视为"小电影"。比如，村里人一直将新闻节目当做电影正片前的"加片"(S村人对故事片前纪录片的统称)，大家对新闻都不感兴趣，距离较近的邻居预先把板凳放在LWC的厅堂后回家吃饭，这段时间占着位置人还没有到场，已经到场的人三五成群聊天的居多。大多数人没有认真看这段"加片"，对政治时事印象都极其稀薄，偶尔记住一些常常错误百出，有人把1985年胡耀邦辞职的事件搬到1983年，误将《七巧板》的鞠萍认做新闻节目主持人。

当时的广告形式简单固定，数量少，占据的时间又少，与露天电影前的幻灯片类似，并没有引起公愤。人们权当是休息时间，恰好利用来解决内急。有些顽皮的孩子将广告当语录背诵并互相接力，成为穿插于电视与现实之间的一桩乐事：××厂是国家×级企业，生产××产品，价格优惠，实行三包，厂长：×××，地址：×省

×市×街，电报挂号：……电话：……。

大家一致期待的是电视剧，正片一旦开始，厅堂里立即鸦雀无声。当时国产电视剧不多，热播的主要是港台、日本电视连续剧，如《血疑》、《命运》、《霍元甲》、《陈真》、《聪明的一休》、《再向虎山行》、《八仙过海》等，比起S村人更熟悉的电影，电视情节铺叙更长更细致，故事更引人入胜，电视里的生活更富足，并且人物的命运往往围绕着性格与机遇而不是围绕政治运动展开，这样一个异文化的产物给S村人造成强烈的视觉与情绪的双重冲击。所有人回忆起来都抱怨每晚仅两节的正片太少，对连续剧第二节的结尾处制造的悬念恨得咬牙切齿，有些人在两节结束后仍然不愿走，直到其他节目开播才悻悻散去。甚至，第二天田间地头，大家碰上还交流心得与情绪。不过，绝大多数人没有更多的能力通过语言交流对剧情的理解，而仅仅简单地将剧中人分成好坏两种，对好人颂声不断，对坏人则粗俗诅咒，并以忠诚的收视热情表达对剧中人物命运的关心，孩子们则在"何仙姑"、"铁拐李"、"俄国大力士"之类的绰号中，在模仿霍元甲、陈真的武打姿势中显示他们对剧中人的爱憎。

这台电视机打破了山村的宁静，人们的生活似乎有了期盼。人们来时带着一天的疲惫，走时常常忘记疲惫带着掩藏不住的好奇和遗憾。绝大多数人很快从电影迷变成电视迷，村里有一个公认的电视迷WXZ，村里人都说：

她爱看电视跟一般人不一样，除了电视其他什么都不在她眼睛里。她每天最早来，人家电视没开就来，坐在自家带的板凳上，每个电视节目都不放过，新闻也看，广告也看，不声不响，一直都不动，脸上无表情，一直盯着电视，好像眼睛也不动，很吓人，电视正片结束抬脚就走。

孩子们也是最忠实的电视迷。为了看电视，孩子们与父母的"斗争"也增多了，一个当时的小电视迷回忆说：

我们放学回来了来不及吃饭、来不及做作业就往LWC家去，我妈妈经常当着那么多人的面，左手拧我的耳朵、右手拧我妹妹的耳朵把我们一路拽回来。(LXW)

也有跟父母签订合同的，另一个小电视迷说：

我爸妈不给我看，除了星期天。我向他赌咒发誓了不知道多少回，成绩肯定不落后。他们同意了，一个是作业得完成，一个是考试成绩不能掉。逼得我在学校就找时间做好作业，下课时间、活动课时间都用上了，有时还在其他课堂上写。(LZH)

对S村人而言，第一台电视机的意义重大。除了内容给大家的生活带来冲击之外，大家在那个时代普遍将电视机跟能力、地位、威望等社会性要素联系起来，因此，电视机被追逐就理所当然，这为其他农民购买电视机奠定了心理基础。

二、购买的记忆

第一台电视机出现不到半年，S村电视机数量开始增加。先算一笔经济账，1984年，S村拥有400元储蓄的家庭寥寥无几，而购置一台14英寸黑白电视机需400余元，因此一般普通家庭根本无力承担。但有为数不多的一部分人，他们是改革初期最早脱离纯农业并顺应改革潮流最早形成的一批"权贵阶层"，只有这些农村精英家庭有能力从市场购买电视机。这些人有LTY(原乡镇企业S铸管厂干部)，LZX(包工头，原基建公司副经理)，LJJ(原村支书)，LXZ(原基建公司副经理)等等。改革初期贫富分化仍然不明显，这些人购买电视机时也难免表现出为难与踌躇之意，村里一直流传着这样一个小故事：

他(LJJ)去涟源街上买电视机，光在商场里盯着电视机打转，不好意思了就转开，一会儿又转回来。那售货员看他穿得土里土气的，膝盖还打着补丁，以为是小偷或者讨米(讨饭)的，就骂他，他生气了，解开层层卷在腰间的长毛巾，里面是一叠大大小小的钞票，把售货员也看呆了，他数了一些摔给售货员，抱回这一台14英寸黑白电视机。

由于昂贵与稀缺，初期的电视机在农村精英与普通农民之间划出一道分水岭。第一批电视机陆续进入S村，客观上给村民提供更多的选择机会，大部分村民均可以在附近拥有电视机的家庭看到电视节目，拥有电视机的家庭也乐意与邻居共享。或许，除了物质性之外，电视机更多负载象征性功能，S村民是这样评价有电视机的家庭的：

那个时候我们也不知道频道这一说，反正主人家一直打开在那里，有一次我就是想摸摸那个电视机壳子，他老婆说不懂的人不能乱摸的，会触电。(LZW)

他们家本来距离我们最近，原来我们也喜欢到他们家去看电视，后来我们两家为地基的事吵开了，以后就不去了。(TXH)

很好笑，才买了几天电视，就对我讲政治了，还问我懂不懂！(LGW)

对此，普通农民以种种方法予以否定或反抗：

你是说他？他去年死了，被败家的儿子愁死的，他儿子仗着家里有钱，钱不当钱花，结果抢劫进了牢。不过那个时候公司红火，他威风了，他们家买电视机算最早的，我的妹子喜欢到他家看。(LXY)

他做了十几年村干部啦，手里有一笔钱的。别看他家里不怎么样，穿的比我们还破烂，他是有钱不露相的。(LGC)

20世纪80年代后期，S村内第一批通过社会分化产生的技术工人也积聚了能力购进电视机。这批人主要由职业分化后的泥工、木工、瓦工、漆工等技术工人组成，另有少数小商贩，普通农民很少。他们一方面积聚种种没有电视机的不满，一方面也积累购买电视机的经济实力，不过，相比第一批购买电视机的农村权贵，这批人的行动非常低调。LY家的第一台金星牌14寸黑白电视机1988年购买，刚搬回，隔壁的老太太就跑过来问，

“听说你们家也买电视机了？”

LY的父亲赶紧压低嗓子说，

“我们是借钱买的。”

20世纪90年代初始，拥有电视机逐渐成为普通农民的“时尚”。S村人打着订婚、结婚、生子、生日、盖房、子女升学等各种旗号从市场购买电视机，逐渐地，村里拥有电视机的家庭越来越多，若以1980年始记，S村历经20年在全村普及了电视机。此时电视机已经从最初的象征符号恢复至单纯的接受社会信息与文化娱乐的载体。

从20世纪90年代至今，村里的电视机又悄无声息地进行了多次更新换代。一个家庭往往经历了14寸黑白电视机—准彩色电视机（屏幕上贴上三色滤片，80年代末开始在农村流行）——台彩色电视机—两台彩色电视机的变迁过程，随之而来的是电视机质量的提高、品牌的注重。目前，全村400多户，电视机普及率100%，无论走进哪一户，置于橱柜之上、卧房之内的电视机是最常见的物件，与“家”的概念融为一体。

在S村，购买电视机的过程出现两个有意味的规律。其一是获得电视机的先后顺序遵循社会、经济地位的高低，也即从最有钱有势的权贵家庭—技术家庭—普通家庭逐次普及。其二，在电视机没有普及前，购买电视机的家庭同时表现出自豪与压抑两种情绪。调查发现，大多数家庭都不愿意显富，往往寻找各种借口寻找购买行为的合法化，有人推说是借来的钱，有人推说城里亲戚的接济，有人说购买廉价电视机组装。究其原因，一方面是担心政治运动卷土重来，更重要的是不愿暴露收入来源。比如，对于最早拥有电视机的LWC，有人认为：他是木材厂的干部，手中有木材调配权，大家都巴结着，能搞到钱买电视机。他的子女与邻居回忆：他擅长钻研，无师自通就会修理电器，这个第一台电视机就是他用50元购买单位的三台废旧电视组装而成的。综合这两种说法，可以揭示在改革初期，企事业干部或技术骨干凭借他们原有的社会地位，在实践中比普通农民占有更大的优势，能够迅速适应新的市场环境。

三、使用电视机的记忆

电视最初走进S村时，毫无疑问被所有的家庭当做最贵重的物品，一般摆放在家里最庄重、最醒目的位置。一个典型的例子：

1986年前后，LYG的女儿（住在蓝田城里）到邻市公婆家过年，托人捎话给父

亲，电视机放在家里不放心，要父亲将电视机搬回去。LYG与大孙子一起将电视机装在箩筐里走了两个多小时挑回村子，LYG的大儿子半道将电视机搬回自己家收看了几天，重新放回父亲家又播了几天，节后女儿回涟源，LYG又将电视机原封不动地挑到女儿家。

由于电视机在农民心目中地位尊贵，人们发挥极大的创造力以使“使用”与“折损”这一对矛盾最小化。体现在以下几个方面，比如为它正常擦拭、缝制外套、打造专柜等外观维护：

电视机还没有买回来的时候，我妈妈已经照邻居家电视机的大小到裁缝店做了一个防尘罩子，绒一样的紫布，四周都镶了白色的亮珠子。我妹妹抠了几个出来，我爸爸气坏了，叫我们互相检举揭发，结果我妹妹被打了一顿。(LJ)

那个时候，我爸爸正帮他的拜把兄弟盖房子，就从工地上要了一些木板回来。我们也不知道他干什么，他一连熬了几个晚上，最后做成一个四正四方的电视盒，后面留几个孔洞穿电线，前面的门可以开合。那个木板真厚啊，怎么砸都砸不烂。(LXW)

其次，由于S村属山地丘陵，无线传输的信号不稳定，加之当时农村供电很不正常，为了提升电视机功能，防止电压不稳对机器内部的损伤。人们尽可能创造条件购买稳压器、电瓶，制作室外天线。

我不知道电视机上面的黑匣子是什么，有电视机的人家都有。有一次我就碰了一下，手臂一下子被摔开，麻了好长时间。后来才知道这是稳压器，防止电压不稳烧坏电视机的。(LX)

那时，我们这里常停电，LCC家消息最灵通，最先买的电瓶，有电的时候用它蓄电。不过这个电瓶也不好，用它看电视电压还是不够，小功率的放个20分钟画面就开始缩小、打晃，最后“嘣”一声电视机就自动关了。(LFP)

稳压器和电瓶市场上可以买到，室外天线则充分体现农民的个体智慧。S村最初制作室外天线是从懂技术的LWC开始，后来人传人全村有电视机的农户都学会了，这其中包括大量文盲。S村的室外天线一般均由铝线制成，有两种样式，前一种外观的四根铝线长短一致，后一种外观的两根铝线长短不一，将其中较长的对应发射台方向即可(如下图所示)。为了更有效地接收信号，室外天线必须置放得越高越好，因此这给支杆提出了要求。LMH家的室外天线做得比较好，他用一根约有四厘米直径、五六米高的粗铁管作为支撑室外天线的支杆，铁管下端固定在一层辅房的平屋顶，上端穿过山墙外侧的瓦屋面，以约1.5厘米黄色扁平信号线连接室外天线与电视机，并用电线接地以防雷电。LMH的弟弟则更匠心独具，他将门前大树的枝叶全部削掉，以大树干充作室外天线的支杆。有些人家没有平顶屋，也没有大树长在门前，一般从二楼的窗户伸出一截木头充作支杆。

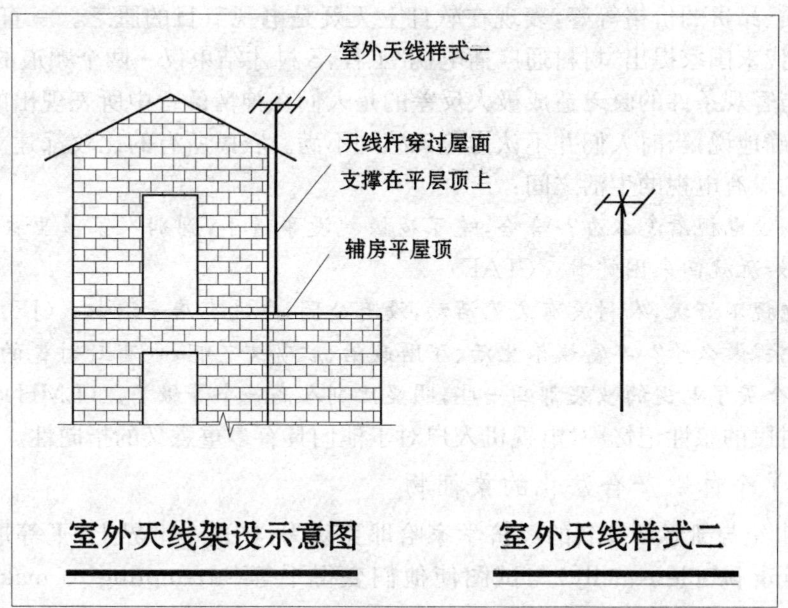

室外天线架设示意图　　室外天线样式二

另外，如何接收电视信号对农民的智慧也是一个考验，但在长期的频繁的摸索中，人们总结了一套实用的收视方式。S村地处涟源市的最西部，正与冷水江市相邻，涟源市的发射台在S村东北方向约5公里，冷水江市的发射台在正北方向约3～4公里，信号更强。周一至周六，人们都将室外天线的方向转向正北方以接收冷水江台发射的信号；周日，冷水江台停播，此时再将天线转向东北方向。

尽管这样，S村的电视信号仍然不好。有时人们正接收冷水江台的节目，突然信号中断或出现较多的马赛克，人们就赶紧将天线的方向转向涟源台，两个小时的电视连续剧需要调整天线数十次之多。春节联欢晚会是春节一道丰富的文化大餐，很多人家都要在晚会之前爬上爬下仔细将室外天线的信号线擦拭干净，以为这样可以提高信号质量。

最后，有电视机的家庭非常注意防盗、防水、防火、防雷，这些均属使用与维护的基本前提，此不赘言。

当时农村供电严重不足，S村经常停电。除了部分有电瓶的家庭外，停电时只有等待与休息两条路，山村恢复过去的黑暗与寂静，只是人们的心已经被电视带来的全新视域占据，重新恢复到过去的单纯已不可能。

四、匮乏与充实

从拉家常式的交流中，不难体会电视最初进村时所遭遇的匮乏。这个匮乏表现在硬件上就是电力供应的严重不足、电压不稳、无线传输技术落后以及粗糙的电视机品质、昂贵的价格等等，表现在软件上无疑是电视节目的匮乏。一直到20世纪90年代末国家提出“村村通广播电视”工程，S村才结束仅一两个频道的历史。

但与客观条件的匮乏造成极大反差的是人们在神情话音中所表现出的充实愉悦，更精确地说，当时人们并不认为应该感到不满。农民所有的比较都建立在当时与更早的没有电视的生活之间：

过去没电视看怎么办？哈哈，吃了夜饭就没事情了，到别人家屋里去玩，好玩就玩，不好玩就回来困觉啦。(TAE)

没电视不好玩，农村没有文艺活动，没有公园，也没有店子逛啦。(JE)

买电视做么子？丰富娱乐生活、了解政治、欣赏文艺啊，也有赶时髦的，不甘落后的，那个买了电视的吵架都凶一些，明显比别人高一个等级了。(LMH)

从村民的感性记忆中，电视机入户对于他们具有多重意义的指向性。

(一) 个体财产合法化的象征物

20世纪与凯恩斯齐名的经济学家哈耶克认为：在这个世界上，平等地对待人们(treating people equally)与试图使他们变得平等(attempting to make people equal)这两者之间始终存在着重大的区别①。我们党与政府在20世纪50年代起在农村推行的农业合作化与人民公社制度是共产主义理想的一次社会实践，恰如哈耶克所指的后者，其期望与动机毫无疑问是善良的，然而私产充公、集体生产的制度内涵严重超前于农民的实际情况，与农民的传统农业生产方式及小生产者心理特征相去太远，因此，在合作化近30年的历史过程中，社会秩序与农民生产动力的矛盾逐渐激化直至无法调和。20世纪70年代末，小岗村18户农民率先提出“家庭联产承包责任制”，一句“交够国家的、留足集体的，剩下都是自己的”响亮地提出个体财产的本能要求，撕破长期被道德禁锢的那层纸枷锁。

合作化后期遇到的困难与小岗村的率先做法终于让党与国家领导人最终下定决心解放思想走改革开放的道路，党与国家针对农民出台一系列激励政策。安徽小岗村农民创造的“联产承包责任制”标志从国家垄断资源的体制中游离出最初的“自由流动资源”(孙立平，1993)，农民获得土地耕作和经营的相对自主权与对自身劳动力的支配权②。与此同时，农民还从体制改革中获得四种“自由活动空间(孙立平，1993)”，这四种“自由活动空间(也称为“政策允许范围内)”促使产品农业

① F·A·冯·哈耶克.个人主义与经济秩序[M].邓正来，译.北京：生活·读书·新知三联书店，2003：22.

② 孙立平.转型与断裂——改革以来中国社会结构的变迁[M].北京：清华大学出版社，2004：192.

向商品农业的转变，允许农民经商，允许、支持和扶持乡镇企业，并允许农民进城打工[①]。这些政策意义重大，为农民获得个体财产排除了制度障碍，在另一场道德的争论中，国家理清了两种认识，一种是错误的“人们只受或应当只受他们个人的需要或自我利益的指导”，一种是正确的“应当允许人们去追求他们认为可欲的任何目的”，这又为农民的“自私”行为排除了道德批判的障碍。

后来的历史证明，私有财产的合法化确实为人们提供这样一种激励，而且这种激励的作用之大和范围之广，也是人们在此前对它的理解所无法企及的。从联产承包后，农村的生产情绪空前高涨，S村农民的收入确实节节升高，哪怕与城市居民相比，也无可非议地当属改革的获利阶层。据统计，当时的城乡收入比是2.6∶1，相差仅209.8元；人均消费水平比2.9∶1，相差267元，均属历史至今的最低比率[②]。因此，S村农民竞争着购买电视机并不是一个孤立的偶然的事件，它具有典型的社会意义，很大程度上，它是农民私有财产合法化的实物对应，集中体现农民获得个体财产可以自由并且已经自由购置资源的喜悦。

（二）社会空间扩展的可能性

电视机是农民改革的获利品，这是宏大社会历史空间中的阐释。对农民个体而言，这个事件除了意味个体经济基础的独立，更寄托他们扩展自身社会空间的强烈动机。可以说，在当时特殊的历史条件下农民比任何时候都更需要拓展个体空间。集体化时期，国家赋予农民以双重结构身份：一是相对于历史上的个体农民，赋予农民集体社会的身份。在集体化运动中，农民失去了私有财产和人身自由，受到人民公社体制的强力支配。二是相对于城镇居民所拥有的非农业户口，国家赋予农民农业户口的户籍身份，国家通过歧视性的制度安排，人为地将人分成两种权利和义务不对等的类型，城乡之间形成彼此孤立的“蜂窝结构”，农民不能进入城市，也不能在农村之内自由迁徙[③]。这两个身份彻底让农民失去了自由，由于社会成员在劳动报酬、生活条件、社会福利和保障等方面资源获取渠道的唯一性，使他们离不开组织或单位，从而表现出成员对单位的高度依赖性[④]。

这个现实的特殊内涵在于，一方面社员作为社会主义事业的一颗螺丝钉，长期被限制在其固定的组织坐标上，不能随意流动，客观导致了农民与外界的沟通关

---

① 孙立平.转型与断裂——改革以来中国社会结构的变迁[M].北京：清华大学出版社，2004：194.

② 刘艺容.中国城乡收入差距对居民消费影响的实证分析[J].求索，2008(1)：64-65.

③ 周作翰，张英洪.农民与国家关系的模式及其演变[J].湖南师范大学社会科学学报，2008(2)：1-7.

④ 孙立平.现代化与社会转型[M].北京：北京大学出版社，2005：166.

闭;另一方面,农民的文化资源与活动空间不得不依赖唯一的途径,即国家自上而下推广的种种"媒介运动"。显而易见,作为集体化工程的一部分,当时广播与电影的内容必然侧重国家意旨,农民个体的情绪表达难以实现,其弊病显而易见。加之S村农民基本秉承"日出而作、日落而息"的传统,信息的传播主要局限在一个以血缘、地缘为基础的社会关系或者人民公社这一组织之中。而由于人民公社并非一个开放的系统,导致信息源的高度重合。因此,相对于过去,长期的文化封锁和信息闭塞在电视进村后理论上得以解禁。

与此同时,作为物质产品、大众传播工具、文化载体的综合体,电视机能够负载监视社会环境、协调社会关联以适应环境的变化、传承文化与娱乐的社会功能。加之,电子媒体具象的特征,农民不再受自身语言文字水平及相关文化知识的限制,可以轻而易举通过生动、逼真、直观的画面,有机会获取他们之前的生活世界中无法了解的知识、文化、信息和娱乐。这些外部世界的知识与信息至少为延展农民个体空间提供了某种可能性,用马凌诺斯基的话来说,电视机能够赋予"一种生理器官以外的扩充,一种防御保卫的甲胄,一种躯体上原有设备所完全不能达到的在空间中的移动及其速率"①。

(三)社会分化的折射

除了单纯的个体意义,电视机进村也体现刚从组织中游离出来的个体与其他个体联结的新兴社会关系。20世纪80年代初,S村出现乡镇企业、个体商贩,原有的结构基础上新增了企业管理者、个体户、技术工人等新要素,电视与其物质机器确实为刚刚出现的新精英阶层提供了一种"象征资本"。资本理论是布迪厄社会学思想的重要内容,他认为,资本是积累起来的劳动(以物化的形式或"具体化的"、"肉身化的"形式),这种劳动可以作为社会资源在排他的基础上被行动者所占有②。在具体的阐释中,布迪厄把资本分为三种基本类型,它们分别是经济资本(economic capital)、社会资本(social capital)和文化资本(culture capital)。布迪厄指出,人们所认为的个人的功利性仅仅表现在经济场域是不正确的,事实上,行动者倾向于用自身占有的资本在不同的场域追逐着不同的象征资本,资本既是行动者的手段,也是行动的目的。电视机作为一种文化商品进入S村的精英家庭,一方面证明精英占有比其他普通农民更多的经济资本,他们通过市场实现了经济资本向文化资本的转换,另一方面农村精英一旦比普通农民占有更多的文化资本,既可能改变他们的生活方式,又可能在文化领域的竞争中获得更多的权力。

---

① 马凌诺斯基.文化论[M].费孝通,译.北京:华夏出版社,2002:99.

② 李金铨.布迪厄的文化资本理论[J].东方论坛,2003(1):8-12.

不过,客观而言,这一资本仅仅是稳固了已有的社会结构,并没有足够的力量改变S村的社会结构或权力结构。在布迪厄的文化资本体系中包括三个组成部分:第一,具体的状态,以精神和身体的持久性情的形式;第二,客观的形态,以文化商品的形式(图片、书籍、词典、工具、机器等等),这些商品是理论留下的痕迹或理论的具体体现,或是对这些理论、问题的批判等等;第三,体制的状态,以一种客观化的形式,这种形式必须被区别对待(就像我们在教育资格中观察的那样),因为这种形式赋予文化资本一种完全是原始性的资产,而文化资本正是受到了这笔财产的庇护①。简要概述的话,它们又分别可以称为文化能力、文化产品与文化体制。如此对照S村的情况,精英购买的电视充其量仅仅是文化产品的一种,一方面尽管电视的主人理论上可以控制电视开关、频道与时间等,由于传统文化与熟人社会的关系模式,电视却必须对全体农民开放,否则将对他们的其他方面构成更大的危害;与此同时,由于文化产品是一种物化的资本形式,物化的形式并不稳定,精英们虽购买了电视,并没有从电视中获得一种持久的、独占的、内化的文化能力。事实上,S村精英的身份获得是在社会分化过程中经济领域实现的,通过购买电视占有的文化资本暂时只是经济资本的附属形式,其力量极为弱小,它可能与经济资本一道提升精英的社会位置,更大程度上是作为社会分化的外显标志存在的,因此,在改革开放初期,这一现象并没有过多影响普通农民作为改革获利层的喜悦情绪。

将农民这段意气风发的历史记录下来,哈耶克的这番话则尤其值得回味,即应该建立的是一种有可能把自由赋予所有人的经济制度,而不是仅仅赋予"好人和聪明人"的制度。

第二节 娱乐麻醉——改革纵深期电视直接的角色呈现

对于1978年以来的社会转型,许多学者以1992年邓小平南方谈话为界分为前后两阶段,前期是清算过去的思想、路线,并将今后的工作重心从阶级斗争转向经济建设,南方谈话深刻回答了长期以来束缚人们思想的许多重大问题,并将改革开放和现代化发展推进到纵深阶段。然而,又有学者持不同意见,他们认为南方谈话之后改革进程至少还可分成两个阶段,第一是1992年南方谈话后至2003年十六大,第二则是十六大至今②。

第一阶段,因改革开放激发的人们对物质财富的欲望,一部分人以"官商合

① 包亚明.文化资本与社会炼金术[M].上海:上海人民出版社,1997:192-193.

② 腾竞.我国当代社会转型及其阶段研究述评[J].文教资料,2009(17):88-90.

作”、“为一部分人垄断”、“结构性获得”等特殊原始积累方式迅速攫取了大量社会财富，而另一部分人（主要是城市下岗职工和大量农民）则迅速丧失了改革初期的优势，因为在资源分配与利益诉求的弱势状态逐渐沉淀为社会下层，进入 20 世纪 90 年代之后，这种城乡对峙、贫富对峙的两元社会结构趋于稳定，由此整个社会呈现贫富差距急剧拉大，上层寡头化、中下层碎片化的结构现状。

表现在经济上，我国经济从改革初期微观经济与宏观经济共同繁荣转变为宏观、微观的不一致，宏观经济形式依然不错，而微观经济日益分野。而且，由于长期坚持经济建设为中心的道路，忽视了政治、法律、文化、宗教等等建设的一同跟进，这种不平衡的增长模式发展到一定程度时种种弊端显现，比如，经济增长模式粗放、贫富差距进一步拉大，法律建设不健全，社会保障系统疲软，因滥用资源导致的环境污染严重，由纠纷而导致长期积怨一触即发的公共事件频发，整个社会面临信任危机……换句话说，由于各个领域的改革与转型发展进程很不平衡，积累的社会问题突出，社会矛盾错综复杂。

第二阶段标志于 2003 年十六届三中全会的召开。全会通过了《中共中央关于完善市场经济体制的若干问题的决定》，提出了“以人为本，树立全国协调、可持续发展观，促进经济社会和人的全面发展”。这意味着在大量社会现实面前，国家政权已经开始意识到其中的危机，反思上一阶段社会转型的过程，并着手重新选择社会发展的价值取向，从过去只讲增长速度、只讲效率优先转移到社会讲公正平等、讲共同富裕与和谐发展上来。

事实上，尽管城市里基于各种利益与国家的博弈已经比较常见，国家在与“三农”的关系中一直还掌握较大的主动权。但改革开放进入纵深阶段后，国家从历史经验与最近几年频发的公共事件中已经充分认识到，国家必须与农民建立更积极、快速与和谐的互动关系。为了配套落实国家对农村的重要举措，比如落实自 2000 年以来每年针对“三农”问题的中央一号文件，加强农村的文化建设，国家需要大众传媒继续积极有效地发挥舆论宣传的功能，于是，国家继 20 世纪 50 年代农村“广播有线网”后，在 20 世纪末又提出“村村通广播电视”的战略。即争取到 2005 年，基本实现东部地区与经济发达的中部地区“户户通广播电视”；西部地区和经济欠发达的中部地区“村村通广播电视”[①]。也就是说要花大力气，通过铺设农村电视传输信号的有线网或卫星接收系统，确实保证党和政府的意旨在第一时间传递到广大农村地区。

随即，各地方根据这个战略部署，积极搞广电建设。截至 2005 年，数据显示成绩卓著，“村村通”工程已经基本解决全国 9 700 多万农民听广播、看电视难的问题，

① 赵玉明. 中国广播电视年鉴(2001)[M]. 北京：中国广播电视年鉴社，2001：39.

全国广播、电视人口综合覆盖率已上升至94.48%、95.81%①。其中,在农村,有59.8%的家庭通过室内外天线接收电视节目,通过有线网收看节目的家庭比例为26.8%②。换句话说,尽管国家政权在改革开放之后控制资源与侵入社会生活的能力在下降,国家仍然作为主角,再次一手安排了全国农村的广电结构。从S村本土而言,近70%的家庭已安装了有线电视,频道数量激增至10个左右,收视质量明显提高。目前,新一轮"村村通"已全面展开,计划至2010年基本实现全国20户以上已通电自然村村村通广播电视,同时,加强工程的维护,确保"长期通"。

而笔者就在这样一个复杂的宏观环境中走进了湘中S村,第一次是2001年,最密集的是2005～2006年,陆陆续续地实地调查持续了接近10年。因为一个作品一旦变成铅字,解读就不是作者自己可以左右的,同理,也是历史经验表明,电视作为一个复杂的、丰富的、多功能的甚至具有创造性的大众传媒,一旦进入到农民家庭,它所带来的所有的物质世界与精神生活的变化是不由设计者完全设定的。尤其是政府之外,已另生市场一极,由于市场逐渐取代国家计划分配成为资源配置的主要方法,大众传媒的架构、运营必然受到政府与市场两方而不是政府单方面的控制。除此之外,主观上还有另一层奢望,在政府与市场之间,农村社会自身是否发展壮大,这个力量是否已经足以让媒体考虑到它的存在,使得大众媒介恢复传递信息、促进社会发展的基本功能,不再单纯为国家的宣传工具。总之,笔者带着清醒与茫然进入到调查地点,清醒的是笔者一直想基于一个实践的原生态的宏观与微观环境内定位电视在农村的角色,茫然的是任务过重,前途未卜,举步维艰。

需要澄清的是,电视并非S村唯一的大众媒介。S村有少量报刊,报刊主要通过邮政通道进入农民家庭,村级单位的订阅情况太少没有统计,以下是邮政系统对S村所在的S乡2005年订阅报刊杂志的精确统计,现将S乡订阅两份以上的摘抄如下:《娄底日报》,85份;《湖南日报》,50份;《人民日报》,29份;《文萃报》,31份;《今日女报》,41份;《娄底电视报》,17份;《中国人口报》,14份;《湖南科级报》,13份;《参考消息》,5份;《三湘都市报》,4份;《湖南电视报》,3份。其中上面5份订阅数量较多的报刊均属变相摊派,订阅的都是行政事业单位及其相关社会组织。

以实际接触为例:村委会与S小学各订两份党报;令S小学给全校老师各摊派一份《湖南教育》,订报费用直接从工资扣除;S村农户主要订阅生活类报刊和电视报,总共不到10份。报纸的订阅与订阅者的经济状况、文化水平与职业类型有很

① 2010年全国20户以上已通电自然村可通广播电视[J].卫星电视与宽带多媒体,2006(7):11.

② 李梅竹.我国农村大众传播的现状分析[J].视听纵横,2006(3):24-26.

大的相关性,在经济、文化状况相对比较好的农村订阅量会高些。由于报刊数量极少,为在不影响结论的前提下简化研究范围,研究选择了电视媒介作为唯一的研究对象。另外,电影、广播媒介已完全退出S村,S村极个别家庭于最近(2009年)购买了电脑,但互联网网络不通,网络传媒还是一句空话。

一、收视时间制造的迷局

这一段文字是笔者进入S村第一天晚上的日记内容,真实反映目前社区夜晚人们的活动状态,并丝丝入扣渗透着农村的破败与农民萧索的情绪。

晚上8点,六月的山村在一天的酷热后开始慢慢退烧,我跟LY(翻译)走在S村那条新修的水泥主干路上漫游。天已经完全黑了,农民屋里传来的灯光与敞阔的自然相比显得挺暗,一路过去约两里,不少房子在打工潮后空无一人,还有十几二十幢破旧不堪的房子被移入新居的主人无情地抛在路边。有灯光的人家电视都开着,我们隔着窗户朝里张望,有一群人看的,也有夫妻俩看的,还有单独的孩子看的,还有边打麻将边看电视的,马路上能听到人们收看的都是电视剧。但是电视剧似乎也无精打采,没法将整个村子的冷清赶出去。

我们在外面走了近两个小时,路上仅仅遇到两个人。但走过几家后倒是有三四个人聚在一起有一搭没一搭的聊天,我们经过时他们停止了说话,专注地打量我们,我们走过去大概100米他们也散了。LY说他们几个是邻居,其中一个老头的儿子夫妻俩都出去了,他在家看护孙辈,另一对是父子俩,也是无事可干的,剩下的老头是城里退下来的老职工,儿子们都在市里住着,所以无聊人常常聚在一起闲聊,不过8点半以后他们自然散伙回家看电视剧了。

稍微热闹的还有小商店,约有六家之多,不大的房间里摆满各样五颜六色的食物、生活用品。有一家商店的灯更亮些,店主是六十多岁的前任老村支书,他跟他的老伴一人一张椅子坐在商店门口,没什么表情,屋子里电视机也开着,但没有人看。LYY告诉我他有两个儿子,分左右住在他们的旁边,老支书是个不多话的老实人,老两口就靠着这个小商店维持生活。

这就是S村人正常的晚间生活,而在这样的环境中,电视占据非常重要的角色。前两次湘中之行正逢S村农忙①,但一方面由于土地资源较少、撂荒现象严重、种植品种单一②以及缺少经济作物造成的农业生产萧条,一方面农村剩余劳动力仍然较多,传统的农忙时间已大大缩短,人们收看电视节目已没有严格的农忙与

① S村有两个“双抢”时节:每年5月中旬至6月中旬,收麦并抢插红薯;每年7月中旬至8月初,收割早稻并抢插晚稻,是平常意义所说的“双抢”。

② 主要种植水稻,小麦与红薯不再是当地的主要种植品种。

农闲之分。通过一段时间坚持不懈的观察，估计村里在晚间的平均收视时间决不下于两个半小时。晚上6点半左右家家户户的电视都开了，9点后，除部分老人陆续休息，中青年人往往继续收看电视，少数人坚持至深夜。在方晓红教授的统计中，苏南“平时收视时间的每天平均长度约为143.9分钟。……农忙时平均收视时间长度约为97.8分钟”①。S村的收视时间显然比苏南长得多。

然而，对S村人而言，收视时间仅是衡量人们使用电视最基本最表面的标准，过分迷信会忽略背后的真实镜像。首先，电视不能吸纳所有家庭成员。在家庭的某一个、两个成员收看电视的过程中，其他人并不在场，更甚者，夜晚部分家庭所有人集体“失踪”，这至少说明夜晚看电视并非唯一的选择。其次，收视时间仅能说明电视机处于打开状态，并不能表示人们收视时的活动状态，此时人们可谓各具神态，有正襟危坐的，有三两人聊天的，有边做家务边瞄电视的，还有把电视机声音提得很高掩盖夫妻吵架的……更重要的是，即便可以肯定人们处于专心收看电视的状态，仍然不能理解人们其时的心理活动以及电视节目对他们产生的意义。这正与一个人类学家所遭遇的困境类似，“在田野的最初数月里，我能够看到人们的相互依靠是多么的紧密，但是我无法理解他们是如何感受他们的相互关系和生活的。”②

作为行动者，S村农民应该是这一过程最合适的解释者，然而在实践中他们并没有主动提供这些内容。这既源于电视本身无止境的信息轰炸造成的视觉疲劳，更重要的是看电视的行为与S村农民大量日常生活细节无序地混在一起，没有清晰的时间、次序、概念和边界，互相之间也看不出直接的意义关联，它们共同制造出一种“无事件境”(方慧容，1997)。因此，直接的询问只能将S村农民陷入虚假、失语状态，破解收视迷局似乎成为一个难题。

与20世纪80年代初村内刚刚出现电视机的时候相比，现在农民看电视的生态无疑改善很多。首先，观看电视的硬件条件大大提高，原来电力供应严重不足、电压不稳的情况被彻底扭转了，农民基本上一年四季都能在夜晚享受灯火通明，除非雷电等特殊的天气、线路检修或故障排除，S村一般不会停电，偶尔碰到停电的状况，村民们个个诅咒骂娘，显得非常不耐烦，足见停电已经不是村内的常态。其次，对于农民而言，电视接收终端(电视机)可选择的余地大了，购买渠道畅通(最初购买电视机，需要电视机证)，电视机品牌丰富，外观靓丽，价格也高低不等自由选择，而且哪怕是价格最低的电视机收视质量也跟过去不可同日而语。然而，一旦供

---

① 方晓红.大众传媒在农村[M].北京：中华书局，2002：16.

② 郭于华.心灵的集体化：陕北骥村农业合作化的女性记忆[M].北京：中国社会科学，2003(4)：79-92.

求关系变化，电视机在S村村民心目中的地位就下降了，从过去皇帝的女儿变成了普通人家的普通家电，从过去经济、社会和能力的象征物彻底去魅为欣赏电视节目的工具。目前，除了极个别老人外，黑白电视机基本上已经退出S村的历史舞台，家家户户一般都是21英寸的彩电，少数年轻的家庭购买了技术更先进、图像质量更高的纯平、平板电视。另外一个重要的硬件保障是村内有线电视网的建设，村内70%的家庭结束了依靠无线传输接收电视的方式，收起了屋顶上各式各样的室外天线，他们再不需要在每年的春节联欢晚会前擦拭天线，更加不需要反复地扭转天线以改善画面质量，中央与地方近10个电视台的节目任他们选择。与此同时，农民观看电视的软件条件也有大幅改善，电视节目丰富、政治、经济、文化、社会、法律各个板块琳琅满目，综艺和电视剧等文化娱乐节目相比过去更是长足进步。

可是，农民看电视的热情再也找不回来了。有人要打牌，有人要串门，有人仍旧看电视，但或者很不耐烦、频频换台，或者心不在焉、边做事边刷刷电视。原因很多，第一，若遵循经济学原理，供求关系发生逆转。从需求方来看，农民看电视的需求种类应该很多，但由于农民长期在国家和社会事务中的被动地位，已经习惯了等通知、听命令，所以除了农业知识之外，对通过媒介获取信息、社会守望、教育几乎无需求，唯一产生的需求便是文化娱乐。就娱乐这个需求而言，解放前没有电视、电影，S村农民只能看真人表演的花鼓戏、杂技；建国后30年中，S村人被限制在高度组织化之中，稀缺的电影是唯一的文化寄托；改革初期，农村联产承包责任制之后，农民获得人身自由，有了自己的“私产”，少数人购买了电视，尽管当时的电视播放软硬件条件很差，但相比农民长期压抑的需求，供给也算是满足了。对比目前，农民需求的状态已经经历了从压制到满足再到多样化、个性化（注：此处的满足主要指供给的数量，并非指农民对电视节目内容满足；此处的个性化和多样化主要是供给者已经对产品进行细化、定位，并非指产品适应农民的个性和多样性），因此，产生了审美疲劳。第二，更重要的是，改革开放三十年，S村农民自身的心态发生了巨变，S村农民仅仅在20世纪80年代初期斗志昂扬了几年，很快他们认识到除了离开家乡给别人打工，他们和他们的后代们似乎别无出路，而打工也顶多讨个生计糊个口，没法聚集财富改变命运，一种消极的气氛在全村渐渐蔓延。正如一个社会学家所言，一个社会当中，仅仅是贫富差距大一点还不要紧，最怕的就是穷人失去向上流动的希望，一种绝望的感觉[①]。此时此刻，任何刺激都无法令人内心真正地满足，电视节目无论如何精彩纷呈，也不够成为现实世界的避风港。

---

① 孙立平．绝望比贫穷更可怕[J]．中国报道，2009(6)：50．

二、电视娱乐——部分家庭的主要休闲方式

不过，在经过长时间的访谈，并通过持续观察、选择个案人户跟踪掌握S村人的生活规律后，确实发现，尽管热情与专注度下降，看电视仍然还是S村绕不开的主要生活内容之一。大致的结论有二：第一，与建国后和改革初期相比，大众传媒在S村农民的实际生活中已经退居相对次要位置。电视机的地位很特殊，它并非人们在空闲时间首选的最佳伴侣，对于S村未成年人而言，与同学、朋友、伙伴之间的人际交流最值得期待；对于大多数成年人而言，赌博与宗教活动占据了他们平常最多的空闲时间，但电视机常常是构建这些人际交流的重要道具之一，或者是他们填补空闲的候补方案。第二，上面的情况也有例外，S村有三种家庭仍将看电视作为最主要的休闲方式，它们分别是S村部分核心家庭、断层家庭及部分老人家庭，下面将专门讨论这三类家庭。

（一）核心家庭

众所周知，中国传统的家庭模式是由三代人（或四代人）组成的两三角形（或三三角形）的立体家庭，这样的家庭同时就是一个多功能的生产组织，适应农业社会的需要。但随着市场经济的发展，这种家庭模式已经受到摧毁性的打击，S村也不例外，由父母与未成年子女组成的核心家庭已基本替代多功能的立体家庭模式。但这里指称的部分核心家庭比起一般的核心家庭，附带两个条件，①夫妻双方至少一人留守S村。这保证核心家庭的属性，否则则向断层家庭转变。②正负担未成年子女读书。若子女处于中小学阶段，父母对子女责任较大，同时父母年龄不大，自身仍处于发展的上升期，因此，空闲时更理智的做法是通过电视娱乐恢复体力、缓解情绪；若子女已经初中或高中毕业、辍学、升学（大学阶段）或外出打工，父母年龄一般已40岁以上，自身发展定型，对下一代的教育投入基本结束，这部分父母在维持生计的同时，极可能成为参与赌博与宗教活动的主要人员。

家庭妇女的一天

同时满足这两个条件的核心家庭仅约30户左右。由于农村的人口流动“正逐渐由分散的、跑单帮的流动向家庭型转变，越来越多的人不再以过去的‘单身方式’外出，而是以‘举家迁移’的形式进行流动。”[①]除留守子女与（外）祖父母组成的断层家庭，另出现子女随父母在打工地读书的现象，因此S村同时满足两个附带条件的核心家庭数目不多。而且，对于满足条件的这类家庭而言，流动是常态，留守仅

① 吴海燕，杨守建. 我国农村青壮年人口流动——实现农村人口流动的“个体模式”向“家庭模式”的转变[J]. 中国青年研究，2003(5)：64-67.

是笔者在S村调查期间的暂时状态。

根据家庭人口规模、职业分类、家庭收入及其来源等情况，本书的研究选择各方面均居于中等水平的QH家庭作为研究个案，笔者试图通过参与这个家庭的日常生活，进入其文化语境，在完整地展现环境与琐碎生活细节的过程中寻找农民似乎无意义的行动背后的意义结构。

QH家是靠S村主干道但缩进去约十米的一栋两层小楼的左边一半，隔着一间堂屋的右边是QH的丈夫LH的哥哥家，小楼的门口铺上了水泥延伸至大路。这两对夫妻各有一层的一间客厅与一个卧室及二层的一间卧室，从二层的楼梯上去是一个公用的晒谷坪。

房子的建造者是QH的公婆。他们有两男两女四个子女，女儿都出嫁了，老夫妻就着自己的屋子给两个儿子在旁边盖了这栋小楼。此处原来是一土坡，硬生生被挖平了一部分作为地基，所以，QH的房子南边正顶着那剩下的半边土坡，感觉比较憋屈，阳光也很难透进来。另据说，因为新房部分挡住了邻居的光线，建房时发生了不少纠纷。好不容易新房建好了，QH的公婆仍然住在隔壁光线昏暗、破败不堪的两间老房里，

公婆这两间老房子有点斜，大致面朝北，朝向公路。走进这两间房子，会发现房子是前后都有门的，穿过后门，顶着后门顶多两个人的宽度又是一间屋子，而且往左走是屋子，往右走还是屋子，在屋子与屋子制造的几十公分宽的回廊里东转西转，便转到一块接近正方形的空地。然后便发现了大致的规律，原来这是一处叫做“子时家”的古宅。古宅的最先的前后几进的建筑群朝向、间隔和风格比较一致，极为巍峨，但后来陆续加建的大小不一、朝向不一的房子渐渐将老宅的空白点一点一点填平，最后又紧依着老房子的四周继续加建，一处古宅就丧失风华、臃肿不堪、腥臭腌臜。QH公婆的老屋就是这栋老宅子的最外围，换句话说，QH一家便是这座老房子的后代，老房子里的人都是亲房①。

七月下旬的一天，清晨六点，女主人摸黑(天已亮，但房屋建在土坡前，室内光线昏暗)从一楼卧室内拼在一起的两张大床的一张上起身，开始了每天早晨几乎固定的程序。她首先打开前门，再打开房子右边及二楼后阳台的两处鸡屋，将关了一夜的鸡放出来，又从一个肮脏的塑料桶里舀一些鸡食(红薯、米糠与水拌煮)放在鸡屋的小盆里。屋后的树上还拴着一头耕牛，QH为它准备的是她公公昨天下午摘回来的新鲜红薯藤。

此时正是收割晚稻的季节，水泥路上陆续有人不紧不慢地抬着筐路过，都是趁早凉到田里收割的农民。QH家山上的旱地早已撂荒不种，仅剩不到一亩水田，农

① 当地将父系关系称亲房，母系关系称亲戚。

忙时仅需花一个星期足够，此时晚稻刚收割，田里已无活，早上就比较轻松。她边伺候牲口，边不时与抬筐路过的熟人谈笑、招呼。喂完牲口，她返回自家的客厅开始梳洗。

第一道程序是梳头，梳子是红色塑料质地，梳齿之间已积满油垢，她慢腾腾梳得很仔细，最后只是扎了个马尾。梳子拿走后，洗漱杯里还有三根牙刷、一支田七牙膏与一支中华牙膏，都是在村里的小商店里买的，她选择的是一支毛已经翻卷、牌子已经被磨平看不出的牙刷，洗完脸后涂上一元钱五袋装的郁美净儿童霜。

与村里绝大多数人家一样，QH 家一日三餐吃干饭。六点半时，煮饭的高压锅已放在炉子上，煤球灶火已经很旺，一口铁锅已经烧得通红。这天早上做的菜是鸡蛋爆红辣椒、西红柿炒油渣。QH 家几乎所有菜的原材料都来源于家庭而不是市场，鸡蛋是家里的母鸡生的，青西红柿是 QH 临时在屋子旁的自留地里摘下的，等不及红就成盘中餐，辣椒也是随地取材，炒菜用的猪油主要来自过年时自家杀的猪(一般能用几个月)，储存不足时也会从市场上购肥肉熬制，油渣则是肥肉的副产品。没几分钟，一股湘菜特有的干辣香味在空气中弥漫，伴以煤球燃烧时产生的浓烟。隔壁 QH 的大嫂也正在做饭，勺子在锅子里搅拌，发出很大的声音。她在外面有一份工作，为了抢时间，早上便有如打仗，一会儿催丈夫、孩子起床，一会儿催大家洗漱、吃饭，扯着嗓子不停地楼上楼下叫唤。

做饭的空当，QH 从卧室里及盥洗室(屋子右边加建的小屋，约七八平方米，内除一便坑、一水池，另有一简易冲淋喷头，仅能以冷水冲凉)里翻翻找找，拉扯出一大堆大人、小孩的衣服鞋子，就着门口光秃秃的自来水龙头(没有配盥洗盆)的水，用一直径近一米的超大塑料盆泡上。饭菜做得差不多时，QH 的丈夫叫醒大儿一起起床，两张硕大的床上仅留下 10 个月的小儿一人酣睡。

S 村传统的家庭角色分配习惯还是没有改变，男人一般挣钱，女人留在屋子里照料家务。QH 的上午时间都在家务中度过，早饭后，男人骑上摩托出门挣钱去了，他是油漆工，做一个工程都会持续一段时间，但有时手里也会因为青黄不接而没活干。二年级的大儿也背着书包上学，隔壁的四口也陆续出去，家里经过一个晚上四个男孩(包括其大哥的两个儿子)的洗劫已是狼藉一片。

与一般家庭不一样，QH 家还多了一个婴儿需要照顾。QH 夫妻本无意生二胎，但大儿已经八岁，村里人与家中公婆一直催促着再生一个女孩(QH 丈夫四个兄弟姐妹全部生的男孩，一家两个)，去年就无可无不可地生了，结果还是一个男孩。

正打算收拾桌子，小儿先发出些微声响，继而啼哭起来，母亲喃喃安慰着。母亲给他穿上衣服抱到客厅并把他放在一个木制的盆里，手脚麻利地从地上、抽屉里找出几个破旧的没名没姓的小玩具塞给他，转身盛了一碗饭过来，婴儿并不情愿，仅在玩耍中不经意地一口口吃饭，一旦警觉就闭口拒绝。这样持续了个把小时，母亲显得不耐烦了，她一只手把孩子抱起来，露出的另一只残疾的手，她用仅存的大拇指夹着孩子的碗向外面走去。她顺着大路向下走，隔壁老房子里有几个亲房正站在外面聊天，QH 把孩子交给其中一个，腾出手来又给孩子挖了几口饭，撇下孩子沿马路走到约 100 米处的肉摊买肉。

吃肉对这个家庭而言不是经常的行为，但最近丈夫的身体不好，经常头昏、恶心，半月前他在做工的东家的饭桌上离席，突然在厕所晕倒，所以这段时间 QH 每天要到这里买些肉给他增加营养。

早上 10 点左右婴儿需要睡觉，此时 QH 才可以安心做事，时间又过了半小时，小儿开始莫名地呜咽，这是睡觉的信号。母亲连忙起身将奶瓶用冷水冲了两下，舀了两三勺南山奶粉，直接用开水冲泡，接着用拇指与食指将奶瓶的小孔夹住，倒转过来使劲甩了几下，然后将孩子抱在怀里坐下来。孩子显然已经很困了，眼睛半睁半合，奶嘴一塞到他的嘴里，就专注地吸着，很快就睡熟了。

母亲趁此机会收拾房间，整理床铺，擦家具，扫地，洗碗，归并孩子一个个破烂肮脏的玩具，洗衣服，晒衣服，做饭。隔壁嫂子也从工地上回来赶着给孩子们做饭，切菜声与锅勺相碰声暗示着午饭时间的逼近。11 点半左右，大儿与大儿的两个年纪相仿的堂兄弟（LH 哥哥的两个儿子，一个比 QH 的大儿大两岁，一个比其小一岁）一路打闹着从小学回家，小儿醒来，QH 家开始吃饭（丈夫中午不回来吃饭）。吃完饭家里又立即成了战场，大儿与两个堂兄弟一刻不停地在房间里、楼上楼下追逐、打斗，激烈处厮打成一团，无论两方的母亲如何扯直着嗓子，战争也顶多在一瞬间停止，十秒钟后继续，这样的局面一直要维持到孩子们上学为止。

对于大多数家庭妇女而言，家务的任务并不重，频率也不快。QH 因为多了一个婴儿，比其他人忙碌些，但婴儿很快会长大，这样的日子持续并不长。做家务时，也有妇女开着电视瞄几眼的，但由于丈夫上班与孩子上学有刚性的时间规定，多少牵制了负责后勤工作的家庭妇女的时间与活动范围。不过，对越来越多出去工作的妇女而言，家务是个较大的牵制。有些妇女自家开商店、理发店、肉铺之类，有些妇女在附近的建筑工地上找到一份临时工作，比如 QH 的嫂子正在村里庵堂挑砖头、沙子，对她们而言，出去工作并非仅仅是劳动方式的转变，事实上是劳动量的增加。QH 的嫂子除跟丈夫一样出去干较重的体力活以外，传统性别分工的角色或任务并没有与他人分担，洗衣、做饭、照顾孩子依然全部由她承担。

下午两三点以后到晚饭前是 QH 这样的妇女较为轻松的时间，大家一般都小范围地集中在一起。这天，QH 抱着小儿走进公婆住的老房子，这栋老建筑群横七竖八有好几十间房子，房子里的人都是亲房，具体有多少人口，没有人说清楚过，出去打工的、结婚的女儿回家住的、儿女打工把子女放在父母这里的，进出频繁无法统计，但剔除流动性人口，日常至少有100多号人。7月的14点正是光线最强的时候，但猛走进来房间里黑魆魆的什么都看不见，过几分钟房间里的摆设才慢慢浮现。老太太坐在门前的椅子上正发呆，什么事也没做，QH跟婆婆说了几句，觉得无甚意思，抱着孩子继续往里走。

走到ZXY的屋子，屋子里已经坐了七八个妇女，屋里人接过她的小儿，她也自顾在长沙发上找了一个位置坐下。看电视是这些家庭妇女休闲的主要方式之一，但是S村作为一个以血缘与地缘为基础的熟人社区，电视的出现并没有逐渐将S村的家庭妇女隔绝在一个个以家庭为单位的小格子里，恰恰提供了一个以电视机以及电视节目为基点的公共空间。人们选择适合的时间、地点及适合的人围聚在电视机旁，但是所关注的绝不仅仅是电视节目本身，人们交流情感，交流家长里短、奇闻逸事，并利用这个情境互通有无、互帮互补，由电视机所搭建的是一个综合的、复杂的、社会的公共平台。QH进来的时候这些妇女坐成L形边看电视边聊天，有两个手上在打毛线。电视最初播放的是某著名演员主演的一部民国时期电视剧，近50的年纪扮演了一个年轻的伙计，他喜欢一位年轻的姑娘，但半老徐娘的老板娘却钟情于他，女人们看得哈哈大笑，又说他的年龄与身份不像。主人端出来一碗杨梅，人们的关注点立即都转移至食物，一哑巴（幼时发烧所致）作状欲将其中一颗塞向QH小儿的嘴巴，小孩张嘴来夹，惹得所有女人齐声呵斥。民国电视剧很快结束，片尾主题歌没有结束时电视机已被转到湖南卫视的另一个电视剧。

下午4点以后，成人肥皂剧让位儿童动画片。ZXY四岁的外孙从幼儿园回家，第一件事就是从柜子里翻出一个装满《奥特曼》VCD碟片的大塑料袋，他坐在地上很熟练地将VCD放入机器，电视剧立即变成了动画片，女人们便聊着天勾着毛线跟着小家伙一起看动画片。不到几分钟，家里聚集起一群小孩，QH的大儿也在其中。母亲们开始散去，QH也把小儿留给他哥哥，自己回家浇菜、做饭，孩子们立即将沙发和椅子坐满，有些干脆都坐在地上，看到奥特曼大显神威时，大家都乐得前仰后合，LYH更从地上滚到墙边。

QH自家的电视机只有到每天晚上6点半才准时打开，这几乎已经成为一项庄严的宗教性仪式，以至于显得之前所有的行动都是为了这个仪式所做的精心准备与耐心等待。6点左右LH回家，他很英俊，但显得非常憔悴，瘦长的脸隐隐罩着黑气，健康确实让人担心。或者是因为当地男人都不做家务，或者是一天的工作已经透支了他的体力，LH并没有做事，他只是在门口的大路上站着，间或跟邻居们说话。当QH在屋子里吆喝着吃饭的时候，他跑到老房子里将正与十几个小孩追前逐后的大儿寻回家。家里，QH已经放好碗筷，炖了一天的猪蹄、辣椒炒线瓜与早晨剩下的西红柿炒油渣热气腾腾地摆在桌子中间，丈夫与大儿坐下吃饭，小儿被安置在竹制的椅子里，家庭的温馨氛围如5月山上的野笋在所有家庭成员的心里迅速地窜生。此时,QH 掸掸衣衫,洗干净做菜的手,走上前将罩在绒布里的电视机打开,然后坐下,一家人边吃边收看湖南卫视的节目。

晚上 6 点半到 9 点半是 QH 夫妻正常看电视的时间。他们家并没有装有线电视,仅能接收中央一套、湖南卫视以及涟源、冷水江等三四个频道,但夫妻认为中央台节目的内容离他们的生活太远,本地台节目档次不高,因此湖南卫视是最佳选择。尤其孩子们在七八点后陆续休息,剩下的电视时间没有任何家务、责任、发展与忧虑的干扰,夫妻俩可以完全放松,电视则成为他们的一个亲切的朋友。湖南卫视也确实是一个亲切的朋友,"乡村发现"、"晚间新闻"等节目都主要为农民创办,每周轮流"真情"、"芙蓉王背后的故事"、"曲美天下女人"、"音乐歌友会"、"超级女生"、"快乐大本营"、"一统天下,谁是英雄"等综艺节目虽不是直接讲述农民的故事,但找亲人、挑战主持人、歌唱比赛、绝技争锋等节目都走平民路线,建立在真实语境之下,能够将不分年龄、性别与层次的受众吸引在内。因此,夫妻俩对湖南卫视的忠诚度非常高,高到仅小学文化基础的 QH 能够甄别颇具技术含量的电视插播行为。QH 相对喜欢看湖南卫视有档次、有艺术性的广告,能够说出一打洗发水的品牌、代言人、广告语,尽管她自己没有用过这些品牌,一旦那些拍摄粗糙,时间冗长,并反复播出的为某医院吹嘘治疗皮肤病、性病、乙肝、男女不孕不育等疑难杂症的广告,或者为各种技术学校招收厨师、驾驶员的招生广告出现,QH 能够一眼看出这是经地方差转站插播的杰作,言辞中颇有为湖南卫视辩护并以地方台不齿的激愤。

这一天电视中讲述的故事发生在湖南衡阳。一个靠卖淫为生的母亲在自己人老珠黄的情况下,回衡阳老家将十三岁的女儿带到云南逼迫卖淫。电视结束后,这个故事仍然在 QH 夫妻之间讨论,他们一边气愤,一边开始相信人心不古,一边又表现出一丝怀疑。他们互相从自己有限的社会交往中努力寻找这种类型的蛛丝马迹,但显然都失败了。不过他们还是提供了一种极为有意味的解释:这是电视而不是真实的生活。最后一言以蔽之,夫妻上床休息。

现实生活与电视情境

与无法分辨真实的电视情境相比,QH 家庭的现实生活正面临极大的难题。首先,微薄的收入很难支撑一个家庭的日常维持与发展的开支。这个家庭的收入均来源于 LH 一人做油漆工的工资,他的工资约 40 元/天,但工作并不固定,年收入 1 万元左右。子女的教育费、摩托车养护费、老人的赡养费属于硬性支出,没有节省空间,唯一可行的办法就是尽可能降低日常生活水平,这可以从饮食穿着等日常生活消费品与房屋家电等耐用消费品中可见一斑。比如,这个家庭每月的水电费控制在 20 元之内,小孩子的衣服很多是别人给的,冰箱、洗衣机均是亲戚淘汰下来的旧货(无法使用,装饰品);除此之外,这个家庭没有装电话,也没有装有线电

视，一台21英寸的彩电数得上是家中除摩托车外最值钱、最宝贵、最必需的工具，这样的收支情况在S村处于中等水平。

其次，家庭可持续发展难以为继。一方面，作为家庭收入的主要承担者，LH的身体将这个家庭置于失去收入的边缘。由于长期在无任何防护情况下接触油漆，LH已出现头昏、恶心甚至晕倒等慢性中毒的症状，随时有可能集中爆发。与此同时，由于看病难，除了对饮食稍微调整，LH并没有彻底检查自己的身体。这对夫妻考虑过更换职业，QH曾鼓动LH学习驾驶员技术，领取驾照后在市内开出租车（出租车司机一般年收入至少5万元），可是漫长的时间成本、昂贵的经济成本及必然出现的关系成本让夫妻俩望而却步，这个计划只有在LH的健康再次亮起红灯时才再度提起，又再度搁浅。另一方面，QH由于残疾根本找不到工作。QH曾长时间在广东东莞打工，但三年前由于厂内机器老化失灵，将QH右手的四根指头齐齐截断，再就业非常困难，身体残疾导致家庭抗风险能力进一步弱化。发生这次事故后，QH娘家的一个舅舅给她介绍了一个律师，几经周折最后获赔了三四万元，QH说她身边不少人羡慕甚至嫉妒她有这笔钱，但这笔钱是她用手指换来的，是她不得已时候的救命钱。

因此，看电视则成为成本最低的休闲选择。QH等人并不是为了信息，QH的话非常耐人寻味，她说信息不能当饭吃并不需要，电视信息都是为了商家卖东西的。由此，他们喜欢看电视纯粹是修复身心与娱乐麻醉，在娱乐电视创造的维度时空内，他们可以暂时回避现实并释放内心对理想生活的诠释。与此同时，农村没有电影、KTV、酒吧等等休闲的设施和去处，晚间看电视也是由于客观条件所限培养起的一种生活惯性。

由于相似的家庭结构、收入结构（全村90%以上留守的男人都从事与建筑业相关的行业）与狭窄且互相交织的社会交往导致满足条件的这30户核心家庭收看电视的心理非常接近。比如XP家，家庭负担非常重，收入根本难以支付两个高中子女的学费和生活费，XP讲起伤心事，原来她还有一个大女儿，可是出了车祸，就是用这笔赔款帮衬着底下一双儿女读书。他们跟QH丈夫是亲房关系，但他们40多岁了仍然没有盖上新房，至今还与QH公婆一样住在老房子里。家中几乎家徒四壁，仅三样电器，电灯、电风扇与电视，夫妻俩终日辛劳，唯一的希望就是一双儿女能够考上大学改变门庭，唯一的乐趣便是在晚上收看两集电视连续剧。这个家庭比起QH家庭在日常消费上更审慎、更节约，那天师傅上门收三个月的电费，他用方言说了一个数字，XP很不相信，嘀咕着表示应该没有这么多，之后她掏出一张10元、两张5元给对方，对方又退回两张1元、三四张五毛给她。这个家庭还有另一个事例，由于家中这台电视机已年久失修，画面永远如一团燃烧的火，打开时只闻其声，不见其人，LDH（XP的女儿，当时刚参加完高考，现已进入湖南农业大学读书)显然并没有把它仅仅当做收音机来使用,还是很端正地搬张凳子坐在离电视一米多的地方认真地看电视剧。笔者建议拿到店里去修理,但 XP 告诉说已经花费 20 多元修理过一次,看上去她暂时并没打算修。

这部分家庭往往非常重视子女的教育,他们对未来的希望倾注于子女能够进入大学、改善门庭,因此,孩子收看电视的时间受到父母的严格限制。最苛刻的父母直接规定:周日至周四晚上不允许看电视,周五—周日白天可根据学习情况适当放宽。一般的父母则允许学龄前和小学阶段的孩子每天看完傍晚的动画片,初中的孩子作业完成后,可看到晚上 21:00,考进高中的学生需要寄宿,半月或一月才回家一两天,这段时间忙于休息、改善伙食和结交朋友,相对来说看电视时间很少,所以父母约束得少。然而,我们已经了解 S 村的环境,尤其对居住在老房子里的孩子而言,随便给自己找个到别人家里做作业、借块橡皮、请别人辅导之类的冠冕堂皇的理由,转眼之间就可以聚集一二十个伙伴在一起追逐、玩耍,也可以一分钟之后安安稳稳在附近方便的某家(如父母不在家的断层家庭)看上电视。

父母对孩子的动向也常常心知肚明,不过大都无力扭转整体现状。一方面自身离不开电视,自身都不能说服,很难说服别人;另一方面,他们从自身的经验中又认识到电视对于孩子而言,浪费时间,玩物丧志,百害无一用,所以又要加管。加管的措施一般就是"胡萝卜+大棒",奖惩交换使用。一个孩子形象地告诉说,"他们打我不怕,就怕他们难过,说养了我没用,没指望,我听了有点害怕"。

村里有一户家庭做得比较果断。这户人家女主人的兄弟大学毕业后留在广州,后在广州创业办厂,便邀上姐姐夫妻一起在那里帮忙,所以这户人家收入在村里算比较好。视野开阔了,加之经济有保障,他们对独生儿子的教育就表现出非同一般的见识,并一步步实践。2005 年,这对夫妻一同去了广州,孩子留给奶奶照看,两年后当父母回来发现老人带孩子问题很多时,母亲就留下来专心照顾孩子。母亲在亲自照料的过程中,发现孩子特别贪玩、爱看电视,为了免除干扰,就毅然把家里的有线电视网路给断了。再后来,母亲发现当地的大环境不利于小孩的教育,就带着孩子到广州读书去了。可是,仔细一想,这类家庭实际上就是农村极少数有关系、有能力向上流动的家庭,因为有希望,必然会主动竞争而不是消极等待。

(二)断层家庭

由于 S 村大多数青壮年劳动力都进城打工,S 村的"断层家庭"在人数与规模上十分可观,已经超过正常的核心家庭,是目前这一社区另一主要家庭模式。所谓"断层家庭"是家庭生命周期的一个特殊阶段,指缺乏承担抚养能力与赡养能力的中间阶层，仅有祖辈与孙辈组成的家庭模式[①]。如前所述，全村有300多人分散在东南沿海城市，其中已婚者半数以上选择夫妻一起进城打工，并且越来越成为S村的流动趋势，留下子女托付与(外)祖父母组成断层家庭，大致算来，S村至少有一半的青少年都是这样的儿童。当然，除了(外)祖父母之外，S村内还有少数孩子被托付给叔叔、伯伯、舅舅、姨妈等亲戚，但人数比较少。

这种父母长期外出打工，自身留在当地接受教育，被寄养在(外)祖父母或亲戚家的儿童有一个专门的称谓"留守儿童"。留守儿童的抚养实际上有几种分类，一种由祖父母或外祖父母抚养，这便是S村最主要的抚养方式，其次是交付亲戚抚养，由于S村较少就不主要针对，另一种是单亲抚养，即父母双方有一方外出打工、另一方留在家中照顾子女，这种本研究已经将它计数为核心家庭的类型，故此处也不赘言。

2005年12月23日《中国经济报》的统计，中国至2005年底留守儿童已经达到2000万，而仅仅相隔三年，2008年由全国妇联发布的《全国农村留守儿童状况研究报告》中指出，全国留守儿童的人数已经上升至5800万，亲情缺失、生活抚育、教育监护、安全保护等问题严重困扰着这些孩子。而且，由于这些原因，留守儿童普遍表现出如学习成绩差、卫生状况差、心理偏差、价值偏差与行为偏差等现象，已经上升为严重的社会问题。

经过零距离的观察与交谈，S村这类家庭中的青少年大都也有这方面的问题。与此同时，也正是源于这种特殊的家庭结构，毫无疑问，S村的留守儿童比其他孩子拥有更多看电视的自由，更有机会沉浸于大众传媒制造的虚拟世界。而且，权力真空有时也为村里其他孩子预留这样的空间。

LJ家庭作息

LJ姐弟与祖父母组成的家庭是S村断层家庭之一。她父母在她12岁、弟弟8岁那年一起到广东打工，迄今四年，白天他们姐弟在祖父母家吃饭，晚上祖母陪他们回家休息，每逢寒暑假姐弟俩便奔赴广东与父母团聚。

祖辈的作息比较清楚，孙辈的衣食与一个简易百货摊构成他们全部生活内容。祖父母年纪都很大了，祖父73岁，祖母68岁，都是两鬓斑白，身体虚弱，祖父驼背很厉害。好几年前，他们就干不了地里的活，儿子未出去之前，他们将田地交给儿子种，儿子出门打工的时候打算转租给别人，可村里剩下的人没有愿意接手，父子两代的田地便都撂荒不种了。LJ的祖父母便打起做生意的盘算，可是他们家的房子不临这条主干道，无法将自家这个固定场所改成一个百货商店，他们也没有能力

---

① 李焕然.断层家庭青少年问题的剖析与治理——"民工潮下"的农村青少年问题新探[J].青少年犯罪问题，2005(3):64-65.

租借和购买，于是他们最后不得不选择了流动货摊来经营。

每天早上S小学的孩子们上学前，LJ的祖父就将所有的货物放在两个竹筐里挑到学校门口，小学放学后再挑回来，老两口轮流值班。很明显，他们的货摊的顾客定位就是S小学这些孩子们，货摊的货便主要卖些孩子们吃的各种麻辣小食品以及铅笔、橡皮、卷笔刀等学习用品。他们的生意未必很好，因为学校就坐落在这条主干道上，围绕在学校门口的活动百货摊有两三家，学校正对面还有老村长家的百货店，顺着马路走下去仅几步远又有供销社，竞争很激烈。另外，经营的时间很受限制，孩子们下课的时候，摊主们可能忙着卖些几毛一袋的麻辣食品，孩子们上课的时候，摊主们便只能坐在自带的小板凳上大声与周围的人拉家常，一天的守候仅仅为了六七个课间10分钟而已。傍晚小学放学后，祖父又挑着货摊回家，家中家务繁琐、耗时，等到两个孩子从各自学校(LJ在乡中学初二读书，弟弟在S小学四年级读书)回来，家里便开饭。

祖父母的屋子也是一栋老房子最外围的一小部分，正门朝向为西，外面一间，里面一间。外间算是家庭公共区域，兼作厨房、客厅、饭厅和孩子们做作业的书房等等，里间摆放着一张老床，便是祖父母的卧室。

外间的橱上放着一台21英寸的彩色电视机，孩子们一回来，第一件事便是打开电视。因为没有装有线电视，祖父母家的电视机仅能接收3个频道，LJ找着右下方调频道的按钮一阵按，屏幕上白花花的一片一片翻过去，最后停在湖南卫视台。湖南卫视也是老人爱看的频道，不过，他们看电视并不专心，夹杂着询问孩子在学校的情况，吃饭、洗碗或做其他家务，老人看电视的时间差不多从7点到9点两个小时。晚上9点左右，LJ的弟弟与祖母一同回家休息(LJ自己的家是几年前造的新房，距离祖父母家大约300米)。LJ照例是不见踪影的，一般LJ吃完晚饭后便离开家，她喜欢跟村里其他几个同龄的孩子在一起。

没有成人的世界

祖父母无法“管”住初中二年级的孙女，除了吃饭(祖父母家)与休息(自己家)，LJ很少在家(两个家)。认识LJ，事出偶然，在访谈过程中认识了串门过来的LJ，换句话说，她最初并不在研究所设定访谈的范围之中。不过，与LJ认识确实是一种缘分，一方面笔者震惊于山村女孩的天生丽质与那一双会说话的眼睛，一方面她由于对城市和知识的敬畏对笔者很亲近，笔者轻易地获得LJ的信任，双方的5交往意外地提供一个笔者能够进入S村青少年活动范围的契机。

经观察，LZ(初三学生，LJ的朋友)家是村里部分青少年固定聚集的场所之一，LJ“失踪”后往往也出现在他们家。LZ家也是断层家庭，她父母由亲戚介绍均在株洲打工，姐姐同时在株洲读中专，家中仅留下16岁的她和13岁的弟弟。他们家在断层家庭中也有特殊性，一方面祖父母年纪偏大，另一方面他们姐弟已具备自理能力，因此他们除了周一至周五上学期间到祖父母家吃饭以外（并非不能自理，主要考虑时间因素），平常并不与祖父母同住，这种类型的孩子有一个专门的称谓叫做“自养型留守儿童”。换句话说，父母的缺位、长辈的缺席使得LZ家庭实际上形成一个没有成人管束的空间。除LZ家以外，这种特殊的断层家庭另有四五家，村内许多青少年喜欢在这种家庭聚集。另外，需要强调的是，这类父母双方都打工的家庭一般收入超过当地平均水平，提供给子女的经济或物质条件也比较充裕，这也客观上为孩子们的聚集奠定了基础。

至于孩子们聚集的动机，主要有三个原因。第一，宗族文化与伦理虽然已经过时，但事实上，S村至今仍然不失为同宗聚集的情感性共同体。这个以血缘加上地缘为基础的格局，为孩子们之间的集群提供了心理保障。第二，父母外出打工后，面临问题的“相近性”容易使得孩子们抱团取暖。多位学者的研究显示，留守儿童相比一般儿童行为更容易发生偏差，由于缺失父母的庇护与关心，这种偏差的一种表现是性格内向、行为拘谨，与人交往发生障碍。这种内缩型表现在S村，比如，有一些小孩在笔者与村民交谈时从不参与，就是不作声听着，甚至远远看着，这类小孩并不少见，但显然没有发展出极端的人际交往障碍，妄加猜测一番也许跟湖南人喜动不喜静的特性有关。还有一种外扬型表现是不服管教，有较多社会越轨行为，比如不能遵守各种规章制度，旷课、逃学、早恋，甚至集成小团伙到社会上偷、骗、抢，走上青少年犯罪道路，微小如旷课、逃学、成绩差在S村这些孩子中比较普遍，不过犯罪极端在S村的调查中并没有发现。S村这些大小不一的孩子凑在一起，跟这两个指向都不一致，有点抱团过冬、互相疏解的意思，也算是一种自我调节方式。第三，父母外出打工，造就的一个机遇便是无人监管，这也为孩子们提供了玩耍的空间，所以大家都不请自来。

但这些孩子聚集于此，长期下来越来越滋生惰性，产生价值偏差。对于S村的农民子弟而言，上大学仍然是目前为止实现向上流动唯一的制度途径，不过，种种原因叠加使得这条制度途径几近关闭，现实能够为这些孩子安排的主要是务农、打工、做小生意等生存方式。由于城乡二元结构并没有改变，教育资源分布很不均匀，农村孩子上大学难已经是不争的社会事实。温家宝总理在《充分认识制定教育规划纲要的重大意义》中提出这个疑惑：“有个现象值得我们注意，过去我们上大学的时候，班里农村的学生几乎占到了80%，甚至还要高，现在不同了，农村学生的比重下降了。”温总理并没有公布其中的具体数据，也许这个数字公布出来过于敏感、太刺激人的神经。

在北京理工大学杨东平教授主持的《我国高等教育的公平问题研究》研究中发现，在我国影响高等教育公平的重要因素，按重要性程度依次为城乡差距、地区差异、民族差异与性别差异，同时阶层差距正在成为影响教育公平的重要因素之一。

他的具体结论有三：一是城乡差距正在改善，二是社会阶层差距正在凸显，三是大学教育机会是高中教育机会的扩展与延续[①]。他的研究结果基本适用于S村的情况。尤其是，他在研究报告中提出，城乡入学机会从总量的、宏观的不均衡，转为隐性的更深的层面，城乡学生在高校系统中的分布生态在恶化，农村学生主要集中在相对薄弱的地方院校，主要分布于农林、军事、教育等收费较低的学科[②]。若从绝对值而言，S村1978～2005年的22年期间考上大学的53人似乎不少，然而，实际上应该是1992～2005年这13年间考上大学的共计53人，90%以上的幸运儿都产生在高校扩招之后，因1992年村内始有一梁姓学子考上北京一所专科学校。换句话说，若高校没有扩招，也许这个数字要被砍掉一半。另外，若从就读高校的质量而言，这53个人中，基本都就读于二本、三本、专科等普通高等学校，专业集中在农业、教育等，能进入名牌大学的凤毛麟角，更勿论名牌大学的好专业。

与此同时，在入学难的情况下，读大学的成本高与高校毕业生就业难等多重打击下，S村一些父母“砸锅卖铁”也要送孩子读大学的热情在急剧减退。进入新世纪以来，高校学费加上最基本的生活费用，即便就读于中西部地区大学，一个大学生一年的开支必然上万以上，这个对于人均年纯收入仅600～800元之间的山村社区非常沉重，供养一个大学生举全家之力仍难以负担。假若这个大学生将来能够以此实现向上流动，改变整个家庭的局面，那么情有可原。然而，一旦这个集全家希望的大学生毕业后难以找到工作，则意味着高投入的亏本和改变命运的失败。S村的父母们在打工的过程中，对子女的教育越来越趋于现实。在针对S村小学与S乡中学各一个班级的问卷对比调查中，非常明显地发现：小学生的求知欲明显高于初中生，对未来有理想；初中生分化比较严重，塔尖约10%的学生仍然热爱读书，但30%的初中生认为“读书不如挣钱”，另外近半同学将经济状况与幸福感对等看待。

《绪论》中曾经解释过，S村的孩子大都就读于S乡中学，初中毕业后能就读涟源一中(省重点高中)的学生只有几十分之一的比例，高中毕业顺利考上大学的概率更微乎其微。这关乎到另一个问题，即上个世纪末以来的高校扩招并非建立在基础教育的相应发展，而是单方面的突进。1998～2002年高等教育的升学率从46.1%上升到83.5%，共上升了37.4个百分点，而初中升高中仅仅上升了7.6个百分点[③]。在涟源市，基础教育也明显落后于高等教育的发展，当地高中基本都集中在涟源城区，S村学生所能够争取的重点高中一直就只有一所涟源一中，而这个

① 陈阳波，施芳. 公平：教育应关注的命题[J]. 发展，2005(4)：68-70.

② 陈阳波，施芳. 公平：教育应关注的命题[J]. 发展，2005(4)：68-70.

③ 陈阳波，施芳. 公平：教育应关注的命题[J]. 发展，2005(4)：68-70.

入学的机会很小，所以大多数学生初中毕业就结束学业，中途辍学的现象并不在个别，厌学情绪在初中阶段已经普遍蔓延。比如LZ，笔者第一次到S村时，她是一个周末仍需要参加学习班紧张备考的初三学生；第二次来S村，正逢她初三毕业的暑假，她临时在株洲的一个亲戚处打工，800元/月；数月后笔者第三次进村，她已经与同村另一个初中毕业的女孩一起奔赴广东，LZ的父母(已从株洲打工回来)可以每月定期收到一笔汇款，这笔汇款成为父母在亲友、邻居面前夸耀孩子的一种资本。LQ，母亲在广东打三年工，这个期间他的成绩一落千丈，母亲回来后，他勉强读到初中二年级即辍学，先在涟源城里做学徒，然后在涟源的工厂打工，但是屡屡换工作，并不顺利，笔者最近一次见到他，发现他成了无业游民，所有的工作都不干了，正坐在家中跟他母亲一起绣十字绣。

因此，这些对未来方向迷茫的孩子们聚在一起，学习只是一个借口，相似的阅历、经验的互动往往只能加重对未来的无助感。帅气、内向的LXY的理想是成为一名医生，可是他初中毕业的这个暑假非常郁闷，他已经发现只有做一名驾驶员才比较现实；LZ原本想考大学，但现在认为打工可以减轻家庭负担；LJ对自己的学业也不抱希望，"超级女生"似乎给漂亮的女生提供了一条捷径，不过如何去操作是她无法解决的困惑(笔者2007年之后再去S村，再没有看到LJ，据说她父母将她带到广东，她也加入了打工的行列)。没有现实的方法解决问题的情况下，类似LZ的家庭恰恰提供了一个逃避的空间，大众传媒在其中则充当了最佳的娱乐麻醉剂。夜晚与周末，LZ家常常聚集一群少年看电视。

一个周末的上午，我随LJ来到LZ家，LZ家二楼客厅正播放浙江电视台的《乌龙闯情关》，那天播放的正好是这个热播剧的大结局。这是一部典型的古装肥皂剧，人物造型怪异、语言夸张、行为造作，镜头在汉代宫廷、武林和民间之间不断切换，讲述了宫廷内真假皇帝的权力斗争以及真皇帝流落民间后与两名绝色女子之间的爱情故事。

LL(初三学生)、LZ、LD(初一学生，LZ的弟弟)与LG(小学三年级)正围坐在方桌前看得津津有味，桌上闲放着几本作业本，但显然是摆设做样子。几分钟后，闯入一个十五六岁、高高瘦瘦的男孩，他是LG的哥哥，初二辍学，由于在城里做学徒被机器扎伤脚趾近日在家养伤，他径直在沙发上坐下就不再与任何人搭理。接着又进来几个10岁左右的小男孩，他们一边看电视，一边做点小动作，桌子上放着电视机的泡沫套，一个小孩用手不断地抠，一个小孩用一把小刀去挖，LD的呵斥显然效果不大，他们仍然管不住自己的把玩。另有一个小男孩自始至终都没有进屋，他手撕拉着纱窗，站在窗口向里看电视，摇头晃脑，几分钟后消失不见。

中间插播广告的时候，电视机被临时调整到播放《秦王李世民》的频道，这同样是一个古装言情片，假借了历史上李世民这个人物，在基本史实的基础上进行了种种言情、阴谋的想象。几分钟后，电视机反复在两台跳转，后又转回《乌龙闯情关》。在这个空当，LZ插上电饭煲开始做饭。中午11点左右，《乌龙闯情关》大结局，这个40集的“周末剧场”最终以假皇帝败露、真皇帝坐稳龙椅、二女效法娥皇女英、共侍一夫圆满结束，几个小孩“乌拉”一下子散了。

非常幸运的是，笔者不但能够直接参与观察这些孩子的活动过程，更意外获得一次较长时间的面对面交流的机会。那天恰逢是2005年“超级女生”杭州赛区十进七的比赛，六个初中生（初一的LD、初二的LJ与刚辍学的LCJ、初三的LXY、LZ、LL）、一个高中生LQ与七八个小学生将LZ家围聚成一个小剧场。然而，没等湖南卫视主持人汪涵出场，外面突然电闪雷鸣、雨落倾盆。由于突然遭遇强对流天气，有线电视信号被村有线电视差转站掐断，孩子们面临着既看不到电视又不能离开的窘境。因此我们就聊起天来：

“你们就这么爱看电视啊？”

爱看，我们这里又没有动物园玩。

超级女生很好看。

其他地方的人跟我们一样爱看超级女生，城里人也看。

没事就看看。

“你们爱看什么节目？”

爱情片、鬼片、笑话。

“超级女生”、“明星学院”、“金鹰之星”、“快乐大本营”、“同一首歌”、“神州大舞台”。

韩剧、古装片。

好的广告比较喜欢，那种狗皮膏药型广告不喜欢，比如给什么医院、学校吹牛之类的。

我爷爷看新闻，我爱看法制故事。

“你们最近在看什么节目？”

《七武士》

《情深深雨朦朦》

《乌龙闯情关》、《秦王李世民》

“超级女生”、“快乐大本营”……

“什么时候看？怎么看？”

白天上课，晚上在学校自修，主要就是在周末。（初中以上）

放学回来就有动画片，随便哪里都可以看。（小学生）

像今天一样，出来找朋友一起看。一起看有意思嘛，好玩些，可以讨论。（有些带些书本出来准备一起讨论，结果当然不得而知了。）

LQ说基本是独自看,“我觉得人太多太吵了,就分心。”

“看多长时间?”

周末看,有好看的可以一直看。

我妈妈只允许看到9点。

晚上下自修看,将电视连续剧看完为止,11点左右结束。(这些都是断层家庭的孩子。)

“家人允许你们看电视吗?”

爷爷奶奶不跟我们同住,他们不知道。

知道也管不了,他们9点多一点就睡了。

我爸妈在家,周末允许看一点,平时看到9点。

他们随便我。

“电视可信吗?”

法制节目肯定相信。

LZ觉得湖南卫视的“晚间新闻”可信。

广告有时可信,有时不可信。拿不准,不过反正自己不会买。

没想过,反正就是真的离我们也很远。

“电视里的生活与真实的生活有区别吗?”

农村的生活根本比不上电视里的生活,电视上每天吃的都是鸡鸭鱼肉,我们的生活根本达不到。

LLQ认为没有根本的不同,只是表现方式不同,电视上的早饭都是包子稀饭,但这里农村吃干饭,也有吃面条的。

电视上小孩子的故事少,大人的故事多。

电视上要完美一些,现实中更恶劣一些。

“看电视能够增长知识吗?”

能。

看古装戏可以学习古代诗词、俗语,认识历史,有时与历史课本集合起来。

更能增加记忆。

增加地理知识。

看侦破片可以增加分析能力。

通过电视上对人的性格以及优缺点的分析联想到自己,然后来改正自己。

“涟源发洪水,你们从电视上看到了吗?”

好像听学校广播说的,不过学校里讲的很少。(城里的高中会在早晚播放部分新闻。)

LQ说:“我们这里其实不太关心新闻。尤其这种负面消息一般不会大肆宣扬。”

水没有发到我们这里，不清楚。

“看电视能带给你们快乐吗？”

当然能了，不能我们干吗要看。

新闻不能，电视剧和娱乐节目可以的。

可以，电视节目很丰富的。

我们现在还不会打牌。

“除了电视，还能接触到其他大众媒介吗？”

学校一学期包一两次电影，初中小学在学校看，高中（涟源市）在电影院看。

初中、小学以战争题材为主。

高中一般是政治片，比如《十面埋伏》（孩子们把这部片子当做政治片），比如洪水中军人救灾等。

可以到学校附近（高中）租一些书籍，里面有很多，如《男生女生》、《美少女》等，港台的言情小说，还有一些国际明星、星座生肖的知识与心理测试等等，在同学中很流行。

学校有广播的，不过不常用。

城里有些同学有电脑，我们这里没有。

“多看电视影响成绩吗？”

不影响。

反正我成绩不好，读不出来。

只有前三名才能进一中。

我不上学了。

当然影响，但我们控制不住。

“假如没有电视怎么办？”

没有电视烦死，时间没地方打发。

有时候电视可以给我们精神支柱的作用。

没想过没有电视的日子，电视可以让我们放松。

这里笔者另附上我在S小学三年级（30人左右）召开小型座谈会的内容，当班主任老师将笔者领进教室介绍给大家时，笔者受到了最直接的欢迎，笔者发现低龄与学校正常的社会化环境往往更能使孩子们敞开心扉。我们之间的对话完全不是在一问一答，而是在一群孩子抢答与主动提问之中。座谈会大致分了几个小主题，首先，当笔者问孩子们平常放学与假期内的安排时，不出所料，看电视是最主要的内容，他们说，家里有线电视一共有16个频道（孩子的计算比大人精确，一般大人都说大致10个），电视节目很丰富。有父母管束的孩子一天看一两个小时，没有管束的则随便看,一天五六个小时的都有。大多数孩子都响亮地告诉笔者,作业做完再看电视,有个孩子的回答特别风趣,更令人深思,"喜欢看电视,但没忘记上学"。

其次,从观看电视的环境而言,普遍的低龄孩子都喜欢跟其他孩子一起看。究其原因,除个别孩子家里没有电视机,部分孩子家里没有安装有线电视外,大多数孩子在日常生活中已经习惯了跟亲友、邻居的孩子做伴。而且边看电视边做作业边玩的格局设置了多种可能性,自由伸缩性很强。而且,很多孩子都反映大家一起玩比看电视更快乐。晚上有些父母不准出门,孩子跟父母一起看,他们说父母控制着遥控器,他们只能听从父母的。

第三,从节目内容来看,动画片最喜欢,《奥特曼》、《海尔兄弟》、《蓝猫淘气三千问》、《猫和老鼠》是大家最喜欢的动画片(很多小朋友用影碟机看动画片)。除了动画片,电视剧和唱歌跳舞的综艺节目也很喜欢,《少年大钦差》、《大宋提刑官》、《花姑子》、《西游记》等是最近热播热看的电视剧,问及大家喜欢什么类型的电视人物,孩子们都说喜欢《西游记》里的人物,孙悟空厉害,沙和尚老实挑担子,白龙马让别人骑,不喜欢贪吃爱打小报告的猪八戒,也不喜欢袒护猪八戒、爱念紧箍咒的唐僧。小女孩相对要机警些,有些说她的偶像是平平姐姐(儿童节目主持人),"因为她温柔。喜欢关心国家大事",有些孩子说,"喜欢做好事的,喜欢不贪钱为别人,舍己为人的"。

第四,从孩子对电视内容的消化和认知来看,基本都一知半解。他们不知道中国国家主席、总书记和国家总理是谁,更加不知道美国总统,不知道伊拉克战争,也就是说超出当地人生活空间的新闻、人物与事件几乎一概不知。2005 年恰逢涟源发大水,孩子们对当地新闻也不了解。孩子们对电视的认识还停留在,"他们(电视里)的房子美一些","他们的人好看些,他们的衣服也奇怪,冬天还穿夏天的裙子","他们的人能飞,小动物能够说话"。很显然,二年级的孩子还不能非常清楚地区分生活与电视,当笔者问他们是否相信电视时,很多孩子说"小动物说话能够相信,但是大人说话与做事就不相信"。

第五,从对儿童心理与行为的影响力来看,电视有一定的作用,但孩子们更多的还是从日常生活与学校教育中提炼认知。孩子的语言这样形容电视,"电视像一个乐园,是好朋友,是老师",虽说有点被教化习惯了的成人式世故,确实也符合事实。他们认为电视既能够"提高造句能力,提高写作文的能力,更加会讲话一些,"又能够"让我们胆子大一些,可以在很多人的地方表演,因为她们是人,我们也是人,所以她们能够做的事我们也能够做到"。

但是,电视跟他们日常的生活、学习和应该遵守的规则没有太大关系。他们日常仍然可能在这样的环境中,有些孩子说:"我最讨厌我爸爸出去乱晃,我的爸爸就是这样,最喜欢打牌赌博,很讨厌,因为他们输钱冲我们生气,影响我们学习。我们说了他们不听，说小孩子不要管大人的事情。"孩子对城市的认识与对未来生活的规划似乎也主要跟自己的生活经验有关，相比北京、上海、广州等大城市，大多数孩子都叽叽喳喳地表示更喜欢家乡，"农村空气好环境好，住在农村可以种菜，可以种水稻，愉快些，而且农村里小朋友很可爱，可以钓鱼、钓青蛙，捕蜻蜓，捉蝴蝶。城市风景美一些，花草树木好看一些，房子高一些，人懒惰一些。因为我院子里有一个人嫁到城里（蓝田镇），她对象就很懒惰，地里去干活一下子就回来了，不能够吃苦"。不过，几乎所有的孩子（尤其是男孩子）都说长大了要出去，"出去挣钱，挣了钱就回来，不常住城市。"只有一个男孩子说愿意常住城市。

电视似乎从一个反面的维度灌输给孩子们一些观念。比如，电视广告不可信，"广告是要钱的，那些东西如果真的好那么不做广告也可以，但是如果是假的，他们就要自己吹嘘一下"。当一个女孩子说想当节目主持人的时候，立即遭到一些小朋友的反对，"电视里看到的，不能太有钱，也不能太出名，因为那个人如果很有钱，就会有人暗杀他。"还有一个小孩说，"赚钱应该为村里，为别人的多，为自己的少，电视里的人都太贪了"。

从这些对话中不难发现，S 村的青少年已经形成比较固定的收视倾向。客观而言，与城市的独生子女被关在家里一人看电视上网相比，S 村的孩子们搭伙看电视的方式，用本土社会的优势将电视这种外来之物和谐地整合进本土文化中，电视不但没有将孩子们一个一个区隔开，客观上还为孩子们的交流互动搭建了平台。然而，从收视内容来看，他们的主动选择便非常有偏好，基本拒绝收看严肃节目，新闻与各种专题纪录片都不看，一般喜欢看的主要是电视剧、动画片与综艺节目。尽管这类节目可以潜移默化地让孩子们接受一些具体知识，引导孩子们接受社会道德与法律规范。但是，从客观而言，目前电视节目都具有很强的消费引导性，属于典型的都市型"消费文化"，市场良莠不齐，大量电视剧的主题涉及仇恨、凶杀、暴力、阴谋、畸形的爱情，一大批综艺节目也是充斥服装、造型、作秀、夸张、博彩等噱头，已经远离了高尚的道德与理想，如尼尔·波兹曼所说，娱乐是电视上所有话语的超意识形态①。

从主观而言，由于这些孩子年龄小，视野窄，本身缺乏起码的信息分辨能力，家庭、学校与社会也不能提供有关"媒介素养（media literacy）"②的指导与训练，最终

① 尼尔·波兹曼. 娱乐至死[M]. 桂林：广西师范大学出版社，2004：114.

② 媒介素养一般被置于受众与文化为中心的传播理论框架中，曾经有多个传播学者对此下过定义，艾伦·鲁宾将它总结为对传播的信息来源和技术、所用的符码、所产生出来的讯息，以及对这些讯息的选择、读解和影响的理解。在美国已有多州在中小学的课程中安排媒介素养的课程。

无法形成对电视节目的理性判断。电视节目纷至沓来，各种价值观念冲突直接呈现在他们面前，他们不知道的、不理解的、但非常好奇的现象随时进入他们的眼帘，冲击他们的耳鼓，在无人引导的情况下，他们不能辨别真伪，必然使得他们在纷繁复杂的电视节目面前要么沮丧无力，要么按照自己幼稚的观念理解。而青少年时期正是人生观与价值观逐步建立的过程，在这个过程中，让孩子们没有引导地长期接触娱乐电视，极易形成功利主义或者享乐至上的观念，不利于他们构建积极进取的价值观。结果，这些层次不高的娱乐节目只能帮助他们滋长惰性、逃避现实，成为麻醉的工具。一些关涉性、暴力的节目容易诱导青少年犯罪，大众传媒不但没有发挥正面的教育功能，反而被弱化、扭曲，成了助纣为虐的工具。

关于留守儿童的余论

众所周知，1978 年以后，我国的户籍冲突已经从间接的、人与自然的冲突直接向人与人、人与社会的冲突转变，矛盾的爆发地也同时向农村和城市地区全面开花。改革开放以来，随着资源要素的市场化和农村生存、生态环境的恶化，农业比较收益的每况愈下，农民进城正在成为中外历史上规模最大的城市化浪潮，与此同时，城市人口的城际迁移也越来越频繁。但是传统的城乡户籍壁垒和城市与城市之间画地为牢的户籍控制政策，正在给城市乡村和中华民族的未来制造越来越多的麻烦。各城市尤其是各大城市不让公民在常住地登记户口的行为，从体制上制造了全国范围内数以亿计的“妻离子散”，造成了所谓的“体制性寡妇”、“体制性光棍”，以及数量巨大的流动儿童、留守儿童。

留守儿童与流动儿童问题虽然是农民工问题的派生，但其产生的后果是难以估量的。2008 年两会前，全国妇联公布的 1%人口抽样调查结果显示，全国 17 岁以下留守儿童已达 5 800 万。流动儿童的人数有多少？当也在 4 000 万以上。还有一种说法是在全部农村儿童中每四个儿童就有一个留守或流动儿童。可见，留守与流动的儿童是一个巨大的社会群体，这一问题已是一个沉重的社会问题。

一个由幼小的孩子和年迈的老人支撑的农村该怎样面对一切？没有亲眼目睹的人根本无法想象，由于父母长期不在身边，孩子们要不性格内向，要不无法无天，大约 60%的留守儿童出现了轻度、中度心理问题。2008 年 4 月由人民日报社推出的报告文学《伤村——中国农村留守儿童忧思录》里告诉我们一个个触目惊心的故事，如《小哑巴自残留母》、《少年杀人犯》、《七匹狼》、《无法原谅的老畜生》等，将留守儿童在缺少关心与保护下受到伤害、走向堕落甚至报复社会的过程充分展示。有专家认为，未来中国 10 年左右，社会最大的不稳定因素可能就来自每年百余万的失业大学生和从小情感缺失、被主流社会排斥在外的留守儿童和流动儿童的合流。尤其是，目前第二、三代农民工已经取代改革开放后第一代农民工成为这个群体的主流，他们的各种承受力已经远远低于父辈。

目前，警告的信号已经发出，2004 年公安部的调查显示了两个大多数，即全国未成年人受侵害和自身犯罪的案例大多数在农村，其中大多数又是农村留守儿童。福建一些地方派出所的数据显示，在因打架斗殴、小偷小摸被送到派出所的孩子中，60%是留守儿童。河南省检察院对 2005 年 1 月至 2007 年 12 月批捕、起诉农村“留守儿童”的犯罪情况进行了统计：2005 年的案件有 443 件，2006 年 475 件，2007 年 460 件，分别占当年未成年人犯罪批捕数的 7.03%、7.21%和 6.45%。某市检察院、市法院一项调查显示，青少年犯罪案件 2005 年比 2004 年下降了 10%，2006 年又比 2005 年下降了 11%，但留守儿童问题凸显，2005 年与 2004 年相比，留守儿童犯罪案件量占整个刑事案件量的 6%，一年之后，就上升到了 10%。中国科学院心理研究所中国农民工子女问题课题组向北京市科协提交的提案《关注农民工子女心理健康》显示：留守儿童犯罪率增长到总数的 60%[①]。

S 村的情况并没有这么糟糕，极端的案例暂时没有发现。然而，就本书调查的方向而言，“电视娱乐是麻醉剂，孩子们正集体沉沦”的结论并不危言耸听。沉沦仍在持续，结局是什么还不得而知。大众传媒作为社会子系统，作为社会其他系统正常运转的血管，不但没有坚守社会雷达的功能，关注并帮助这些孩子，反而在利益的追逐中越来越远离农村。事实上，媒体可以为孩子们做的有很多，比如直接针对孩子的教育、舆论援助、情感支持、心理咨询，间接的宣传赞助、下情上达、资源整合等等，绝不是一个纯粹扁平的娱乐形象了事。这种媒体娱乐化的形式、内容与参与度都是跟这些孩子格格不入的，S 村儿童文化的空虚堪比文革时期一代人集体失学，甚至比集体失学更可怕，因为，从个人角度，心灵残缺比知识贫乏更可怕，从社会角度，漠视比贫穷更可怕，更制造对立和仇恨。

（三）老人家庭

在展现 S 村部分核心家庭和断层家庭观看电视的情境之后，一定还得特地讲述 S 村的另一个庞大的人群与另一个特殊的家庭结构。原因很多，第一，青壮年出门打工后，村里人口剩下的便主要是老人和儿童，因此，要调查一个社区使用电视的情况，不能忽视老人群体。第二，凭借一生积累的经验，老人对电视的认识可能将调查引入新的境界。第三，留守儿童的问题相对已经得到学界的关注，但留守老人问题还没有引起足够的重视，事实上，留守与背后的丰富内涵构成了老人与大众传媒关系的特有语境。

S 村的老人一般有两种居住方式，一种跟儿子同住，一种老两口独居。S 村的

① 裴小梅.“留守儿童”犯罪的社会干预——“留守儿童”犯罪引发的思考[J].河南师范大学学报(哲学社会科学版)，2008(2)：128-131.

老人往往有多个儿子(除非是独子,这个另当别论),儿子结婚后一个个分别与父母分家,与子女同住的老人并不多,所以独居的老人家庭是最主要的家庭结构形式。即便是与儿子居住的家庭,由于大量青壮年的向外流动,实际上老人常常还是独居。由于老人的子女们都面临着子女受教育、子女成家与医疗保障等问题,在诸多的开支面前,老人的问题根本难以排上号,所以有些老人连 40 元/月的最低生活费都无法满足。这些老人是整个社区相对脆弱的群体,表现为经济上的低水平、生活质量的低层次、政治上的低影响和心理上的高敏感。

因此,电视成为老人的重要寄托。剔除经济的困顿、年老力衰的艰难以及对死亡逐渐临近的恐惧,这些老人体会最深的是如影随形的孤独感。老人们最盼望的便是春节,老人说“家里热闹心里亮”,春节一过,老人自我解嘲说,“家里就剩两个人,一个是老和尚,一个是老尼姑”。他们的子孙未必不孝顺,可他们有自己的困难需要面对,只能间隔几日到老人处小坐,或为老人改善伙食,因此,没有其他精神寄托的老年人最大的“敌人”就是孤独,家中现成的电视机便成了他们最忠实的伙伴。但老夫妻中,一般男性对电视机有更大的依赖,女性更愿意选择其他的寄托方式。因为这些老年男人还或多或少保持着传统性别的尊严,他们没法像女人一样放下矜持,向他人透露内心世界,因此常常被困于室内看电视。

白天,老人一般还有事情可以打发。比如,最起码的维持肌体生存的一日三餐,留守老人还要考虑孙辈的衣食住行与教育问题。另外,有能力种田的老人一般都还有繁重的体力活。做事之余,也可以串串门,寻找机会与亲友、邻里拉拉家常排解孤独。

但并非每个老人都遵循这个生活方式,根据各自处理闲暇时间不同的方式,本书将这些老人分成四类。第一类是主动型老人,这类人性格外向,身体硬朗,平时喜欢走街串巷、主动与他人保持联系,部分喜欢以麻将、扑克为乐,甚至直接成为老年人赌博的组织者。83 岁的老人 LZF 是一个典型的代表,他每天活跃在人流量较多的公共场所,如小商店、庵堂或红白喜事的农户家,他在人群中的个人经验与威望是保持这种生活方式的通行证。顺便插一句,S 村老年人打牌也常见,一张简陋的桌子,围坐四个满头白发、干瘪瘦弱的老人,每人手里几张牌、面前几张角币,只要研究者有心,沿着主干道一路走下来,这样的图画每隔 100 米便有一张,若走进人口密度较大的老房子,可能举手投足之间就能看到一幅。

第二类是自愿组合型老人,由于彼此是邻居、亲戚、朋友、同事的关系,或者熟悉对方的性格与生活习性,来往也方便,长期以来早已形成固定的聊天组合。这种组合比较固定,他们知道对方的作息时间,外人很难插进来。比如 XB 和 LXH 的公公便是属于这种类型,他们两家斜对门,XB 是城里机械厂退下来的老职工,叶落归根就重新回到 S 村养老,两个儿子都在城里就业安家,而 XB 的老婆子在庵堂拜佛，成天不着家。LXH 的公公跟独生儿子一起住，老伴已经去世多年，三代同堂的日子总是磕磕碰碰，加之他们家经济条件差，所以老头子的脾气很怪，跟一般人合不来。XB 和他十几年来搭档成了伙伴，两个老头没事就在一起，闷闷地话也不多，每天晚上 8 点多才散了。

第三类是“守株待兔”型老人，这类老人内心渴望别人的陪伴，由于性格内向或不好意思、抹不开面子等心理原因并不主动寻找伙伴，但他们也有自己的方式。比如，XZQ 家的门廊在任何时候都一左一右摆放两张破藤椅，白天他自己始终以背靠椅把、两脚盘起直抵门廊大柱的固定姿势占据其中一张，无人时闭目养神，老远看见有人路过时就邀请别人坐上另一张藤椅说话。

最后一类是完全被动型老人，这类老人年事已高，除维持身体基本机能的饮食、休息外，根本无力也无事可做。笔者见过一对老夫妻，白天一人靠门坐，一人倚沙发，一言不发，每隔几分钟两人轮流打着长长的哈欠。

一旦夜晚来临，几乎每一位老人都不得不回到安全、熟悉的家中，这些老人便只能以电视为伴，因为电视是唯一的最方便的道具，收看电视剧似乎成为唯一的娱乐方式。实际上，大多数老人对电视不大热情，他们认为现在的电视节目他们不太爱看。

我们老年人喜爱的战争片、家庭伦理故事片、戏曲节目在电视里看得少了，现在打开电视，动不动就是哭天喊地的言情片，要不就是蹦蹦跳跳、吵得头晕的唱歌、跳舞，好像都不合适我们老年人的胃口。(LYG)

我眼睛不好，看不得电视了，电视对我来说就是个摆设了。我老伴有时候看看，我就听听声音。孙子给我买了一个小收音机，我放在床头听听。(LVM)

我前年动了手术，身体一直很虚弱，看不得电视了，看几分钟头就晕，人也疲劳，晚上 7 点半我就上床困觉了。(LQN)

我是个老戏迷了，最爱看电视里的戏曲节目，京剧、越剧、粤剧、黄梅戏、花鼓戏，还有我们河南的豫剧(10 岁前一路从河南逃荒至此)，什么地方戏都喜欢。不过我们村的有线电视很差，收不到中央电视台 11 频道(戏曲频道)，我是在我儿子家(她儿子是 S 村最早的大学生，1992 年考上北京某专科学校，现居住北京)看的。我儿子给我买了一台影碟机，还有很多戏曲的碟片，《女驸马》、《陈世美》、《天仙配》、《花木兰》……有时候他也会录下来一些寄给我看(这位老人便是在电视机刚出现那会曾经介绍的那个电视迷，现在也变成了老人。)

每天晚上，S 村老人屋内一般无一盏灯亮，电视机除提供给他们暂时的热闹以外，常常额外充当电灯泡的角色。

三、派不上用场的电视信息

通过建立在家庭基础上的点、线、面的综合调查，S村人对电视似乎放弃了其他认识，追求娱乐麻醉是人们最主要的出发点，不过在收看电视剧之余，S村人还是不知不觉接触到部分严肃性节目，并且从中也形成了朴素的辨别能力。

新闻有“硬”新闻与“软”新闻的区别。典型的硬新闻包括关于政治、科学、全球事件和社会组织的新闻。软新闻则包括体育类报道、关于流行娱乐的蜚短流长和关于普通人的吊人胃口的故事①。对S村这些家庭的调查显示，大多数人并不看中央新闻和当地新闻(中央七台收不到信号)，笔者仅仅在村长家看到一桌人边吃饭边看“新闻联播”。村长介绍说，村里也有部分男人关注新闻，关心国家大事，但是以调研观察来看，这类套话不太可信。

从调查来看，这里的人们仍然坚信“天高皇帝远”，对超出S村范围的国家大事非常隔膜。他们意识中认为看不看新闻对他们的生活都没影响，所以不看新闻，且一般不跟人谈论新闻，更加不会主动获取硬新闻，最终从新闻媒介中获得的硬新闻也少得可怜，因此闹出的笑话也不少，大多数人对新闻中高频出现的名词如世界贸易组织、发改委、欧盟、布什、小泉等不甚了解，有人说美国总统是伊拉克，还有人问WTO是个什么东西。当笔者到S村小学对三年级的师生进行座谈时，问这些9～11岁之间的小学生：国家的总书记是谁？国家主席又是谁？这些小孩极少能够回答。

限于知识水平，村里人无法从硬新闻中获得较多有价值的信息，但人们相对地却对硬新闻比较信任。农民每天看“新闻联播”的很少，但“新闻联播”以及中央电视台其他硬新闻代表了党和国家的声音，大多数人对此存有敬畏之心，尤其是近几年，国家一些有关“三农”的政策通过中央电视台被当地人获知，使得普通农民在与干部的对抗中有了政策的保护，因此中央电视台在当地有较高的公信力。

以前中央电视台说乡下小孩读书学费是这么多，比如100元，但到我们这里都是双倍、三倍。比如农业税，以前上面说多少，干部把通知单屋里一放，到时候就来要钱，超期不跟你说什么就直接罚款，50元的农业税再罚50元、100元，随干部说，没钱就到家里拿东西，罚的钱拿的东西都没看见，就看见干部大把大把的钱。还有国家如果给我们100元，到我们手里只有5元、10元了。

但是现在不是了，中央电视里说多少钱，就是多少钱，没有多少出入，农业税也不收了，我感觉贪官也比以前少了，他们不敢了。你想啊，以前是市政府贪，县政府

---

① 斯坦利·巴兰，丹尼斯·戴维斯. 大众传播理论：基础、争鸣与未来[M]. 北京：清华大学出版社，2004：165.

贪，乡、村里也贪，所以他们敢，现在上面打压贪官了，中央电视上都报道了很多，他们也害怕的。还有人家农民有亲戚朋友的，社会上联合人，干部也怕被打的。

除了中央台的新闻外，他们也较信任各类法制节目。法制节目中既有威严的法律作为依据，又有悬疑的情节吊人胃口，更能给予人警示与借鉴，是S村人实际生活中收看最多的电视新闻。许多人都告诉笔者：

"打那个社会上溜达的、严打的、抓贪官的，反正是抓犯人呀的，我们最喜欢看了。"

不过，S村人对硬新闻的信任是随着电视台的级别以及与自己远近的距离逐层下降的。到了市县一级，人们已不再相信电视新闻，如果是报道身边的新闻，人们从自己所了解的事实出发更容易产生疑惑。村里有一个人，凭借亲戚的关系垄断广西某个建筑工地的运输而成为暴发户，回乡后承包了村里几亩地搞甘蔗种植，没有成功，但当地媒体将此行为吹捧为改变农业产业结构之举，由此，此人有效实现了经济资本与政治资本的转换，夫妻两人各在市县的人大、政协占一席之地。事实上，村里人对这个人的评价并不高，村干部也声称其表面文章较多，据说某年接近年关，村干部向他提出给四位孤寡老人买几斤大米与白糖的请求，被他一口拒绝。还有一个例子，村里一农民的亲戚家在新邵，2005年新邵爆发了特大洪涝灾害，他提供了一些电视上看不到的典型的"后台区域"（戈夫曼，1989）的信息，洪水使新邵这个亲戚的岳父母一死一伤，他非常费力地将他们从山上抬下，一队组织救灾的人经过，无人伸手帮助，正好这时一个记者扛着摄像机过来，救灾的人便立即接过担架，"咔嚓"这一瞬间便成为一个光彩的镜头。因此，村里人说：

"新闻联播"还是能相信，还有一些调查案件的也真实，但是离我们太远了，我们这里中央的记者从来没有来一个，看了也管不到。地方上的新闻就难说了，明明这里还很穷，但是记者调查、电视放出来的都是最好的，他们到最好的那一堆里去看、拍照，然后这些情况就反映整个这个地方的情况，如果要讲一个人好，他所有的缺点都没有，是一个最最光辉的形象。

对于软新闻，S村人的态度呈两极分化。年轻人较为接受并主动追逐与体育、娱乐等有关的信息。"超级女生"这个节目最能集中体现，超女们的背景、行踪、歌曲选择、风格、绯闻等消息在当地年轻人中传播非常快，同时被大家津津乐道的还有与超女相关的人与事物，比如超女评委、超女主持人、超女主办方等等。中老年人对这类节目很反感，但对普通人吊胃口的故事较感兴趣，比如电视台安排找亲人、母亲逼迫女儿卖淫、普通女子不平常的成长历程等。村里许多中老年人喜欢看业余演员演绎真实故事的电视节目，这类故事远离故作的庄严，常在真实情境中讲述种种情感与法律的纠葛，满足了人们平静的现实之外的猎奇心理。

然而，如果审慎分析电视信息与S村受众的关系，研究发现电视媒介除了在执行党与国家的工具性角色过程中间接施惠于农民，其他电视信息与个人、社区的发展几乎无关，电视媒体实际上远离了促进农村社会发展的任务。电视告诉人们有关国家高速发展的各种数据，向人们展示金碧辉煌的高楼大厦，为人们塑造可望而不可即的都市生活蓝图，S村人并没有从中获得实际的资源与发展空间。因此，S村人对电视媒介定位清晰，不管信任与否，人们统一将电视视为一种娱乐工具，除了放心接受媒介的娱乐狂欢外别无所求。但是，正如罗格斯所言，“如果大众传媒仅告诉人们希望什么，而不告诉他们如何去获得(如粮食、高收入和儿童良好的教育)时，那最终结果只能是挫败而不是现代化。”①

第三节 影像虚拟遭遇本土社会亚文化

一、赌博——集体化狂欢

在《社会结构和失范》一文中，默顿对结构控制与社会越轨之间的关系作出经典说明，他的出发点是强调社会结构与制度对个人行为的影响。在他有关社会和文化的结构分析中，有两个最重要的因素，第一个是社会认可、需要的目标，另一个是达到目标所运用的符合社会规范的手段。如果目标与手段均能在社会结构中合法，则社会功能处于良性状态，反之则相反。S村农民所面临的现状是体制内个人发展与向上流动的途径极窄，除非国家改变制度安排，凭借个人努力无法保障群体的基本经济和社会需求。因此，S村农民在目标与手段无法统一的情况下，一部分现实主义者放弃了目标的追求沉沦于赌博的精神麻醉，一部分迷恋宗教的逃跑主义者同时背离了合法的目标与手段。

赌博作为一种传统陋习和畸形的文化现象，其历史与中华民族一样源远流长。《史记》记载，春秋、战国时期民间便有斗鸡、六博的赌博活动，《论语》、《庄子》也曾记载古人赌博名目之繁多，如玩牌、弈棋、掷骰子等，赌博除赌钱财以外，另有赌人、赌命之说。新中国成立后，赌博恶习曾在政治运动中扫除殆尽。改革后，赌博幽灵又重新游荡于S村整个社区，并且堂而皇之以一种科学、益智游戏的改版新面目粉墨登场。

在中央提出建设和谐社会与建设新农村之际，S村部分农民(包括部分青少年在内，精确数字无法考证)正集体沉沦于麻将与纸牌(当地人统称为“打牌”，以下均以此概括)。从S村社区的调查来看，这些活动已完全被异化，有益的一面消失殆

---

① 埃弗里特·M·罗格斯，拉伯尔·J·伯德罗．乡村社会变迁[M]．杭州：浙江人民出版社，1988：318.

尽。麻将与纸牌的精髓原在于益智与竞技，考验选手博弈学、逻辑学、数学与心理学等多方面能力，麻将里也有哲学，甚至隐含几千年中国文化的内在结构。不过，S村的这类活动剔除了所有的文化内涵，仅剩下推倒胡的功能，虽赌注很小，一般仅几毛、几元、几十元不等，不属农民探索致富道路的偏差行为，但格调也不高，主要实现赌博、娱乐及打发时间的混合目的，所以定义为赌博也不为过。然而，S村农民贯注其中的原始热情值得研究者深思，这种变态的精神麻醉除不可避免地挤压电视媒介的空间外，可能将任何牵涉他们自身、社区以至整个社会发展的事业付之一炬。

活动的特征

赌博已经发展成为当地一个难以禁绝的社会问题。最初出现赌博时，S村参与的人并不多，从理论上而言，没有参与过的村民有选择玩与不玩的权利，事实上，由于村庄的社会关联度颇高，你的任何举动，别人都很注意，进而还要参与，在一定程度上就剥夺了你的自由。很多村民都是在到亲朋、邻居家串门时三缺一被拉上的，通过这种人带人、人传人的方式，越来越多的人进行第一次尝试并不由自主地陷入赌博的泥淖。目前，在任何时间段与任何可搭建麻将的地点，四方桌、麻友、潜在麻友(围观群众)、赌资组成S村最平常的风景。

根据参与时间的长短，S村的打牌的人分为三等。第一等人完全是赌徒，主要是村内部分年轻无业的“溜子”，他们完全以赌博为生，除最低限度的饮食、休息，所有时间都消耗于赌桌；第二等人实行上班制，上午、下午与晚上满负荷打牌；第三等人采取相对理性的“补漏”策略，即在完成分内工作后参与打牌，比如，中年妇女一般上午做家务，下午、晚上打牌，男人选择晚间打牌的较多。

不过，不论哪一类参与者，对麻将和纸牌的痴迷程度相差无几。没有条件打麻将的人常常为自身创造可参与的条件，比如，部分妇女为了腾出时间，夜里起床干农活；婴幼儿的母亲、(外)祖母常夹带小孩参赌，孩子倦怠则放在怀里睡觉，单手码牌，孩子若醒来则放下随他一边玩耍。人们打牌时不受任何干扰，因此，他们常会忽略赌局以外的问题，这些问题既体现在遮阳、挡风等小细节，更体现在家长对子女应尽的教育义务等大事情。本研究在村里还发现一些极端的例子，一个孕妇(生第二胎)事实证明在第二天生产，但临盆的前一天晚上9点仍然气定神闲地坐在麻将桌前；另有一个中年妇女长期、日日流连于赌博，疏于照顾子女，强烈自责下切断小指明志，结果欲罢不能重返赌场。

实践中，由于S村人多、剩余时间多、可用的空间场所多，加之人们均处于同一个关系网络，形成打牌的软硬件条件均极易满足。村民告诉笔者：

> 只要自己有时间，走到有人打牌的地方，先站着看看，看牌的人凑齐了四个就可以再开一桌了。(LTY)

走在路上就有人吆喝打牌的。(LZZ)

没地方？怎么可能呢？反正都是一个村子的，就近打呗，主人不在家我们翻墙进去打也没关系。(LXC)

笔者确实在现实中看到翻墙入室的事例。一个雷阵雨来临前的下午，主干道相邻几家各有赌局，各有一两人观望，当一中年妇女从某一家经过时，一观牌人邀她打牌，立即从相邻房屋内跑出两三个人，其中一个绕道田埂，将一户人家的后门打开进入，然后从前门将其他人一一放入，进入后开灯、开电扇，这些人边谈笑，边就着桌上一副散着的麻将码牌。

S村的打牌活动一年四季都十分盛行，由于地少人多，基本无农闲、农忙之分，在春节时期达到最高峰。这个原因很明显：第一，春节时期，所有的农业活动基本都停止了，所有人的心思都在考虑过节、团圆、放松、娱乐。第二，春节期间，S村人口大增，外地打工的回来了一大半，他们积累了一年的辛苦需要回来放松，也积累了一年的工资可以炫耀或挥霍，将整个村子的热闹气氛推向高潮。第三，春节只是人为规定的节日，S村并没有因此增添各种文化娱乐设施，更不可能一下子提升了农民的文化素质，所以打牌仍是他们最热衷的活动。

另外，S村已逐渐出现与赌博相关的固定场所、固定产业。当赌博吸引众人共同参与，必然有人能够从中嗅到金钱的味道，从而出现两种利用赌博实现经济利益的运作模式。第一种是固定场所模式，它的出现存在很大的偶然性：

有一户人家的老婆喜欢打牌，家里经常聚些人，退休的老头子做饭，后来人多了，家里地方也大，一个村子的也不好意思拒绝，摆得就越来越多，夏天摆两三桌，冬天开三四桌没问题。开始没有刻意收钱，但赢的人主动给主人家5元彩头，时间长了就成了惯例，而且打牌的人不舍得起身去吃饭，老头子做很多饭，5元钱一份又可以多生点钱，再慢慢地他们又开了一个小商店，这样水、烟酒、饮食、卫生纸等必需品都可以方便买到，他们家就成了专门为赌博服务的固定场所。

在2005年左右密集调查的时候，S村的“赌场”仅此一家。但赌场的发展态势之快之迅猛令人瞠目结舌，2009年国庆期间笔者又一次去S村，当地的赌场已经发展到十几家之多。实际上称它为“赌场”有些夸张，一个农户的房子，再加上三四张配套的桌椅即成一家“赌场”。

另一种是固定产业模式。这种模式的特征在于场所不定，运作方式固定，幕后的操作者是村里一帮“溜子”，这类小集团已初具黑社会性质。

就是偷偷放高利贷呗，打牌的没有赌资，他们借出1000元，一天收利50元，可能更多。(LZF)

某人家的女婿就是干这行的，村里有一帮无事的溜子跟着他。不过他从不在村里放，偶尔有同村的跟他借，他是不算利的。(AM)

他已经进去(监狱)几次了,半年前还进去过一个月,后来听说罚了10万元就又给放出来了。现在干什么?据说在市里的一个宾馆包了房,重操旧业了,罚的肯定要再赚回来,不过谁也没看见过。(LZF)

为赌博放高利贷的行为似乎可以用失范—机会结构理论解释。这个理论认为被一定的社会文化认为是有价值的东西是有限的,人们取得这些东西的机会是不平等的。例如金钱、地位等被社会认为是有价值的东西,人们都在追求它,但是人们追求这些东西的机会多寡是不一样的。S村这些机会少的人在不能够用合法的手段去取得这些东西时,他们就可能用非法手段去获得,于是就产生犯罪。尤其在社会转型和政策重大调整时,犯罪出现高峰。

值得关注、反思的,也是最沉重的是,这些活动在S村社区是完全公开的,打牌在农民的道德体系中已经完全合法化。人们告诉笔者,像这样的村子在当地到处都是,村里、乡里、市里都赌,干部、群众一个样,因此无人担心公安部门来抓赌,甚至根本无人从这个方面考虑。换句话说,在所有村民的心目中,打牌、打麻将就是娱乐而已,并不涉及法律与社会道德问题。这个赤裸裸的文化现状确实是历史的倒退,甚至还不如解放前乡规民约治理下的S村。实际上,S村在清朝道光年间就创建族规约会,民国二十三年(1934)修订的族规专门针对赌博提出:

禁赌博

无论男女少长,有于村中密处掷牌宝及类似赌博者,经人拿获报祠,公同责罚,提半作奖,父兄亦宜戒饰,不得徇私庇护,致玷家风。或家有红白喜事,无论宾主,不得借口应酬,开场牌赌,违者责罚主家。更有设计围赌,诱胁无知子弟,书卷写纸,为后日取偿把柄者,经父兄察觉报祠,房族长分别从场毁庄按罚。刁抗者,公同追究,断不徇情。(《湖南梁氏S文史》,495页。)

可见,当时对赌博的控制非常具体和严格。美国社会学家罗斯认为,在人的天性里存在着一种"自然秩序",它包括同情心、互助性和正义感三个组成部分,正因为人性中存在着这一自然自诩,人类社会才能自然和谐,也才不需要社会控制。可是很显然,S村的自然秩序已经被中国的城市化建设、农村移民潮与相继而来的农村社会萧条破坏了。这种情况下,急需社会控制的跟进,然而,这一体系在当地显然是缺乏的。对于S村这样的非正式社会群体,群体控制的手段主要是习俗与道德,但显而易见,风俗本身在转恶,道德自身在滑坡,国家的组织纪律对农民群体无效,而集体参赌的行为大都也没有涉及法律,似乎所有的社会控制方式对于这些已经被抛出社会结构之外的S村农民都没有办法。

两种娱乐方式的对比

赌博自古以来就被视为下流行径,古人将其列为"十恶"之一,《钦定大清会典事例》指出:“民间恶习,无过于博戏”,人们对赌博一向视若洪水猛兽,一旦发现二话不说、严令禁止。然而,S村的事实似乎是这样的,电视作为外来信息、文化的传播工具,在实践中遭到许多S村农民的忽视,而国家法律禁止、道德约束的赌博却活跃在本土社会。对于S村的赌徒而言,一小时以上的大块时间主要用于赌博,做家务或其他零碎时间用于看电视,赌博与看电视这两种行为一般并不兼容。当然,人们可能在赌博时开着电视机,并借洗牌之际瞄上几眼,电视作为一种使人孤立的技术[①]在S村并没有充分发挥媒介的权力,反而沦落为公共空间的道具之一。

经过长时间的观察,研究发现电视不受欢迎的原因是非常复杂的。首先,从形式来看,赌博是一种主动的娱乐方式,电视则是一种被动与限制的娱乐方式。村人对这个问题的表达很困难,不过常常爆出这样一句话:

电视连续剧也好看,就是要天天在电视机旁守着看。

这句话的潜台词是电视机限制了时间的自由与按照心意选择环境的自由。毫无疑问,S村人对电视传媒的刚性非常清晰,电视传媒作为一个国家而不是民间、外部世界而不是本土社会并且运行方式、技术完全超出S村人认知的机构组织,S村人很容易在它设置的规则面前感到彻底的无力。作为并不缺乏理性计算的农民,如果仅仅是寻求一种娱乐,S村仍然有自己的本土资源优势,规避电视的刚性规则显然非常容易,打牌是他们的选择。

与之相反,打牌的时间、地点、人物、环境设置、游戏规则等都是农民可以主动把握的。打牌不是简单的信息传递,而是不需技术媒介亲身参与的交流,其游戏规则制定与改变均可当场协商确定,这充分调动起参与者的主动性。当然,没有一个人真正展示过他们的心理选择过程,但从他们的积极行动中可以感受到S村人对拥有不被控制的更完全的人格十分珍视,尽管是以负面的形态表现。麦克卢汉曾十分自信地说,“正是媒介塑造和控制着人类交往和行为的尺度和形式”,他却不知无论媒介技术发展到什么程度,人类一直有反控制的本能,S村的现实已变成农民根据自身需要塑造和控制着媒介的功能与形式。

其次,打牌实际上是基于同一社区的人际互动,代表了一种地方文化;电视娱乐则更合适于城市中相互因为不同物理空间、文化隔绝的人群,属于现代文明的范畴。符号互动论的观点认为,人类社会是建立在人们之间的互动和沟通之上的,没有沟通和互动就没有社会生活。而互动是通过符号(包括语言、手势、表情以及其他象征符号)进行的。人们对符号的共同理解和运用非常重要。符号互动论特别

① 柯克·约翰逊.电视与乡村社会变迁——对印度两村庄的民族志调查[M].展明辉、张金玺,译.北京:人民大学出版社,2005:192.

强调人的行为受其所处的社会环境和具体情境的影响。社会成员对情境的定义和解释至关重要，否则人们就无法进行正常的沟通和互动。常人方法理论则进一步指出，在日常生活互动中社会成员遵循的情境定义与解释规则主要是语言的索引式和省略原则。人们在互动中并不需要把所有的意思都解释清楚才能行动，而只要提示一下，双方就能理解并作出相应的反应。换句话说，一个人在听对方谈话时，必须联系说话人的背景和以前的互动以及当地当时的特殊情景，才能作出准确的解释和采取相应的态度，否则就会使互动成为不可能。这两个微观社会学都说明日常生活的秩序正是建立在一些约定俗成的规则基础之上。以此为参照，显然赌局设置的是一个熟悉、安全的本土语境，人们基于相同的“地方性知识”(格尔茨，1983)进行互动，不需要在赌桌上用正规但令人讶异的礼节，可以尽量省略地、提示性地说话，互相扯皮，为五毛钱吵架，说一些当地人心领神会的笑话等。

打牌似乎还创建了一种民主、平等的组织形式。我们都知道，宗族团体在农村的凝聚力已大大降低，政府派驻机构自人民公社解体就不存在了，文化与行政方式的失效为农民自我定义空间架构留下大片空档。之所以农民选择四方城，很大程度上是因为四方城的结构吻合小生产者长期的实践与心理有关。这个历史原因暂且不深入，但四方城中四人没有高低、各守一方，各自为谋，机会均等，确是一个理想社会的结构模型。正如法国汉学家伊丽莎白·巴比诺在《中国透视》中所说：麻将文化，它的一套隐语，它的平均主义的驱动力，它令人眩晕的声音和手势，打麻将时品茶、饮酒和吸烟的气氛，这一切破除了命定的东西及人与世俗权力的关系。除了客观体现的民主、平等，四方城的架构也随时可由主观建构，由S村人建构的四方城兼具情感与功利的复杂格调。虽说是典型的熟人社会，但大家仍可按照情感的亲疏与习性的远近选择麻友，因此，有缘经常在一起打麻将的人很容易在麻将桌上找到马斯洛所说的“归属感”，但共同的归属感不是终点，它是互惠互利的手段与条件。在官场可以用来行贿，在S村也可解决一些实际困难，比如传递各种有效信息(招工、参军、如何吃低保、如何参加养老保险等)、疏通关节等。

毫无疑问，从发展和谐社会的大目标而言，四方城组织的负功能远远大于正功能，四方城中的民主与平等也是极度虚拟的，是现实不可实现的一种替代性幻想。但简单讨伐农民，显然没有抓住产生问题的根源。

与此同时，村人认为电视设置的情境是一个高雅、令人向往却与本土社会格格不入的语境，这与电视节目的都市化弊病有关。改革开放以来，电视台在制作节目时考虑城市多于农村，考虑发达地区多于偏远地区，在栏目设置、创意设计、内容表达、时间安排等的确定上，常常以都市与发达地区受众为中心，以他们的喜好为评判标准，有意无意间游离了农民与农村生活。即便有部分农村题材的电视剧，也出于不出城市与已经离开农村的编剧之手，S村农民无法从这些作品中寻找到与本社区神似的角色或生活，并不具有说服力。近年，在国家三令五申关注“三农”的情况下，出现一些与农民相关的报道（S村不能接收央视的农业频道，涉农节目主要有湖南卫视的“乡村发现”、“晚间新闻”等），但唱主角的、出谋划策的是地方政府、媒介精英与各路学者，真正的农村基本没有声音，大多数农民都没有发言权，他们的命运决定于城市人怎样看待农村问题[①]。在大众传播的情境设置中，农民仅仅是一个看客，没有参与创作、演出、及时反馈、评论与调整规则的可能性，理论上或许可以改变，但受权力与制度约束，规则改变成本巨大，实践几无可能。这种情况下，这些涉农报道实践的宣传结果并不理想，甚至出现传播者、传播内容、传播渠道、传播受众与传播效果‘五位一体’的全方位边缘化[②]。

换句话说，电视传媒与S村人的互动属于“无焦点互动”，电视节目尽管没有采用无礼的语言对待S村人，但S村人对这种有礼貌的不关注也不愿接受。我们可以进行这样的假设，如果大众传媒是一个人，通过电视机与S村人接触，S村人最初显然是欢呼雀跃的，这在之前的论证中已经得到证实，但是他们逐渐地发现电视这个人显然跟他们缺乏共同点，电视仅仅是口若悬河地叙述着他们感兴趣的内容，S村人的主动示好并没有得到对方过多的回应。对于S村而言，此时此刻，装作若无其事地走开也是结束无焦点互动最好的方式之一了。

更重要的是，与赌博在娱乐、促进人际互动与自我肯定等方面具有的实用性相比，电视影像对S村村民而言却实实在在是一种影像虚拟。一方面，由于农村社会分工程度低，绝大部分生活消费品自给自足，极少民间资本可以运作，且社会保障程度低，主要依赖于家庭保障，因此股市、基金、房地产、能源、汽车、交通、旅游以及其他城市生存与发展必需的信息内容跟农民基本无关，S村农民对跟城市居民一样接收到的大量标准化的信息熟视无睹。另一方面，施拉姆认为，大众传播的教育功能可以向民众普及新知识和新技能，尤其在农业新技术推广、普及卫生知识、扫除文盲和实施正规教育方面，可以发挥直接的作用[③]。然而，电视在促进S村社会变迁、农民现代性的培育等方面几乎无甚建树，农民真正需要的技术、培训、就业途径等信息无法通过媒体获得；即便电视可以提供这些信息，它们均混迹于大量无序

---

① 王晓明. 新意识形态与中国当代文化——王晓明教授在汕头大学的演讲[J]. 汕头大学学报，2003(2)：2.

② 李仕权. 表面繁荣下的边缘性实质——对“三农”问题报道热的冷思考[J]. 声屏世界，2005(10)：8-10.

③ 韦尔伯·施拉姆. 大众传播媒介与社会发展[M]. 北京：华夏出版社，1990.

信息之中，农民筛选并获得这些信息仍然很困难；另外，信息幕后的真实程度值得怀疑，利益与金钱刺激之下制造的虚假信息不少，打擦边球、心理误导等隐藏着诡计的信息更多，村里人以为，没有招工信息、技术培训信息能够完全兑现，降低工资、延长劳动时间、变相收费、中途收费、半途而废等是常见的伎俩，久而久之，S村人对电视信息都持无用论。另外，即便电视仅仅只负载娱乐功能，充斥感官刺激、欲望和无规则游戏的娱乐节目也并不符合S村人休闲的胃口，许多S村农民拒绝这样一种与农村隔膜的都市娱乐方式。

S小学的LBY老师告诉笔者，赌博时人们会不由自主地互相讲述一些地方性笑话。她复述了几个：

村里有三个老男人无聊，提出比赛，可比什么呢？打麻将费钱，喝水吃肉伤身，大家也没有什么好事值得相互炫耀一番，就比尿尿吧，尿得最远的人最有本事；

城里街上现在妓女很多，接客的价格特别低，10元、5元就可以成交，有个妓女这天生意不好，看到前面一个五六十岁的干瘦老头，她跑过去问这个老头要不要睡觉，老头说我没有钱，只有几个包子，妓女想了想说包子也行，就做你这笔开门生意了。

LBY老师是当地极少的正规师范学校毕业的知识分子，气质优雅，娓娓道来，并不粗俗。对于目前S村出现的文化沙漠现象，绝不能仅仅停留于对赌博这项活动的批判，形成它的背后有深层的社会原因，若单纯从传媒角度而言，恰恰在于传媒并没有为S村农民提供必要的信息与娱乐，以致人们的心灵与生活长久局限于半径极小的本土范围并日渐干涸。

二、民间宗教——集体自赎之路

似乎所有的社会控制方式对S村的农民都没有效应，无论是从国家层面、组织层面还是农村社会层面均是如此。这反方向推导出一个根本症结，即这些剩余农民本身无前途可言，国家、组织与农村社会对这一庞大的体系亦难以做到应有的关注。这种实践语境中农民如何寻找出路自我救赎？如何安抚自我的内心世界？S村的调查发现，宗教是他们主动寻找到的寄托。

这必须从S村的庵堂重建开始阐释才能清楚整个事件的来龙去脉。S村的庵堂重建，是一项客观实在的建筑工程，是恢复佛教传统的象征性载体，更是重新引发S村宗教热情的一个契机，在本土宗教组织的领导下，众多S村村民加入拜佛的行列。不过，这一活动的性质、功能很难用整齐划一的方式总结。

（一）重建之前的宗教传播

湘中涟源的宗教传统颇有根基。涟源的宗教种类较齐全，既有始于唐宋时期的佛教、道教，亦有明清通过外国传教士传入中国的天主教、基督教。据市志记载：新中国成立前夕，境内有庵、寺、庙、观、殿、教堂153处，天主教、基督教信徒800余人，佛、道教职业人员1200余人[①]。S村的信仰体系较复杂，由于几千年迁徙、冲突和交融的历史，儒家、道家、楚湘浪漫主义、佛教及西方基督教文化等均在此相遇并被部分接受，在历史发展的缓慢进程中糅合生成了一种全新的地方性信仰体系，这个体系中佛教是重要的思想源泉之一。S村的佛教信徒一直绵延不绝，明清以来曾以教徒募捐的方式修建两处寺院：一为塔尼寺，此寺曾香火鼎盛，其"塔寺晨钟"位列S村"八景"之一[②]，一度为安化名刹；另一为隐龙庵，迄今仍在。一本由S村人撰写的文史记载了两寺的来龙去脉：

明武宗正德十年乙亥，鉴于朝阳庵地处深山老林，虎豹常出没无常，危害人身安全，村民集资建塔尼寺于普明山。塔尼寺经明、清百余年之发展，和尚由数人逐增至八九十人。其中，青壮年和尚占多数人，打斗、嫖、赌之事常有发生，寺规松弛，村民为正风纪，抑邪恶，将塔尼寺右侧居室烧掉，赶走青壮年和尚。

清世宗雍正十年壬子，文官房梁九禄为首修。鉴于塔尼寺香火冷落，老年和尚生活不能自保，故建隐龙庵于狮子山以代之。

隐龙庵头门楹联云：隐处非凡，一粒粟中藏世界；龙宫纪实，数铸桑下得真铨。正堂佛殿楹联云：彩笔一枝添造化，文星万古应昌明。(《湖南梁氏S文史》，752页。)

新中国建立后，当地宗教事业遭到几乎毁灭性的打击。土地改革中，寺观土地被征收，职业僧道均转业还俗，自食其力，大部分庵堂庙宇由乡、村收用，隐龙庵的部分居室被分配给LHC、LHF等户地主居住。"大跃进"和"文化大革命"中，尚存的庵寺被视为"四旧"，大都被拆毁[③]。这一过程中，地主们又重新被赶出庵堂，宗教活动基本停止，宗教信仰也在客观唯物主义思潮的冲击下失去了生存空间。笔者2004年第一次去隐龙庵时，目见浩劫之后的隐龙庵仅剩一栋空洞洞的危房，重建之前，已多年没有香客，颇具讽刺意味的是，庵堂内糊墙的报纸上，一个醒目的大标题以绝佳的角度落入来人的视角：消除健康与激情奔放的不和谐 创造无忧无虑的"性"福生活。

改革初期，S村的宗教传统并没有恢复，仅一些民间巫术遮遮掩掩地存在。一

---

① 涟源市志编纂委员会. 涟源市志[M]. 长沙：湖南人民出版社，1998：709.

② S村八景：灵龟献瑞、玉屏苍翠、双虹映彩、狮山锦绣、滩水晴波、古塔夕照、回澜远眺、塔寺晨钟。

③ 涟源市志编纂委员会. 涟源市志[M]. 长沙：湖南人民出版社，1998：710.

方面，村内长期存在如“请太公”[①]、做道场[②]、拜石娘[③]、悬镜驱邪等各类家祭、墓祭、占卜问卦术，它们共同构成一套自原始社会以来就不绝如缕的对神、祖先和鬼的地方信仰体系。另一方面，有少部分宗教活动，但这类活动并不公开进行，一般就在家庭或个人的隐私空间进行。比如，有些老年家庭一般会供奉观音大师，中老年女性常年烧香、择日斋戒，部分人还通过村里的联络点（村里的小商店）搭乘大巴到南岳衡山烧香拜佛。根据涂尔干的观点，集体组织“教会”是宗教区别巫术的唯一特征[④]，因此S村这一阶段的所有活动充其量只能是一种巫术。从性质而言，这些民间的、停留在巫术的救赎宗教意识，通常完全没有社会性，换言之，只是个人求助于道教的巫师和儒教的僧侣[⑤]。追根究底，它们应是个人追求自身福利和消除不确定感的行为，它们的功能在于在没有科学技术的状态下人们赖以满足自己的基本生物需要的手段[⑥]。

（二）宗教组织的建立与宗教传播活动

巫术活动毕竟仅仅是个人出于功利目的的一种偏差行为。它在计划经济转向市场经济、集体主义转向个人主义的最初阶段可以为个人提供暂时的精神安慰。但当社会转型进入纵深阶段，农民作为一个阶层在社会结构中的位置趋于稳定时，农民面临的最主要的社会命题发生从个人奋斗到实现整个阶层寻求发展的转变，私人空间内的巫术已经不能提供相应的集体动力，重建隐龙庵进入农民考虑的范围。

具体是谁首先提出重建隐龙庵已经不可考证，可以考证的是越来越多的人需要宗教的寄托，其中，中老年妇女最积极。为了实现这个目标，S村分别尝试了两条道路。第一条是从上到下、从外到内的道路，即乡、村干部联络市内各宗教团体以组织名义向外寻求隐龙庵重建的资金，这也是S村惯常的找钱的方式。据村人说，狮子山确实来过一个投资商，他率领众人在山上多处圈点，设计出一组庞大的亭台楼阁的规划，但来了一次以后就不了了之。庵堂重建在实践过程中走上的是

① 太公为太义公四子中幼子，是S村梁姓的祖先，因此“请太公”是当地祭奠祖先的一种方式。

② 本是由出家人从事的超度死人升天的一种正式的宗教活动，根据家庭经济状况持续时间从一天至七七四十九天不等。但长期以来，S村做道场的和尚尼姑均是俗人假扮而成，也是一种家祭类型。

③ 为体弱的子孙拜一石头为娘，以求神仙护佑。

④ 王铭铭. 西方人类学名著提要[M]. 南昌：江西人民出版社，2004：93.

⑤ 马克斯·韦伯. 儒教与道教[M]. 南京：江苏人民出版社，1995：253-254.

⑥ 王铭铭. 社会人类学与中国研究[M]. 桂林：广西师范大学出版社，2005：145.

另一条自下而上的道路，这条道路以当地农民偶然的自发行动起始并最终继发为一场众志成城的集体行为。

从自发到组织领导，庵堂重建至关重要的一步莫过于建立佛教组织。组织的出现经历两个步骤，充分体现事物发展偶然性与必然性的统一。第一步，隐龙庵的“主人”从外来尼姑向本土居士转换。改革开放初期，破落的隐龙庵孤零零被废弃在山上并没引人注意。在当地人仍然热衷于巫术，未将注意力投注于佛教时，近十几年间陆续有两三批四处云游的尼姑曾经在此修行，时间都非常短，原因是隐龙庵高距狮子山，生活设施奇缺，水、电、煤以及其他生活必需品难以供应，一旦缺乏当地百姓的介入与支持，异乡的修行人根本无法生存。加之她们因为语言与文化障碍无法与当地人交流，更无法向当地人传授佛理，最终不得不退出并将钥匙交由本地居士管理。当最后一批尼姑不得不黯然离开时，她们将大门的钥匙交给 TSX（佛教居士，S 乡出嫁的女儿，涟源某国企的退休职工），这为本地人管理隐龙庵提供了一个重要的契机。

第二步，持续的多级传播。由于 TSX（大家均称她为师兄，故以下均以“师兄”称呼她）的身份，她首先充当了“舆论领袖”[①]的角色，她充分利用当地人对宗教的功利期望，成功劝说一些面临困境的中老年妇女皈依为佛教居士，完成第一级的流动传播。这些妇女皈依后被成功组织化，职能分工、通力合作，重建庵堂。她们日常活动分为建设庵堂与研习佛理两方面，第一个方面的成效卓著，目前，水、电、煤与其他生活用品可以正常供应，佛堂、休息室、卧室、厨房、卫生间等必要设施基本恢复功能，庵堂的土地种植了花生、玉米等农作物，为庵堂的日常维持提供了经济基础。对于艰涩难懂的佛经，半数以上文盲的居士不可能领会，不过从日日诵读、跪拜、摘抄警句等仪式的参与中，这些人培养起对佛教的敬畏与信任，人们认为自身开始从狭隘的个人世界跳脱出来体现佛教的宽容、慈悲，精神状态与之前大不相同。因此，第一批居士又以自身脱胎换骨的经历继续充当了最具说服力的“舆论领袖”，更多 S 村村民（妇女为主）加入居士的队伍，完成二级传播。经过持续的多级传播与持续的组织化过程，目前 S 村已形成一个较为稳定的佛教组织，其成员仍在不断递增。

一些年轻妇女没有拜佛，不过她们解释说：

修佛好，为家人求平安、求没病，求升官发财，但我们现在还不能专门修佛，将

---

① 最初由拉扎斯菲尔德等在《人民的选择》一书中提出，他通过实证研究证明：大众传播的影响有时并非是直接的，观点经常从广播和印刷媒体流向“舆论领袖”，然后再从他们流向不太活跃的人群（舆论追随者）。意见领袖在许多个人特征方面与追随者不同，他们社交方面更活跃，但他们经常与舆论追随者拥有同样的社会身份地位。

来都是要修佛的。我现在孩子小，事情多，房子还没有盖，等我将来老了娶上媳妇了是要信佛的。

自此，隐龙庵似乎慢慢地就变成了S村的世俗财产，而不是外来出家人的修行之处。调查期间，闻名邵阳的罗居士(笃信佛教，曾在广东为多位老板看风水，目前在上海经营一家风水网站)曾将两位尼姑(一位是福建佛学院毕业的年轻尼姑，一位是曾主持大庆某一寺院的老年尼姑，两位均是北方人)介绍到隐龙庵修行，而之所以罗居士能够为隐龙庵牵头，是因为师兄的亲姐姐(邵阳人，佛教居士，也是师兄的领路人)做的中间人。这一事件的发生、发展与高潮堪称传奇，其逻辑发展比任何一部小说都始料不及，然而，这里无法一一尽述，仅重点截取几个环节，以呈现整个事件的过程。

第一，迎接。

2005年7月酷暑，村里人接到师兄的通知，两位德高望重的尼姑将要在隐龙庵修行，村内上下洋溢着类似过节的欢乐气氛。一接到通知，几个最虔诚的中老年女居士便天天上山，打扫庵堂，收拾洗刷被褥，运送煤球。两位师傅来的当日，S村人出动了近百人，男人们围坐在庵堂门口，女人们集中在大厅右侧的休息室，七八个女人就着最简单的煤球炉做饭，七八个男人赤膊上阵，有的劈毛竹，有的垒砖头，要为师傅们当天就建造好一个厕所……

师傅们吃完斋饭后(大家都自备粮食)，村干部给在场的人开了一个会，三个主题逐个深入，总算将人们的热情逐渐拉回到现实世界。一是介绍了隐龙庵历史；二是告诉大家，政府没有钱投资隐龙庵，要大家自筹资金，恢复佛教道场；三是村干部与两位师傅互相检查对方的证件。然后皆大欢喜，除了几位女居士主动留下来打扫卫生，大家才逐个恋恋散去。

第二，传播或散布。

师傅的到来，最兴奋的便是村里的佛教女居士，服务工作做得最仔细的也是她们，可是第二日就从她们的嘴巴里传出了其他声音，这其中师兄是抵触情绪最大的一个。比如：

"这两个师傅特别不讲卫生，我亲眼看见她们把洗菜的盆子洗脚。"

"她们吃饭很怪，只吃面条，不吃米饭的。"

"北方人都这么脏的，天这么热，她们不洗澡，衣服也从来不洗的，身上臭得很"

"她们讲的课我们听不懂，没有师兄讲得好。"

第三，退出。

几日后，全村弥漫着居士们散布出来的有关这两位师傅饮食、穿衣、洗澡等污辱性语言，尼姑们在山上的给养也时断时续，最终迫使两位尼姑下定决心退出隐龙庵。

师傅们走的时候，仍然是邵阳的罗居士来接，村里没有一个人去送行，所有的妇女在那天都没有上山，回避了面对面的尴尬。

这一起事件，高潮迭起，耐人寻味，最后隐龙庵重新回到由当地居士管理的格局。另外，浙江佛学院一名在读大学生寒暑假期间曾在隐龙庵居住，因为他的进入是暂时性的，未引起S村人的排斥。由于知识的贫乏、长期困守造成的狭窄视域与对外界的不信任，S村人主动阻断外来文化与本土文化融合的可能性途径，实际上，一旦完全由本地人主持庵堂重建的事业，势必使人们的心态进一步向内里收缩，最终影响S村社区的根本利益。

不过，虽然有诸多瑕疵，S村的佛教组织还是在多级宣传下总算是建立了，它对当地村民的意义仍然重大。首先，它当之无愧成为庵堂重建的规划建设者。这个佛教组织以积德行善的因果论为根本策略，充分调动组织内部与S村人参与重建的能动性。针对组织内部，它制定合理的职能分配与管理制度；针对S村，一方面从精神层面灌输佛理（一般根据自己所需解释佛理），一方面在物质层面争取信徒的捐赠。在组织的领导下，重建工程进行得有条不紊，除庵堂建筑本身的修缮，居士与信徒又发扬愚公移山的精神修筑一条通往山下的公路（目前已完工），这一组织最终的规划是在狮子山修建一组庞大的佛教建筑群，并恢复S八景中的部分景点（目前，已完成隐龙庵正门前近10米高的两层塔状香炉）。

佛教组织的作用并不仅仅停留在庵堂重建这一具体事件上，在恢复佛教的一系列活动中，佛教客观上也成为S村社会整合的一支重要力量。社会转型后，国家权力在基层农村难以渗透，通过直接行政手段的社会整合逐渐减少。村委会不是国家基层一级政府，对政府与本社区农民均有较重的依赖性，因此，虽然可以解决部分具体矛盾，在当地却并不构成完全独立的力量。与此同时，由于基层农村难以建立市场，市场整合手段也难以奏效。反观佛教，经过多级传播，目前S村直接加入居士队伍的40多人（除两三位男性外，均为中老年妇女），但影响力绝对不可小觑。村内所有中年以上的妇女均是忠实的信徒，她们常与居士一起义务参与隐龙庵的事务，剩下的S村人虽未必一定是佛教信徒，但大都保持宁信其有、不信其无的心理，所以佛教组织打着“佛祖”的旗号使得其社会动员的能力十分强大，在解决当地的　些实际问题（家庭矛盾、邻里纠纷）时比较有实效。

2005年夏天的一次所谓“请菩萨”[①]的活动最充分地体现了佛教的整合力量。这次活动是隐龙庵在修缮并积聚信徒捐赠的“功德（香火钱）”后又一项旨在扩大佛教影响的重大举措，由庵堂组织，全村人分为三拨人自愿参与行动，人们表现出一

① “请菩萨”是佛教用语，实际上就是从大寺院购买塑金身的菩萨像。在这次活动中，S村花费一万多元从南岳衡山购买了五尊与人身等高的菩萨。

致高涨的群体情绪比之赌博中疯狂的个人情绪更加令人触目心惊。

盛夏的一天，第一拨人(一位佛教居士与一位村干部)提前一天租一辆卡车直接到南岳衡山“请菩萨”(从S村到衡山10个小时的车程)。

居士在内的近百人组成第二拨人迎接菩萨于几十公里外。当天，第二拨居士统一穿着黑色居士长袍，带领着村内这批人，雇请两组仪仗队(一组为市某剧团乐队，另一组为民间乐队)，并租用了五辆车浩浩荡荡将队伍从S村穿过涟源市，在涟源市外30公里处等候从衡山回来的第一拨队伍，一路佛乐齐鸣，汽车所到之处为佛教作了广泛宣传。

其他S村人接受“佛讯(张贴于部分民居墙上)”，买鞭炮在家等候。

第二拨人在比预计时间推迟了近六个小时才与第一拨人会师并迎回菩萨。从接回菩萨的那一刻起，佛乐演奏一刻不停，车队一刻不停地燃放鞭炮。进村之后，村内所有的其他活动(包括打牌在内)都已经停止，菩萨所到之处家家户户同放鞭炮呼应，燃放完的自动跟随在车队之后。队伍越滚越大，部分老人也不顾年老力衰参与进来，恰逢小学放学，孩子们也背着书包在人群中钻进钻出。缓缓车队、滚滚人流伴随着一路震耳欲聋的鞭炮声，从S村界到狮子山约三四里的路程，竟然走了两个多小时。从山下到山上有一里路程，加之天热、山陡、路窄，搬运菩萨是一桩大难事，村内所剩不多的年轻男性均自告奋勇，即便平日人品不端的“溜子”也不余遗力，人人脸上都显示着为神出力的满足感。

菩萨请到庵中，人流随即涌入庵中。整个庵堂几乎被挤得水泄不通，跟平时村中的冷清形成强烈的对比。居士们捧着一只只自制的功德箱，人们纷纷主动向功德箱投入钱币，100元、50元、20元、10元……功德箱很快就撑满。接着，就是一拨拨人在菩萨前轮流跪拜，我无法数清经历了多少轮次，当我在晚上7点半下山的时候，迎面还有一群群上山跪拜的善男信女。

(三) 宗教背后的逻辑

我国的宪法与法律中虽然有“宗教信仰自由”的专门条款，但除此之外并没有更具体的说明，在实践中，由于宗教信仰背离马克思历史唯物主义，宗教问题虽有多层隐喻性的言说，却一直处于政府允许但并不鼓励的灰色地带。不过，S村出现的并不是处于灰色地带的宗教活动，事实上，这些行为的性质是披着宗教合法外衣的封建迷信。

首先，从拜佛的仪式来看，它是一套完全以个人目的为核心的线性过程。人们拜佛有一个基本步骤，烧香—念经—请愿—卜卦，人们在前两道程序付出金钱与虔诚，属“种因”，后两道程序预备收获佛祖的恩赐，属“结果”，奉行简单的实用主义逻辑。烧香不用解释，烧香过程中切记要送香火钱。念经最虔诚，师兄敲木鱼与小铃,掌握节奏并带着大家念,第一首经是《炉香赞》:炉香乍热 法界蒙熏 诸佛海会悉遥闻……第二首是《莲池赞》,第三首是《佛说阿弥陀佛》,第四首是《大悲咒》,一直这样持续下去。有意思的是由于经书是繁体字,没有标点符号,加上众佛的名字都是印度语用中文谐音而来,大家读得错别字连篇,但行云流水,并无间断。最有意思的是"卜卦"的仪式,卜卦的工具是两个一分为二的如弯刀般的木头,人们首先向佛祖道明自己的心愿,希望能够得到他的准许,然后就开始扔木头,木头如果作吻合状,则表示佛祖同意,反之则相反。有一个妇女,许愿自己的女儿能够考上大学,扔第一遍时,木头呈背对背势,妇女说"菩萨保佑了",扔第二遍木头仍然呈背对背势,妇女又说"菩萨已经保佑了",如此往复几次,最终在一次自由落体运动中,两块木头作合而为一状,妇女欣喜地告诉笔者,"菩萨已经同意了"。

其次,农民对宗教教义的十分模糊,信徒言行甚至直接暴露宗教与封建迷信之间的等价关系。S村佛教居士大都是中老年妇女,识字少,没有受过正式的步道施教,虽然每日进行念经、拜佛的佛教仪式,实质上对佛教教义的认识仅仅停留在"善恶自取"、"因果报应"的层面。另外,他们将儒、道、佛、基督教和楚湘文化熔为一炉,并冠名为"佛教",无论佛、鬼、神、精、怪都要参拜。随之而来的歪理邪说很多,比如在佛教居士们中就流行这样一条公论:

西方极乐世界只有男的,没有女的,拜佛的女人到128岁时就变成男人。

论及佛教与基督教、东方与西方的关系时,一佛学委员会成员说:

天上有四个上帝,我们东方是玉皇大帝,西方信耶稣,耶稣是玉皇大帝的儿子。

论及疾病的根源,一个居士(同时也是一个医生)指着一本佛经告诉说:

南无降伏众魔王佛,专放人间一切病毒,南无消灾延寿药师佛,非典、病毒都归他治。知道唐代的孙思邈吗?他是"药王",但是比这个药佛还要小得多。

荒谬的行为也很多。比如,吃斋饭、供果强身健体、免病免灾;用圣水治疗腹痛、扭脚、落枕等毛病;在庵堂撒米、放置刀具使仇人患病;最荒谬的案例是居士们力劝邻村一弱智信佛以解决自身智力障碍的问题,实际上这个人完全是奔供品而来。

调查中笔者曾经跟当地的一位退居二线的人大干部交换过S村拜佛的认识,他是调查接触到的唯一一个对此持不同意见的人,不过他的不同评价更加出人意料:

我们这里另外有真正的佛教,庵堂那些人是搞不出名堂的。我们这里正规的佛教活动主要是人死了以后做道场。这里人死了,只要家里不是太困难,一般都要做道场,做道场的时间越长越说明家里经济情况越好,一般的家庭就做一天两天的,经济好的孝顺的儿女做一个星期甚至七七四十九天,和尚、尼姑自然是做道场的主角。

这位干部提出了宗教在当地的另一种表现形式,即宗教的产业化运作。在这种产业化运作过程中,宗教的动机更简单、更直接、更堕落,宗教活动的组织者——

和尚与尼姑不再是修行布道的出家人，而是一种赚钱谋生的职业。很显然，S村人的宗教目的有功利化的一面，但毕竟停留于象征阶段，而宗教产业化则完全打着宗教的旗号追求物质利益，这种行为本身已经完全丧失了宗教的文化内涵，相比之下，S村自发的宗教信仰真诚得多。

必须承认这种宗教信仰确实对S村部分人产生了巨大的影响，这个影响同时体现在身体与心理两方面。从身体而言，每天庵堂的集体劳动与学习，转移个体农民过多但难以创造价值的精力，同时缓解了心理压力。居士们显得比其他人精神饱满，有些人甚至声称自己的一些诸如腰疼、头痛、腿脚不好的老毛病已痊愈。从心理而言，许多人自认为获得某种心理暗示或某种倚仗，对生活更自信、宽容，尤其是老年人，往往能够对生老病死等自然规律抱持某种程度的参悟。具体的事例较多，比如，LXY曾自信地宣称，由于修佛积累的功德，解决了儿子的工作问题；"请菩萨"活动中车队苦候"菩萨"近6个小时(载"菩萨"的车原定上午9点抵达，实际下午3点才到迎候处，联络始终不通)，但所有人无一人先行离开，因为他们坚信菩萨保佑不可能出事；村里一妇女胆结石发作(由于当地水中所含矿物质较多，结石病较常见)，整整三天不通小便，在医院里痛苦地等候手术，其女在家为其拜佛求平安，果然，她在预期的手术前通尿，结石居然通过尿道顺利排除，手术都不需要做了；村里还有一个较典型的例子，公公霸道、挑剔，丈夫懒惰、懦弱，妻子因为吃力不讨好而常常牢骚满腹，是村里有名的矛盾家庭，妻子的皈依似乎是一个契机，她首先声称腿疾完好，接着主动调整了与公公、丈夫的沟通方式，丈夫与公公对她整日流连于庵堂表示理解与支持，甚至主动帮她做一些家务，家庭关系较之前更融洽……

这些活生生的案例表明，S村人确实从宗教中获得了力量，这个力量既是"神"的力量，这些农民以亘古以来的朴素哲学为自己寻找现世中的寄托；同时也是超越个人的集体的、社会的力量，正如涂尔干所说，"我们每个人内心对这些作用的表现所具有的强度，都是任何单纯私人的意识形态所不能到达的；因为它的力量来自于形成于它的无数的个体表现。"①当充分认识到这一点，当这些农民辗转于为起码的生存条件、为经济的改善、为子女的教育、为身体的健康、为理解肉体与灵魂这些科学也无法提供答案的命题而动用浑身解数时，我们这些所谓的知识分子又何忍对他们棒喝一声：你们这是在搞封建迷信。其实，S村人的确不能分辨何谓宗教、何谓迷信，这些原本是知识分子下的定义，在现实中，并没有人、群体或者媒体机构帮助他们区别科学与宗教、科学与迷信、宗教与迷信之间的分别。因此，当S村人在现世中无法解决他们所面临的难题时，迷信就是他们的宗教，也就是他们的科

① 涂尔干.宗教生活的基本形式[M].上海：上海人民出版社，1999：277.

学,人们运用这种方式确实能够获得“神”的心理暗示与来源于集体组织的力量支撑。这样,作为称得上唯一一种自我与集体救赎的行为,宗教必然成为占据S村人心理层面与实践生活的重要大事,它既形成目前村内最关注的主要话题,也必然地耗费人们较多的时间成本,电视休闲与赌博等不可避免地受到忽视。

现在,庵堂出现专门播放佛经与佛乐的收音机、电视机,村里部分家庭的媒介设备也开始为宗教服务。每天早晨与傍晚,大半个村子的人都能够听到附近传来的各种慈悲声调的“南无阿弥陀佛”佛乐。现代传媒工具不但没有用种种促成现代性与社会发展的信息“捕获”S村农民,反而被人们拉进S村本土社会,成为传播佛教教义的辅助手段,这不能不说又是个绝妙的讽刺。

三、对S村文化沙漠化现象的一点反思

有人会质疑,研究乡村大众传媒的角色变迁为什么要谈赌博与宗教等人际互动?原因如下:首先,人际传播与大众传播一样,本质上也是传播活动,对它的研究同样能够呈现S村人使用大众媒介的心理、动机与方式,有殊途同归之实;其次,赌博与宗教活动作为S村主要生活内容,构成乡村大众传媒角色的重要语境;再次,它与大众传播一起构成“自我”与“他者”的对比视角;另外,这也是实地调查由浅入深的步骤之一,最初正是通过理解当地人的社会生活进而理解大众传媒与农民的关系。

在这样一个相互印证的调查过程中,最令人触目惊心的调查结果便是乡村社区的文化与道德现状。综合而言,一方面,改革开放与市场化逐渐在农村和农民的心里生根,传统的伦理道德体系不可遏止地解构,乡村的人际互动已经从“差序格局”的传统模式逐步向可计算的理性模式转变。首先,因为农业生产与生活方式客观存在,目前的人际互动与过去一样面临着两个基本限制性条件,即农民互动的“无选择性与长期性”[①],这致使目前的人际关系仍然局限于传统“差序格局”的结构。然而,S村的现有社会交往与生活世界显然又跟传统的农村主流文化相区别,韦伯曾将个体行动动机分为传统式、情感式、价值理性式和工具理性式四种模式,若从S村人利用大众传媒与人际传播的内容、形式和结果来看,农民在实践交往中以个体为核心的工具性日的日渐显著,基于习俗的、情感的、人文的交往比例在下降,人际交往方式(如搓麻将与拜“佛”)消极、自以为是甚至堕落,由此给我们呈现出触目惊心的文化沙漠现象。换句话说,以经济交换为核心内容的市场化从根本上摧毁了农业社会的道德根基,基于超稳定农业社会形成的一套文化制度在新的社会环境中被断绝了文化再生产的动力源泉而坐吃山空、日渐枯萎。

① 翟学伟.本土的人际传播研究:“关系”的视角与理论方向[J].新闻与传播研究,2008(3).

与此同时，更重要的是，社会转型以后，基于新的社会条件下的新文化体系在S村并没有建立起来。新中国成立后，国家最初以行政手段推进集体主义，然而，在20世纪70年代末因无法解决生产与动力的根本矛盾，宣告这种文化试验的终止。改革后相当长时间内，由于集中于经济建设，国家虽提出了一些目标，但失之空洞，文化建设远远滞后。在农村，地方戏曲、传统节日庆典（如龙舟节、地方自排节目）、地方游戏等由本土实践创造的地方文化形式日渐式微，农村文化最后在事实上基本都交付给了大众传媒来建设，鉴于其他媒介在农村的低占有率，实际上农村文化建设由大众电视来承担。

然而，西方传播史告诉我们，工业化、城市化和与市场化是大众传播“撒播”的根基，民主法治制度是其发展的保障；反之，这也暗示现代社会才是大众传播最适宜服务的环境与对象。在我国，这些条件到目前为止并没有充分具备，但大众传播进入农村已然是现实语境。一方面，政府通过两次运动，即解放初期的农村广播网与20世纪末的“村村通广播电视”工程，花大力气在广大农村铺设了电子传媒网络，确实解决了大众传播发展的技术条件；但另一方面，政府在农村土地、户籍与社会保障等制度安排上并没有根本扭转城乡二元化格局，农村仍然是封闭或半封闭的社会区域。农民进城打工虽撕开农村社会的一道口子，但只进不出只是让农村失血，且文化反哺现象并不突出。换句话说，我国农村发展大众传播的必要条件没有充分满足，农村传媒的发展实践与西方语境差异很大。

而且，除了传播方式与农村封闭的文化环境不适应之外，目前制度也对农村大众传媒发展非常不利。目前，大众传媒的官办性质与市场求生存的运作模式造成产权权责不明晰的硬伤，为传媒业埋下很高的道德风险；“四级办台”的格局也没有改变，市场与计划参半的资源配备方式令大众传媒业形成强弱等级分明但不淘汰不出局的竞争奇观（后详述，此不赘言）。这个制度状态导致大众传媒呈现这样的特点：态度上紧跟政府，行动上紧跟资本，弱势群体的利益被排除在动机之外。

这种本土化语境下西方传播理论的指导并无直接意义，由此产生的疑虑是，大众传媒能为农民提供优质的社会、文化服务吗？能实现有效传播吗？农民能够从中建立起新的文化道德风尚吗？显然，差序格局是农民在长期的社会生活实践中提炼并符合本土社会的传播网络，换句话说，过去的传播格局是农民充分调动主动性的一种理性选择。但从上面的分析看来，农村大众传媒从建立到内容提供，都是上面一手包办的，农民作为使用者完全被放在一边，这就决定本土社会很难适用于自上而下的农村大众传播机制。

实践中，目前这种大众传播结构效果确实不好，国家花大力气在农村的硬件投资并没有充分利用，媒体基于自身立场提供的内容与农民的需求也无法适销对路。从农民而言，由于农村社会分工程度低，绝大部分生活消费品自给自足，大众传媒提供的现代生活所需的信息内容跟农民基本无关；对媒体而言，农民想通过媒体获得的信息因为含金量不高，媒体也不能提供。因此，实践中，农民还是不得不从过去横向的差序格局中寻找各种支持(但很显然，这个内缩的架构已经无法提供创新性的、生长性的、有营养的文化支撑)，而纵向的电视传播在农村社区完全变成一种娱乐载体，绝大多数S村人看电视的基本动机＝娱乐＋打发时间＋造梦，肥皂剧过程艰险、结局欢喜的基本套路屡试不爽，配合着农民"善恶有报"的信仰；"超级女生"、"加油、好男儿"等综艺节目是造梦工厂，实现最佳的替代性满足。

这种"互动"方式与内容虽可引导农民接受一些具体知识，但从生产者创造符号的方式和受众理解符号的方式而言，它的营养少，副作用很大。对国内媒体而言，娱乐是生活方式全球化的通行证，也是规避行政与市场风险的最佳选择，因此他们无论是对主题、故事编写、表现形式、人物性格还是具体的语言、动作、服装、道具等设计，都以娱乐为要，而不主动承载教育、社会守望等严肃社会责任。加之农民受众教育程度低，视野窄，本身缺乏起码的信息分辨能力，也接触不到"媒介素养(media literacy)"的指导与训练。这两相结合导致农民与电视节目的"互动"不但没有营养，长此以往还消磨意志，心灵世界日渐枯萎。

由此，整个S村社区呈现一种文化真空，在没有文化和道德约束的前提下，一种简单的、赤裸裸的利益至上与享乐主义的倾向普遍盛行。它们所发挥的功能，对于整个社会文化而言，很大程度上是反方向的、非整合的。比如赌博，往小了说仅仅是娱乐而已，然而，赌博亦在消磨意志，影响农业生产，恶化家庭关系，损害百姓健康，甚至引起连锁犯罪，破坏社会秩序。S村宗教与封建迷信、现代伪科学交织在一起，农民的识别力很弱，影响力更加不可预估。

孙立平教授在2009年屡次提出的一个讨论，他说：我们是不是焦虑错了问题？现在人们都在关心社会矛盾、社会冲突、群体性事件等问题。之所以有这样的关心，是担心发生大的社会动荡。但事实上，对中国社会最大的威胁可能不是社会动荡，而是社会溃败。他继续解释，社会动荡是指严重的社会冲突会威胁政权和制度的框架，而社会溃败则是社会肌体的细胞坏死，机能失效。通俗的理解，这两者的区别在于，前者是被外力致伤，后者是自身患了疾病。孙立平对这个概念采取的是一种宏观的视角，即从目前体制内屡禁不止的腐败推论及国家权力的失控，再谈及由此形成的种种社会溃败的表现，如社会潜规则盛行，并成为基本的为官为人之道；社会底线失守，道德沦丧等等。S村的调查，似乎从微观层面有力地支持了社会溃败的观念，这些农民的所作所为所思所想体现了社会溃败的基因在个体身上的有效植入。不过，再次强调，简单讨伐农民对他们不公正也于事无补，只有找到产生这种状态的制度性根源才能真正解决问题。反之，放任问题继续恶化，对农村长期发展的打击将是毁灭性的，而农村不发展显然就谈不上成功建构和谐社会。

第五章 变迁的原因

根据在S村的实地调查，似乎可以对我国大众传媒的变迁作一个这样的总结：第一，旧中国，由于技术与制度的限制，大众传媒并不“大众化”，是少数知识阶层的专享物。第二，社会转型前，国家政权实现对政治、经济、文化、意识形态和一般社会生活的全面控制，为了加强国家政权与农村地区的联系，此时的“全能主义政府”一手创建了农村的大众传播体系，大众传媒第一次实现了完全意义上的“大众化”。客观而言，这种大众传媒带有很强的政治目的性，但在农民社会生活被完全控制的实践语境中，电影故事化、情感化的宣传方式还是为大众传媒部分溢出政治设置的预期提供了空间，在农民心目中仍然获得了客观的文化意义。第三，社会转型后，计划经济时代的全能主义政治体制逐渐转变为在经济社会生活有限多元化的后全能主义政治体制，但国家仍然控制着强力资源并具有超强的处理问题的能力①。因此，国家为在农村地区持续落实行之有效的政治宣传，在原有“农村广播网”的基础上，继续推进“村村通广播电视工程”，改善了农村社会接收电视的条件。然而，此时的S村人口凋零、社会破败、道德文化滑坡，农民社区主动利用大众传媒的积极性大大下降，电视沦落为大部分农民赌博与宗教狂热之余的娱乐麻醉剂。若从传播效果而言，在实践中，大众传媒在农村几乎三头落空，既没有行之有效地实现政治宣传（农民接触新闻少），又没有在市场化条件下实现其经济功能，更加没有在政府与市场两极之外实现某些社会功能，如为S村社区农民的发展创造有利的条件。这是一个客观的社会事实。

这本论著中，大众传媒的角色变迁是论述的中心，而话题所着力阐释的这个角色意义自始至终都是放置在整个社会发展过程中进行的，S村农民的个体心理与行动、S村社区的环境、国家的制度与变迁、市场的介入、社会结构等所有个体与整体、宏观与微观、主观与客观几乎全部牵涉在内，也就是说本书试图在实践的语境中呈现某种社会事实，这就必然要求分析框架能够克服个体与整体、宏观与微观、

① 萧功秦．后全能主义：中国当前的政治体制[J]．学术界，2006(1)：301．

主观与客观之间的二元对立。

而在西方社会学理论发展的过程中，长期以来形成以孔德、涂尔干为代表的客观主义与以德国历史主义传统为基础的主观主义的各自为政、对立发展。针对这种二元对立与由此带来的种种困境，许多学者都试图打破这一困局，在这些学者中，法国的布迪厄与英国的吉登斯的贡献尤为突出。布迪厄在认识层面对主观主义与客观主义的对立进行了批判性考察，并在关系主义方法论的角度创立了“场域”、“惯习”与“实践”等一系列具有“布迪厄”风格的概念和理论来克服这种对立。而吉登斯则在其扛鼎之作——《社会的构成》中提出了“结构化”理论，以结构二重性取代了二元论，初步解决了结构与能动性之间的对立问题。然而，两者的分野在于，布迪厄认为结构产生生存心态，生存心态产生行动，进而生成结构，这之间具有明显的顺序，所以他在二元中更强调结构的制约性，而吉登斯强调的是结构的内在于行动者，强调结构的可利用性，而非约束性，因此他最终强调的是行动者的能动性①。将两者的理论对照中国后全能主义政治体制的现实，对照中国社会乃至大众传播业内各种关系强弱对比分明的现实，显然布迪厄的理论更适合中国的国情。因此，本章试图以法国社会学家布迪厄的实践理论来解决“为什么”的问题。

由于布迪厄的整个思想发展过程呈现极端复杂性，他的著作又极其庞杂而艰深，而且许多关键的分析工具较模糊，留下极大的讨论与发展空间，难以与实践相接近。他一方面批评美国式经验实证主义“只在表面上模仿试验上的严谨性”，却在实际上“掩饰着那些由社会学方面所构建起来的真正对象的全面缺席”②。另一方面他提出一套独特的理论，他的理论的独特之处，就在于提出和运用‘相互关系性’概念，以超越传统的“主观”与“客观”的“二元对立模式”为基本特征，使他的任何一个重要概念及其运用过程，都必须在它们的‘相关性’网络中加以考察和分析③。这个最具延伸性、动态的关系网络完全容纳了本书的研究主题与边界，正是本书问题所需要的。然而，由于这一方法论的指引，布迪厄的所有的分析概念是紧密相连的，研究他的任何一个重要概念，都势必关联到他的其他重要概念，使我们对于各个概念的理解，不得不在其概念的相互关系的总网络中进行分析④。这对于具体应用始终是一个难题，因此不得不将这些概念分别放入不同的章节，进行以此为主、其他为辅的应用，还算庆幸的是布迪厄的重要概念如“惯习”、“场域”等相

---

① 孟祥远，邓智平. 如何超越二元对立？——对布迪厄和吉登斯比较性评析[J]. 南京社会科学，2009(9)：111-114.

② 高宣扬. 当代法国思想五十年[M]. 北京：中国人民大学出版社，2005：482.

③ 高宣扬. 当代法国思想五十年[M]. 北京：中国人民大学出版社，2005：472.

④ 高宣扬. 当代法国思想五十年[M]. 北京：中国人民大学出版社，2005：472.

对还可以各自独立，因为每一个概念本身都体现了主客观的统一。这一章的第一部分将用“惯习”概念分析媒介角色变迁的体现主观能动性的一面，在以下两个部分中分别从电视节目接收（本土视角）与电视节目生成（宏观视角）等两个环节继续分析媒介角色变迁的结构性原因，这种拆分在最终会得到连贯，不过，谨慎地说，有可能会对理论的严密性造成某种程度的损伤。

第一节　S村农民的“生存心态”

一、生存心态与农民的地位变迁

（一）生存心态

生存心态（habitus），另有“习性”、“惯习”等多种翻译，以下如无特别说明，均以“生存心态”称之。“惯习”与“习性”从字面上容易与习惯混淆，而“生存心态”一词本身就体现了主客观合一的内涵，所以下面的论述中均采用高宣扬先生首倡的“生存心态”。“生存心态”是布迪厄尝试超越主客观二元对立的最重要的基本概念之一，如果说他所有的概念都是相互关联，其中的任何一个都不能单独地加以理解，那么贯穿他整个的理论体系的概念就是生存心态。布迪厄对生存心态有一段描述：

习性是持久的、可转换的潜在行为倾向系统，是一些有结构的结构，倾向于作为促结构化的结构发挥作用，也就是说作为实践活动和表象的生产和组织原则起作用，而由其生成和组织的实践活动和表象活动能够客观地适应自身的意图，而不用设定有意识的目的和特地掌握达到这些目的所必需的程序，故这些实践和表象活动是客观地得到“调节”并“合乎规则”，而不是服从某些规则的结果，也正因为如此，它们是集体地协调一致，却又不是乐队指挥的组织作用的产物[①]。

这段文字佶屈聱牙，读来十分吃力，不过仍然可见他在其他地方反复强调的生存心态的双重结构性，即“它是一种同时具备‘建构的结构’和‘结构的建构’双重性质和功能的‘持续的可转换的秉性系统’，是随时随地伴随着人的生活和行动的生存心态（即生存心态）和生活风格，是积历史经验与实时创造性与一体的‘主动中的被动’和‘被动中的主动’，是社会客观限制性条件和行动者主观的内在创造精神力量的综合结果。”[②]具体而言，一方面生存心态是被建构的，所谓被建构是指在特定

① 布迪厄.实践感[M].蒋梓骅，译.南京：译林出版社，2003：80-81.

② 高宣扬.布迪厄的社会理论[M].上海：同济大学出版社，2004：3.

历史条件下，在个人意识中内化了的社会行为的影响的总结果，特别是特定社会中的教育制度在个人意识的内在化和象征性结构化的结果。它是一种先验的前反思模式，是已经构成内在的心态结构的生存经验，是构成思维和行为模式的、具有持久效用的秉性系统[①]。另一方面，它一旦确定，并不一直停留在内心世界的阶段，而继续以现有的客观条件对客观世界进行再生产，因此又是建构的，这种来自长期实践的经验因素，一旦经历一定的历史时期的沉淀，并内在化于特定历史阶段的人群和个人的意识内部之后，Habitus 便自然地去指挥和调动个人和群体的行为方向，赋予各种社会行为以特定的意义。因此，生存心态成为了人的社会行为、生存方式、生活时尚”、行为规则、策略等实际表现及其精神方面的总根源[②]。

由此可见，生存心态并非习惯，习惯是静态的，而生存心态是受结构影响又反身影响结构，是动态的。通俗而言，生存心态有几层含义。第一，生存心态具有过去、现在、未来三层时空结构。第二，生存心态与过去，生存心态在反映历史、构建历史的过程中，也受社会历史条件的影响和限制。第三，生存心态与现在，生存心态是客观因素和主观因素相互作用的产物，是社会化了的主观化。第四，生存心态与未来，生存心态被历史结构化的同时，在未来的行动中具有能动性和创造性，这个行动又型构着未来的结构。第五，生存心态虽然是动态的，但一旦形成，在一定时间内，又是相对封闭与惰性的性情系统。

另外，还需将这个概念放置于布迪厄关系主义的网络中综合理解。尽管布迪厄十分重视结构形成过程中行动者的主观能动性，但他同时承认生存心态的能动性和创造性十分有限，首先，生存心态只有在一定的情境中，才产生一定的话语和一定的实践行动，因此，生存心态不能脱离场域而独自发挥作用。其次，结构始终处于首要位置，而行动者的建构作用是第二位的。从这一意义上讲，生存心态仅仅是一种潜藏于行动者身体内部、同时受到社会现实和历史条件双重制约的性情倾向[③]。

理清生存心态概念的内涵，我们便可以将它实践性运用。通过本书第三章对S村人日常社会生活的具体展示，S村社区农民在“现在”这个时间段内，群体性情特征(即生存心态)是显而易见的。若以整个社会架构作为一个场域，农民对应的生存心态是保守、愚昧，功利并趋向堕落，对外界缺乏起码的关注，生活面向趋向集

① 高宣扬. 布迪厄的社会理论[M]. 上海：同济大学出版社，2004：115.

② 高宣扬. 布迪厄的社会理论[M]. 上海：同济大学出版社，2004：115-116.

③ 朱伟珏. 象征差异与权力——试论布迪厄的象征支配理论[J]. 社会，2008(3)：141-155.

体内倾[①]。这种说法实质上带有很强的价值判断，更客观地说，S村的现状也许不能用道德滑坡的话语概括，应该是S村人就情境或场域的理性选择。若以我国大众传媒业的结构作为一个场域，力量对比也非常明确，农民对应的生存心态也非常消极，他们在实践行动中还是首先选择本土可以利用的资源，以实现社会生活与个人发展所需要的种种物质与精神支持。比如，针对S村需要的各种教育、培训、就业等信息，S村人更相信同乡、同宗的提供或帮助；针对S村人的文化娱乐需求，拉家常、打麻将等本土娱乐方式是多数人的首选，电视是次选；针对S村人的精神与信仰需求，宗教是庇护所，电视无所作为。

那么，这种现在时的生存心态是如何型构的？生存心态作为历史经验中沉积下来和内在化的持久秉性系统，同S村农民所处的社会历史条件、环境、行动经历、经验以及以往的长期精神状态有密切关系。从这个角度考虑，影响S村农民的生存心态形成的无非有较长期的历史经验与相对短期的历史经验。顺便说一句，大众传媒行业构成的场域是整个社会组成的总场域的子场域，体现了总场域的力量对比关系，因此一旦对农民从总的社会历史条件中生成的生存心态有所了解，对具体子场域内的生存心态便可以类推。在以下分析农民生存心态的成因时，主要以整个社会组成的总场域为范围，有关大众传媒业的子场域与农民就此作出的主观行动将在后面的章节中专门探讨。

较长期的历史正建立在传统农耕社会以及由此形成的一套政治、社会、文化制度基础上。相当长的社会里，皇权、乡村宗族与农民构成了社会结构的三级，对小民而言，“天高皇帝远”，农民被限制在一小块土地上精耕细作，秉守“日出而作、日落而息”的生活，这种局限在有限时空的生产方式制约了农民的视野，长期形成了一套务实、超稳定的性情系统与精神气质，但当时的生产方式与社会发展是有机的，因此生存心态主要表现了较积极的一面。具体到S村，从梁姓宗谱、文史以及古建筑等历史遗迹来看，梁氏自北方一路南迁至湘中涟源S村，耕读持家，在相当长的时间内宗族内组织有序、文化繁荣，教育更是辉煌，这个漫长的历史逐渐型构了S村农民静态的农业型性格与“差序格局”式的乡村人际网络。然而，这种论断是基于一种外围的、长焦的视角认识，因此结论便只有静态的轮廓，而无随着时空变化的流动性，并不够精确。

若以柏格森在《道德与宗教的两个来源》中提出的“封闭道德”与“开放道德”论之，这套传统社会结构与由此型构的生存心态必然只能跟“封建道德”相提并论。因为它源于义务，要求个人服从，个体是压抑的，这种生存心态的表现是促使人用

---

① 村庄生活的面向：是指村民建立自己生活意义和生存价值时的面向。见贺雪峰.新乡土社会[M].桂林：广西师范大学出版社，2003：9.

机械的理智解决问题，而不能激发人的情感。因此，它只能对应封闭社会，而不能对应开放社会。然而，由于封闭社会的压抑性，封闭的结构长此以往必然趋于破坏。这跟自然科学的研究结论也是一致的，普里戈金在《从存在到演化》一书中提出耗散结构理论，为了避免封闭系统中必然出现的熵值和无序增大以至系统趋于崩溃的结果，只能使系统开放和远离平衡。哲学界与自然科学界的理论共同的一个指向在于，任何一个集团或组织，如果长期封闭起来，就必然年龄老化、思想僵化、作风懒化、生活腐化，最后趋于无序、混乱和崩溃。这个结论已经得到历史的充分论证，中国古代社会从思想体系、政治体制和小农经济无一不是全面封闭的，于是这个系统的熵值必然要增大、无序化，加上天灾人祸最终全面崩溃，农民失地起义、政治改朝换代。在新的统治者出让一定的利益之后，新的封闭系统又重新开始运作。传统社会演化可用三部曲表示为趋于无序—改朝换代—再封闭，整个过程周而复始①。在这个传统社会的场域之中，小民的行动和心理也随之遭到型构，即结构初期的稳定、务实、驯服逐步演变为长时间的保守、自私、功利和堕落，到忍无可忍的情况下突然一改常态，表现出破坏、暴动甚至彻底反抗的冲动。

因此，将农民归为超稳定的农业型性格只描述出了农民最常见的精神状态，忽略了少见的动态的极端的另一面。不说之前改朝换代，在近代中国的变迁中农民也是主要的力量。清朝末年，在西方鸦片与坚船利炮的攻势下，传统农耕社会及其形成的一整套封闭的政治、经济、社会与文化制度慢慢走到了尽头。农民的安稳日子过不下去了，义和团运动、太平天国、抗日战争与解放战争中，没有哪个阶层能够像农民一样坚决、勇猛、义无反顾，活跃在革命斗争的第一线。直至中国共产党建立新中国，人民翻身做主人，农民的目的达成，一下子又回归于惯常温顺、平和的性情。

（二）农民的地位变迁

较长期的历史经验形成了农民的集体无意识，对农民个体而言，这是天赋的、先验的性格。而最近的历史经验对塑造农民个体的性情系统更为重要，它是具体农民个体心理实践接受的社会结构，并潜藏于农民的身体内部，构成农民下一步行动的条件。本书人为地将建国之后 60 年作为最近的历史时期，以期通过对这段历史时期社会结构与农民地位的变化，找到农民被结构化了的精神状态。建国的 60 年，前 30 年与后 30 年农民阶层各有一次地位的提升（均跟土地改革有关），但又很快沉降。综合而言，前 30 年，国内政治运动不断，农民在实质上被安置于社会最底

① 张一方. 中国传统社会的超稳定结构及其思想文化渊源[J]. 湖南城市学院学报，2009(3)：13-19.

层，但由此也部分地逃脱了更残酷的阶级斗争。社会转型以来，整个社会结构发生巨大的变化，农民的地位也随之变迁，除了改革初期的上升，农民所面临的环境不断恶化，发展空间一再受到挤压，客观结构的变化引致农民群体的精神风貌由开放与乐观逐步转向负面的保守、愚昧与堕落。

社会转型并非是一个抽象的概念或者仅仅是一个时间的关节点，在它背后有专属的、独特的、非常丰富的内涵。社会转型这一词汇来源于西方发展社会学和现代化理论，一般指一个形态向另一个形态的转换，是构成社会的诸多要素如政治、经济、文化、价值体系在不同的社会形态之间发生的质变或同一社会形态内部发生的部分质变和量变过程①。因此我们常常将我国的社会转型与“现代化”、“发展”混为一谈，事实上，这必须予以澄清，世界上各个国家由于历史与现实条件的不同，各自选择的发展的道路并不相同。中国的社会转型包括了“现代化”与“发展”的部分内涵，但由于范畴不同，与它们有本质上的区别。“现代化”是西方学者根据自己的发展模式提出的，价值目标和核心内容是上世纪帕森斯提出的“市场经济”、“民主政治”和“个人自由”，是朝着欧美型的社会、经济和政治系统衍变的过程；“发展”的内涵跟独立与不依附有关，其内涵是拉丁美洲与东亚等发展中国家在20世纪60年代后针对西方发达国家的新殖民主义提出的不依附路线，是要在全球的框架内为广大发展中国家争取更优势位置的过程。而社会转型则是我们社会主义国家寻求发展的道路，1989年郑杭生等人第一次明确地提出了这个术语，经过种种质疑，成为了今日的大众用语、政治用语，孙立平认为它至少有三个关键的含义，首先，如果西方发达国家与发展中国家的发展都是从市场经济或传统自然经济的基础上开始的话，我国的社会转型在经济上的主题是从资源配置的再分配方式向市场方式的转型；其次，转型表现在国家与社会的关系上，是总体性社会体制的不断弱化和解体，并由此产生市民社会形成与社会重建的主题，现代化与发展这方面的主题恰恰是民族国家的形成；社会运作方式实现由集体化时期的社会动员让位于科层化和常规化②。纵贯这些内容，社会转型必然是一场涉及经济、政治、文化、社会等全面的社会变迁过程。

随着这样一种全面的改革的逐层推进，社会结构与农民在结构中的地位也必然随之猛烈变迁。众所周知，改革前，我国的政治、经济制度是模仿学习苏联模式的，资源和权力高度集中于国家，国家与社会合为一体，导致所有的人对国家都形成“组织性依附”(organized dependency)，构成“全能主义政府”或“总体性社会”。在总体性社会中，社会结构中的结构因子仅仅由国家及其各级代理人一民众两极

① 王永进，邬泽天. 我国当前社会转型的主要特征[J]. 社会科学家，2004(6)：41-43.

② 孙立平. 社会转型：发展社会学的新议题[J]. 社会学研究，2005(1)：1-23.

构成，一方面，由于当时社会资源的严重短缺，加之严峻的国际环境，国家为了在短时间内迅速发展国民经济，集中社会资源，选择了高度计划性的经济发展模式。根据这个计划分配原则，一种基于等级的社会地位划分便在所难免，一系列相关的政治、社会、文化制度随之确立。

对农民最具杀伤力的就是城乡二元结构，其又由户籍制度、人民公社制度等一系列制度配套完成，“再分配型的二元结构”(孙立平，2004)导致农民的位置是相对较低的。1958年1月，全国人大常委会第91次会议讨论通过了《中华人民共和国户口登记条例》，标志着中国以严格控制农村人口向城市流动为核心的户口迁移制度的形成。在这个制度的保障下，城市得到了国家大多数资源，农村获得国家较少资源。并且，政府将农民集中于人民公社，组织农民进行农业生产，为城市居民提供低廉的农副产品，并为工业部门积累原始资本和提供廉价的原材料。由此，城市居民与农民获得个人的生存与发展的空间出现差距。比如，在生活必需品方面，城市居民享有定额的粮油、白糖供应，不负责农村的粮油供应；在就业制度方面，国家负责给城市居民安排就业，农民子弟成年后除极其有限的招工、参军与升学名额[①]，一般子承父业，继续从事农业生产；在社会福利方面，城市居民的医疗、养老、失业、救济、补助等几乎都能得到国家的保障，而农民的生老病死只能由家庭承担。

但另一方面，从国家的意识形态与宣传来看，又强调老百姓在历史与现实中的重要作用。尤其是，中国共产党的胜利正是建立在“农村包围城市”这个路线之上，因此，农民在这一标准下与城市居民或其他干部、工人身份的人并无差距，甚至意外地比其他人享受更多“无产阶级专政”的特权。比如，自社会主义改造以来，农村居民虽然被限制于人民公社之内，但城市知识青年也被另一种强制动员扎根农村，1964年中央书记处的会议上，周恩来说，今后18年内，要有3 500万知识青年主要采取插队的方法到农村去[②]。“文革”前全国共组织了130万知青下乡，1967年10月掀起新一轮知识青年上山下乡大潮，在“文革”那种混乱的状态中，多达400多万城市中学生分散到了农村和边疆，这其中制造了许多悲剧，“上山下乡运动”改变了整整一代人的命运[③]。在毛泽东策动的“文化大革命”中，城市阶级斗争的残酷性远远超过农村，城市里似乎所有人的地位都极可能发生戏剧性的升降，知识分子参加劳动接受工农的再教育；学术和技术职称被取消；工农兵学员‘上管改’；工宣队、军宣队、贫宣队进驻上层建筑单位；工人直接参加管理；提拔普通工农分子担任各

① 农村出来的军人没有转成干部身份的退伍回原籍，转干的由国家安排工作。

② 顾洪章．中国知识青年上山下乡大事记[M]．北京：中国检察出版社，1996：42.

③ 马昌海．回首上山下乡运动[J]．炎黄春秋，2009(8)：57-61.

级领导职务[①]。客观而言，农民在这个激情的年代反而部分地回避了城市政治斗争的残酷，且往往有令人瞠目结舌的垂直上升的机会，其中升得最高的是陈永贵，从太行山腹地的大寨村党支部书记一下子升为共和国的副总理。

应该说全能主义在中国有其合理的一面，至少在国家统一、经济建设的全面铺开、经济基础的基本确立而言是有合理性的，然而由全能主义的政治体制走向高度计划的经济模式，以及对全体公民组织化、制度化的社会生活管理直至“文化大革命”则是国家功能过度扩张的结果，严重违反了社会发展规律，导致国家与社会关系再次调整。由于改革前农村的人民公社相对而言是一个自给自足的小社会，并不似城市居民完全依赖于国家与单位组织配给资源，因此，农村与农民是总体性社会控制最薄弱的一个环节，一旦国家控制所有资源与空间的条件难以维系时，农民就可能率先脱离总体性社会。1978 年 12 月，安徽凤阳县小岗村 18 户农户在忍无可忍的情况下，毅然决然写下血书，率先实行国家明令禁止的“包田到户”，农民再次成为中国社会变迁的的重要动力。

十一届三中全会标志着从上到下的社会转型的正式启动，在农村，自 1982 年起，历经 1983 年、1984 年、1985 年、1986 年，国家连续五年就农村发布五个有利于农村发展的“一号文件”[②]，拉开了农村改革的大幕。1978 年家庭联产承包责任制标志着国家权力开始从农村社区撤退，1982 年农村人民公社撤销，标志国家权力在农村社区的基本撤退，1987 年村民自治在农村兴起，标志着国家与社会开始在农村的分离。紧跟着农村改革之后的是城市改革，因此改革初期，农民比城市居民更早一步获得了改革成果，成为名副其实的获利阶层。小岗村的土地改革在全国推广，农民从联产承包责任制中得到了极为重要的“自由流动资源”（孙立平，1993），又在国家政策的调整中获得了“自由活动空间”（孙立平，1993），这一种资源一种空间对农民而言，意味着农民可以提留部分农业收入，一部分农民可以从土地中解放出来，从事工业、商业、交通运输业、服务业等非农产业，从市场中得到生存

---

① 孙立平. 转型与断裂——改革以来中国社会结构的变迁[M]. 北京：清华大学出版社，2004:189.

② 1982 年 1 月 1 日，中共就农村发出第一个“一号文件”，突破传统的“三级所有、队为基础”的体制，明确指出包产到户、包干到户或大包干都是“社会主义生产责任制”；1983 年，第二个“一号文件”《当前农村经济政策的若干问题》颁布；1984 年 1 月 1 日，中共发出《关于一九八四年农村工作的通知》，强调要继续稳定和完善联产承包责任制，延长土地承包期。四，1985 年 1 月，中共中央与国务院发出《关于进一步活跃农村经济的十项政策》，取消了 30 年来农副产品统购派购的制度，对粮、棉等少数重要产品采取国家计划合同收购的新政策；1986 年 1 月 1 日，中共中央与国务院下发《关于一九八九年农村工作的部署》，强调进一步摆正农业在国民经济中的地位。

与发展需要的资源。在这个过程中，农村内出现各种能人，如80年代中前期乡镇企业的技术人员与管理人员、通过农副业、养殖、运输等发家致富的万元户等，农民作为一个阶层在这一阶段经济上总体是向上升方向发展。与此同时，“城乡二元对立结构”仍然客观存在，但由于城市受国家制度控制的程度更深，城市居民获得两种资源与空间的时间更慢，最初的城市受益者均是原体制之外或者外围的人群，如城市无业者、个体小商贩、刚回城的知青等等，客观上放慢了城市的整体行进速度，农民在社会结构中的上升态势在与城市居民相比并不逊色。

家庭联产承包责任制确实使我国农村经济发展走过一个黄金时期，然而，从1985年开始，农村经济进入徘徊不前的状态，农业发展速度越来越慢，农产品结构矛盾、需求矛盾突出，城乡之间的差距拉大。数据显示，1985年城乡居民人均生活消费支出比例由1978年的2.9∶1缩小到2.12∶1，但是此后这一比例呈逐年上升趋势，到2002年扩大为3.29:1①。可见，以1985年为界，农村先富或城乡共富的格局打破。从收入比来看，根据国家统计局网站公布的数据，在1985年到2006年的22年间，农村人口比例持续降低，从1985年的76.29%降至2006年的56.1%，而这段时间内，城乡收入差距从总体趋势上看却是越拉越大，由0.1291上升至0.2805，城乡收入比从1.8589上升到3.2784②。

农村的再次沉降跟我国近阶段的政治体制制度及社会转型途径特征相关，是一种结构性而非主观性导致的结果。萧功秦认为，中国改革以来的政治发展，是通过试错反弹的方式的途径来逐步实现的，它体现为从计划经济时代的全能主义政治体制，逐渐转变为在经济社会文化领域有限多元化的后全能主义体制。虽然，政府并不能如之前一样全面控制社会资源，但这种“后全能型”的新权威主义，仍然具有巨大的刚性处理问题能力，掌握国家强力资源，从而比一般意义上大权威主义政权具有更强的组织动员能力与应付突发事件的能力，从而维持“低政治参与下的高资本投入”式的经济发展③。而我国的社会转型正是在政治体制的前提下进行的，为了令改革并不危及政治稳定，维持了原有的一套权力体系与意识形态内容，社会转型表现出渐进性而非苏联和东欧国家的突发性的特征④。

这个渐进性的改革优势在于维持了政权与社会的稳定，但由于这种威权体制，市民社会空间制衡力量先天不足，因此，在社会的资源配置方式由再分配向市场方向转换时，出现了两种情况。一种情况是国家继续通过户籍、社会保障等制度，基

① 任诚.论农村经济的科学筹划[J].求索，2005(5):41-42.

② 黄素心.城乡收入差距与城市化进城[J].学术论坛，2009(8):136-139.

③ 萧功秦.后全能主义:中国当前的政治体制[J].学术界，2006(1):301.

④ 孙立平.现代化与社会转型[M].北京:北京大学出版社，2005:412-420.

本维持了城乡二元结构不变，并通过税收、金融等途径将获得的资源源源不断地支持城市尤其是几个特大城市的发展，客观上造成了城乡差距的进一步拉大。另一种情况是，在年年GDP高速增长的遮蔽下，由于缺乏监督，体制内外出现一些表达和追求自身利益能力较强的人，这些人通过“权钱交易”、瓜分国有资产、贪污受贿以及其他非正式运作等手段聚敛起整个社会的大部分资源，形成了一个掌握文化资本、政治资本与经济资本的总体性资本精英集团（孙立平，2005），财富的集中造成边缘与农村地区的相对贫困。大致在20世纪80年代后期以来，资源从改革初期的扩散重新走向资源向少数地区、少数人的积聚，在这一轮资源转移过程中，农民在社会结构中的弱势位置逐渐定型。而且，此时的城乡二元对立结构又出现新的内涵，在改革初期，城市居民所消费的柴米油盐酱醋、衣服鞋子被褥等生活消费品的原料均来自农村，因此他们的收入有很大一部分流向农村，但到了20世纪90年代中期，城市进入耐用消费品时代，价格昂贵的彩电、冰箱、洗衣机等产品的原料均不需要从农村输入，即便原来由农村提供的农副食品也有相当部分可以从国际市场购入，因此，客观上导致原来的行政主导性二元结构（孙立平，2004）向市场主导性二元结构过渡。这些加上全球化等因素，农民的经济地位、社会地位急剧下降。

20世纪90年代至今，贫富进一步加大，农民阶层在结构中继续垂直向下。现在，除了东部沿海的部分农村与农民，全国大多数农民已陷入政治、经济、文化等全方位的绝对贫困状态。中国社会科学院“当代中国社会阶层结构研究”课题组在经过全国性的抽样调查后，将社会分成十大阶层，从上到下分别国家与社会管理者阶层占2.1%，经理人员占1.6%，私营企业主占1.0%，专业技术人员占4.6%，办事人员占7.2%，个体工商户占7.1%，商业服务业员占11.2%，产业工人占17.5%，农业劳动者占42.9%，城乡失业、无业、半失业者占4.8%[①]。这个分布中，占全国人口的42.9%的农业劳动者位列倒数第二层，实际上17.5%的产业工人与4.8%的城乡无业、失业、半失业者中的绝大部分也是来自农村，也就是说，占全国人口60%左右的中国规模最大的农民阶层或农民工阶层处于社会结构的底层。这个课题组还强调，尽管这一阶层（农业劳动力阶层）人数众多，但阶层内部的同质性较高，社会经济状况的差异较小[②]。更近的一组经济数据显示更令人担忧。中国社科院发布的《人口与劳动绿皮书（2008）》指出在过去的17年间，我国城乡居民收入的绝对额差距增加了近12倍，2008年城乡居民收入差距首次超过一万元人民币，2007年城乡收入之比扩大到3.33∶1。

① 陆学艺.当代中国社会流动[M].北京：社会科学文献出版社，2004：15-23.

② 陆学艺.当代中国社会流动[M].北京：社会科学文献出版社，2004：22.

孙立平有一个精妙的类比，在一场马拉松比赛中，存在的不是快慢的问题，而是有部分人已经永远退出比赛；相对应的是，在我们的社会结构中，不是有部分人落后了，而是他们永远被甩出了社会结构之外[①]。从社会各部分关系的角度来看，国内的学者已经对"断裂社会"的判断持较肯定的态度，这个"断裂"既是指阶层与阶层之间的断裂，也是城乡之间的断裂，从这一点看，农民阶层同时遭到两种抛弃。

(三) S村人共同遭遇的社会排斥

社会结构的变化是错综复杂且无形的，具体到S村的农民，他们不可能跳脱出自身的具体位置并站到一个视觉的制高点，一览无遗地理解自己在社会结构中的位置，这个群体对国家的政策以及其中的内涵所理解的程度是有限的，这些政策只有在转换进具体的情境并在与农民的互动中才能赋予实在的意义。正如布迪厄所说，"客观主义建构的社会世界，如同奉献给观察者的一出戏，观察者就行为采取'一个视点'，将自己与对象的关系的依据引入对象，其作用仿佛仅限于知识，且所有的相互作用在认识过程中归结为一些象征性交换。"[②]

条件制约与特定的一类生存条件相结合，生产习性[③]。因此，实际上影响决定S村农民的性情系统与精神风貌的是他们在实践生活中所面临的社会限制性条件及"原结构"的生存心态。社会转型前，整个社会几乎可以化约为一个唯一的权力场域，场域内，仅有国家与民众两极，国家拥有所有的资本处于制高点，因此对S村农民群体生存形态的形塑产生最重要的施与力。具体来看，由于生存心态中更远的"前结构"的构建(城乡差距之前一直存在)，S村农民并没有非常深刻地察觉到城乡的差距，反而在国家意识形态的宣传下常常有一种国家主人的自豪感。因为，一方面在行政主导型二元对立结构下，S村农民与城市交往机会较少，虽然每个人都意识到城市户口的优越性，不过城乡之间很少能产生直接比较，即便一定要比较，同时期的城乡关系比起旧社会的城乡关系又有极大的改善。S村内部也不存在比较，在经过初级、中级、高级合作社的阶段进入人民公社后，平均主义已经成为主流的思想和行动。S村人上缴私产、吃"大锅饭"，一起为集体主义劳动，一起挨饿，人们之间的账是一清二楚的。

另一方面，即便S村人可以接触到少数城市人，与这些人相比S村人似乎更有心理优势，从某种程度上反而抹平了城乡二元对立给农民造成的伤害。当时S村人正常接触到的主要是三类特殊的城市人，一类是在国家号召下上山下乡的知识

---

① 孙立平.断裂——20世纪90年代以来的中国社会[M].北京：社会科学文献出版社，2003:1.

② 布迪厄.实践感[M].蒋梓骅，译.南京：译林出版社，2003:79.

③ 布迪厄.实践感[M].蒋梓骅，译.南京：译林出版社，2003:80.

青年，村民对“文革”前的知青记忆比较模糊，“文革”后期S村共有十几位知青，另有五六户举家下放的情况。据村民讲，知青下来后享有国家划拨的安置经费与第一年的粮食补助、生活补贴，这是当地农民羡慕的，可是由于他们不善耕作，常常一年创造的粮食还不够自己吃用，仍然在不同程度上依赖父母家人的贴补。另一类是因为政治身份变动而被举家遣送回乡的城市人，这类家庭入户S村后境遇更惨，男女都被纳入最艰苦的劳动第一线，比如修铁路、作河工，他们的子女被断绝任何可能招工、入学和参军的机会，整个家庭都被贴上政治歧视与社会歧视的标签。第三类是附近的全民所有制企业工人①，这部分人是最受S村人羡慕的，但他们平常的衣食住行等都沿用城市的单位制度，跟当地人可能交往的机会很少，只有极少数途径有可能接触到，比如少数当地人的孩子在厂矿子弟学校入学。相比而言，这三类人的“前结构”的生存心态与当时现实的社会条件均产生了矛盾，因此相比S村人对现实的坦然接受，这些城市人常常以曲折或压缩的方式表现出一种比本地人更隐秘的、不满足的性情结构与社会行为。在物资供应最紧张的时候，常出现知青或工人偷盗集体粮食的事情。有这样一个案例，在S村曾发生了一个东北工人偷窃玉米被农民当场抓获的事情，这个农民见他可怜，给了他一些粮食，又加了一句话：你们工人怎么还不如我们农民呢（这个东北工人在几天后悬梁自尽）！其实，农民针对城市人的复杂心态与当时接受大众传媒信息时的心理是一致的，当时S村农民接收广播时的沉默、被动与追逐电影时的积极、疯狂、公平，可以视为一种以密码化的程序体现当时难以逼视的国家权力与洋溢着激情、平等、反精英的意识形态之间纵横交错后的历史，这段历史同时又反而在现实中加固S村人这种生存心态。

如前所述，在改革初期，由于国家承认了家庭联产承包责任制与个体私产的合法性，所有S村人都被调动起劳动生产的积极性，除了极少数的懒汉，短时间内家家户户的经济与生活水平都有起色。另外，国家又于1984年发布的1号文件中，明确允许农民自筹资金、自理口粮，进入城镇务工经商，又大大扩大了S村村民的活动范围，促进了社会分化。这个客观现状生成了新的生存心态，其时大多数人是积极、开放、稳定和充满自信的，从这个角度而言，前面章节讨论的农民相互攀比购买电视机也许是更好的证明。当时还有一些标志性的消费品从城市进入农村，比如1978年至80年代中叶S村人称之为“老三样”的手表、自行车和缝纫机，以及80

---

① 建国后，国家在湖南山区曾建立一大批以重工业为主的全民所有制工厂。涟源境内有部属洪源机械厂、湘中机械厂、湘峰机械厂等，都是军火生产厂，目前洪源机械厂仍在，其余两厂与20世纪80年代后期在娄底合并为华达机械厂，均转产民用机器，目前效益很差；省属有湖南煤机厂、煤勘二队、斗笠山煤矿等，均已瘫痪；县属有涟源铁厂、涟源锅厂、涟源白水泥厂、涟源水泥三厂、涟源磷肥厂、涟源氮肥厂、涟源工具厂等，现绝大多数不存在，少数改体制。

年代后期开始流行的"新三样"——黑白电视机、洗衣机与冰箱。另外,80 年代中后期 S 村也掀起大规模翻盖新房的高潮。

然而,随着社会转型的深入,S 村的政治、经济与文化结构经过几个阶段均发生了本质变化,S 村农民与其他地方的农民一样由最初改革开放的获利阶层变成利益受损阶层。对此,S 村农民是通过感受认识社会排斥的,而对于社会排斥的认识,S 村人主要有两个方面的感知。

第一,农村人口向城市流动后,他们的户籍仍然无法跟着进入城市,直接限制了他们在城市的生存和发展。因为户籍制度不仅是统计和管理人口的依据,也是控制人口流动的依据,还是一个权利和资源分配的操作系统,一个农村户籍使得他们在城市里劳动就业、教育、住房、社会保障等物质生活乃至婚姻、爱情等精神生活全方面遭受歧视并落至最底层空间。

从个人发展空间来看,职业性质与内容是最好的说明。而访谈下来,所有的 S 村人在城市里都干的低技术含量的工作。男性建筑工最多,保安、各类跑腿的打杂的也多,司机就算是比较少的技术行业,女性一律在工厂做一线女工,做到领班基本到顶。LXH 是个例外,她做到了主管,但是她自己很快就茫然,初中毕业的学历使得她继续干也升不上去,不干又心有不甘,她停在家中半年没有上班。

从生活质量与社会交往来看,他们仍然停留在维持生存的低级阶段。一般地,住单位提供的集体宿舍或卫星城镇的合租农民房,吃自理的简单主食或者大排档,在城里的社交圈子还是同乡为主,很多人在深圳、广州打工了多年,除了免费的高楼大厦,著名的旅游景点一个没看过。所以虽然进了城,并没有领略到城里人的生活和消费,也极少跟城市居民交往。都说爱情可以不分阶层,但摆在 S 村人面前的事实是,迄今为止,没有一个人在打工期间跟城市居民婚配。

而且,除了这些显性的社会排斥,更加令他们难以承受的是,在今天市场经济的条件下,无论城里人还是农村人都已经非常习惯于以经济水平去衡量一个人的智力水平与实际能力。S 村男男女女一大批人在城市打工,吃穿住行加上子女的教育、老人的赡养费,过年回家发现所剩无几,钱不够用与钱不值钱几乎是每个农民的真实体验。因此,在任何一个社会细节上都可能遭到来自城市的精神诋毁,村里男人与女人在吵架时,智力低下与无能常常是互相攻讦的内容。

在与村里人交往的同时,调查发现诸如"你们城里人聪明、会赚钱"高频率出现,S 村人已经非常自觉地将城市作为自身的参照。美国加州大学经济学教授查德·伊斯特林在《经济增长可以在多大程度上提高人们的快乐》一文中指出:收入增加并不一定导致幸福感增加,也就是说,虽然在收入达到某一程度之前,幸福感会随之增长,但过了这一程度后,两者的关系并不明显。即伊斯特林悖论,也称之为“幸福—收入”之谜[①]。实际上,人们对任何事物的认识几乎都建立在一个参照体的基础上,没有比较往往很难有鉴别。S 村社区的人均年收入相对 30 年前,从绝对值而言是增长了,生活条件也提高了,但与此同时,幸福感并没有随之提升,反而产生了很强烈的相对剥夺感。

关于相对剥夺感,马克思曾经有形象而深刻的比喻,“一座小房子无论怎么小,在周围的房屋都是这样小的时候,它是能满足社会对住房的一切要求的。但是,在一旦在这座小房子近旁耸立起一座宫殿,这座小房子就缩成可怜的茅舍的模样了。这时,狭小的房子证明它的居住者好不讲究或者要求很低;并且,不管小房子的规模怎样随着文明的进步而扩大来,但是,只要近旁的宫殿以同样的或更大的程度扩大起来,那么较小房子的居住者就会在那四壁之内越发觉得不舒适,越发不满意,越发被人轻视。”据此,马克思认为,“我们的需要和享受是由社会产生的,因此,我们对于需要和享受是以社会的尺度,而不是以满足他们的物品来衡量的。”[②]

马克思对相对剥夺感的认识非常深刻,他的比较主要建立在工人与资本家、工人工资与资本家剩余价值之间的比较。“相对剥夺感”后来成为社会心理学中一个非常重要的概念,它是一种群体心理,是指人们通过与参照群体的比较而产生的一种自身利益被其他群体剥夺的内心感受[③]。通俗地说,人们如何去评估他们的环境取决于与自己相比的人,因此,剥夺的感受与个体所体验到的物质贫困并不直接相关,而取决于参照群体的选择。S 村人没有进城打工前,对城乡差距的认识并不深刻,对比建立在与历史经验或同质化程度很高的本土社会,所以改革初期的收入增加自然伴随着幸福感的提升,一旦进入城市,亲眼目睹了城市与乡村在经济、文化与生活方式上的巨大差距,亲身实践了城市对农村、城市人对农村人的歧视则产生非常强烈的相对剥夺感。

第二,S 村农民自身感知的另一个排斥是在体制内的发展空间越来越小,甚至接近绝望。上面说到的相对剥夺感毕竟是相对的概念,它的产生取决于我们为自己寻找的参照群体,所以很多学者认为选择合适的参照群体对构建健康的心理非常重要,民间俗语“退一步海阔天空”,大致意境跟它差不多。然而,假如无处可退则另当别论。客观而言,任何一个社会里都有贫富差距,都有相对弱势群体,从某种意义上来说这是无法避免的,但是制度应该为弱势群体在体制内的垂直向上流动安排途径,弱势群体应当是一个虽然贫穷但仍然有希望在体制内向上流动的群

① 186 R. Easterlin, Does Economic Growth Improve the Human Lot? some empirical ecidence New York:Academic Press,Inc. 1974.

② 马克思恩格斯选集(第一卷)[M]. 北京:人民出版社,1997:367-368.

③ 郭星华. 城市居民相对剥夺感的实证研究[J]. 中国人民大学学报,2001(3):71-78.

体,封建时期的科举制度便是这样的一种制度保证。

但对S村村民而言,一方面是他们在利益分配的格局里处于最底层。随着改革向纵深发展,由于我国社会转型的一些特征,改革的收益逐渐向一部分利益集团倾斜,而改革的成本则大都由普通人承担,新的历史条件直接给S村的普通农民制造出一大堆一筹莫展的困难:挣钱难、钱越来越不值钱、读书难、医疗难、养老难、维权难……任何一个困难的解决单纯依靠S村人本身的努力是无济于事的,依靠大众媒介的呼吁与极其有限的帮助也是无济于事的,必须以改变国家的利益分配格局为前提。另一方面,体制内为弱势群体预留的流动空间极不通畅,随着读书难、大学生就业难与社会隐性的发展潜规则盛行,S村农民连最后一条向上流动的途径都被堵塞,事实上他们连改变这种利益格局的机会都基本丧失。布迪厄说过,生存心态的反应完全可能伴随着一种策略计算,其运算方式是对既往结果变成预期目标的可能性进行估计,因此,在这样一个力量对比完全不对称的场域内,在发展无望的估计下,S村人开始纵情于赌博、宗教迷信、影视麻醉等消极的行动,并逐渐生成狭隘、回避、保守、愚昧的新生存心态。再强调一遍,生存心态因其在历史经验上的有效性而不断得到巩固和加强,因而行动者的思考与行动往往是在接受无意识的状态下作出的,并未经过精心的计算与理性的反思。生存心态作为个人与社会、主观与客观、内在与外在的关系的中介物和转换环节,并不机械地复制历史,却以曲折的方式表现历史影响的程度。所以一言以蔽之,简单讨伐农民是舍本逐末。

值得注意的是,S村农民的生存心态的变迁是极其复杂难以复原的一个过程。生存心态的双重结构及其运动的生生不息使得线性的记述无法承载,而且布迪厄的每一个概念的使用在稍微脱离关系网络的情况下就显得有些力所不逮。因此,只能用社会结构中最关键的因素取代各个场域内复杂的斗争,本书真正的目的是通过这些因素总结出S村农民在当下时空的这个点上的生存心态,因为它恰恰是导致媒介角色变迁的主观原因,同时它也可以被视为S村农民进入电视生成场域独特的"垄断资本"。

第二节 电视节目接收环节

一、"过程—事件分析"

在社会学中,实践的概念也许不是由布迪厄首创,不过正是由于他的研究,实践才能成为社会学领域最重要的方法论之一。在围绕S村有线电视的接收环节上,出现国家、传媒业主管单位、社区、农民等多个主体,从实际社会生活来看,这些主体之间的关系不是一个抽象的结构或者模式,它应该与其他社会现象一样生动活泼、有血有肉，本书正是试图通向布迪厄曾一再给我们强调的种种实践的特征而不是某种理念。不过实践形态的社会现象千变万化，如何接近它，如何呈现它是一个难题，由于布迪厄本人也钟情于实践的抽象研究，他并没有提供给我们现成的接近实践的方法。在这个问题上，如果将有关S村有线电视接收系统的前因后果结合为一个整体研究，将之视为一个从接入、收费、维护到可能的日常反抗行为等动态过程在内的事件，"过程—事件分析"则是接近实践的较好的研究策略。

这一策略是孙立平在20世纪末至本世纪初有关国家—农民关系的若干个案研究中提出的，简单而言就是对有头有尾的事件的整个动态过程的研究。他提出的目的正是在于接近实践形态的社会现象，或者是找到一种实践状态社会现象的途径[①]。孙立平认为由于"过程—事件分析"背后缺乏一整套系统，仅仅只能算是一种研究策略，但它仍然行之有效，"首先，事件性过程把实践状态浓缩和集中了，因而包含更多的信息，这是其一。其二事件性的过程，具有一种创造性的机制。这就是前面所说的链接与粘合，是一种生成的机制，是一种过程的再生产过程。其三，也是最重要的，是它提供了实践状态的可接近性。"[②]

二、私人垄断运营的有线电视网络

电视有三个主要的传输模式：无线电视、我国有线电视和卫星电视。无线传输的电视信号弱、质量差，但成本低，因此伴随中国农民的时间最长，从20世纪80年代初始至20世纪末，近20年才有一部分农民结束无线电视的历史。2000年前，S村的电视节目也主要依靠无线传输，农民个体可以做到的便是在屋顶上竖起室外天线，当时信号质量很差，频道数量仅在两三个徘徊。

由于无线传输的种种弊端，我国有线电视的发展很早就提上日程。不过相较于欧美发达国家仍属较晚，美国1948年在偏远农村曼哈尼，用一副共用天线接收电视信号，这是全世界最早的有线电视，1975年继三大传输网（ABC、CBC、NBC）上星后，美国有线电视广播公司首次使用"电星一号"定时传送节目，至20世纪90年代美国有线电视已经普遍。我国的有线电视起步于"文革"结束前，1974年北京饭店首先安装了第一套公用天线电视系统，此后大致经历了3个发展阶段。即1974年到1983年期间利用共享天线的初级阶段，1983年至1990年的电缆电视阶段，从1990年11月2日国家颁布《有线电视管理暂行办法》始，尤其是90年代中后期，我国的有线电视进入高速发展的道路。经过几十年的发展，有线广播电视已经有相当的规模，全国有线广播电视网络线路总长度超过300万公里，光缆超过50

① 孙立平.实践社会学与市场转型过程分析[J].中国社会科学，2002(5)：83-96.
② 孙立平.实践社会学与市场转型过程分析[J].中国社会科学，2002(5)：83-96.

万公里。对农村地区而言，全国也已有近2 000个县建设了有线电视网络，这其中有600多个县实现了光缆进乡镇或村①。然而，尽管我国号称是全球有线电视人口覆盖面最广的国家，由于人口基数大，仅有24%的中国人用上了有线电视，这部分中国人主要是城市居民，广大的农村地区还没有条件享受，这跟美国98%、加拿大96%的有线电视覆盖率仍然差距很大。

有线电视利用光纤光缆地面推进，比较适合人口集中的城市。但是，我国地域广阔、地形复杂，一旦遇到地广人稀或山高路远的农村，有线传输便太过昂贵，利用直播卫星传输节目是我国提高广播电视人口覆盖率、改进信号传输质量，且避免与境外节目共星的最经济有效的手段。S村属丘陵地带，在实践中走的便是通过卫星传输接收电视信号的道路。大约2000年左右，S村终于有机会跟城里一样看上高质量的电视节目。

（一）陷入困惑境地的有线电视网

从国家的决策层来看，从20世纪50年代的农村“有线广播网”到1998年的“村村通广播电视”，从毛泽东、周恩来、江泽民、李岚清、温家宝等国家几代领导人的讲话，可以看出国家对于农村地区大众媒体扶持的政策导向一直没有大的变化，农村地区大众传媒的架构与建设基本都是国家自上而下规划的。1998年，广电总局根据决策层的意见对新时期下农村地区的媒体发展制定了明确的目标计划：争取到2005年，基本实现东部地区与经济发达的中部地区“户户通广播电视”；西部地区和经济欠发达的中部地区“村村通广播电视”②。并且，这个长期目标在具体执行中有计划、有步骤，制定得非常具体，国家“十五”计划要求解决50户以上自然村的广电覆盖，“十一五”规划又将这一要求提升到20户以上的自然村。

但由于此时国家控制资源的能力已经下降，实际上国家仅能从政策上策动，但无法像转型前在传播政策实际的执行过程中担纲总体性的角色。以涟源市为例，在50年代“有线广播网”建设中农民虽然也以出工出力的形式参与，但资金来源、设备接入以及正常的技术维护等均是国家行为；在20世纪末的“村村通广播电视”工程中，抽象意义上的国家虽然仍然提供部分资金与技术支持，但已远不是工程推进的第一主角。进一步而言，此时国家已蜕变为一个个宏观目标一致、具体利益各有分别的实体，中央政府制定政策提出口号，但是工程所需要的资金与技术的最大部分中央并不承担，由各级地方自行筹措。各地的经济基础并不相同，在以经济为中心的基本战略指引下，像涟源这样欠发达中部地区的省级贫困市（县），地方政府

① 刘颖悟.改革有线电视网络完善通信市场结构[J].中国电信建设，2004(9)：28-34.

② 赵玉明.中国广播电视年鉴(2001)[M].北京：中国广播电视年鉴社，2001：39.

既没有能力也没有意识到需要在传播渠道这个经济发展的次高地加大投入。据涟源广电局的职工介绍，地方政府对农村广播电视的投入少得可怜，当地的有线电视网络建设从1991年蓝田城区开始，至今也仅完成了蓝田镇与附近农村，总共投资约1 000万元，其中政府仅仅支持50万元左右，其余均来自市场创收、集资与银行贷款，这个状态导致地方国家机构与垂直方向的行政机构的疏离，而与平行的社会与市场产生了较多的利益共同点。

在地方政府无力的情况下，S村有线电视网络的建设出现了新的方向与新的投资主体。一方面是国家强力欲推行“村村通”，一方面是实际能力捉襟见肘，涟源市相关部门无法将有线电视从蓝田镇向广大农村地区继续地面推进，因此一种理性的选择便出现了。对于涟源市相对更偏远的、无法接收电视信号的村域，国家已经有规定，农民可以购买卫星接收器，用直播卫星接收电视节目。对于在蓝田镇与偏远农村之间的一大段空白地带，地方政府最终既没有选择跟蓝田镇一样的方式继续地面推进，也没有选择跟偏远农村一样的直播卫星电视（1993年国务院129号令明确要求安装卫星接收器，必须要取得接收许可证），而是通过商业运作的方式，即向某些机构或个人发放卫星接收许可证，让商业机构或私人在这些两头不靠的农村地区建立一个个独立的小片网。

这里牵涉到另一个复杂的问题，即我国卫星电视的建设。与国外有线电视与卫星电视同步发展不同，在我国政府的思路中，卫星电视长期只是作为有线电视有益的补充和延伸，广电部门也借直播卫星的技术准备和运营磨合，优先发展有线电视。1993年，国务院通过的《卫星电视广播地面接收设施管理规定》（即129号令）指出：未经许可从事卫星地面接收设施的安装和使用均属非法行为，利用卫星地面接收设施接收、传送电视节目，必须取得接收许可证。虽然我们已知这个禁令主要针对境外频道（因为当时我国还没有上星节目，通过卫星接收的都是境外节目），但这条规定客观上限制了卫星电视在我国的发展，致使十几年来我国在该领域的发展几乎为零。“村村通工程”计划实施以来，国家一直靠发展有线电视推进，然而，由于有线电视没有办法解决地形复杂的偏远农村的覆盖，国家才将卫星电视的发展提上日程，目前，我国第一颗直播星“中星九号”已经成功发射，另外，国家也已着手调整129禁令，但对卫星电视的发展思路仍然主要局限于“村村通工程”，卫星电视主要实现偏远地区的覆盖，即扩大农村地区覆盖，解决全国已通电但广播电视不通达的20户以上自然村收听广播、收看电视的问题。换句话说，国家对卫星电视的定位首先是跟“村村通”相关的一项事业而不用于商业用途。基于这个考虑，国家跟之前构建“农村广播网”一样，独一方出资出力出技术构建了卫星传输系统，卫星购买、发射和维护均有财政出资，任何只要购置终端接收设备的用户均可免费接收。单单在“村村通”一期工程中国家就拨出13亿元专项资金，目的很明确，就是可以完全为我所用①。

很显然,S村社区利用卫星建立独立小片网的思路跟国家对卫星电视公益化、事业化的初衷并不完全一致。但对当地政府向而言,对于S村这样的社区,向左(有线电视)向右(直播卫星电视)发展都不现实,而根据国务院的《广播电视管理条例》(1997年国务院第228号))以及其他涉及有线电视的有关具体法规,对村级有线电视的投资主体问题并没有明确的规定,便在制度的空白点上创新地提出了这样一个方案。这一方案的优势显而易见,一方面将国家现有政策运用最大化(国家没有明令禁止),一方面将国家资源利用最大化(国家已独立投资卫星传输系统,在当地购置终端接收设备接收电视信号成本很低),与此同时,既可以完成"村村通"计划,还可以顺利跟市场接轨。实践中,由于投资小片网的利益格局很小,不可能有商业机构看中这些被分割成无数小块的农村小片网,个人或多个个体联合投资开办经营是目前的主要方式,这种折中方式已经成为当前湖南娄底地区村级广电建设与发展的主要模式。

(二)非正式运作—执行部门的制度解读

从S村有线电视发展的整个过程来看,隐约可见的是迥然有别于中央精神的另一种制度解读。农村的有线电视事业发展离不开"村村通广播电视"工程的号召,温家宝在1999年1月5日曾经作出明确批示,"实现这个目标,不仅能够有力地促进农村精神文明建设,而且能够进一步开拓农村市场,带动农村经济发展"。可见,国家决策层之所以要扩大农村广播电视的覆盖率,出发点是为了加强对农村地区的舆论控制力度,为农村社会与经济发展提供途径与保障,因此,社会责任应该是这一项类似于制度的工程最主要的角色。但在这一工程的具体推进过程中,实际的运作方式发生变化,制度的发起者并没有成为实际的运作主体,国家的各级代理人在资金不足的尴尬中不得不让位于以谋取经济利益为目的的个人。从表面看,尽管播放的电视频道或者节目一致,由私人运营构成的新制度所遵循的原则与原制度之间似乎没有偏差,但新制度的目标就其更深刻的内涵而言,则与原制度目标不尽相同甚至根本背道而驰。

在这一事件性过程中,已经能够明确每一个环节大致的结论,但令人不解的关键在于当地政府如何为农村的小片网挑选合适的私人运营者,他们挑选的标准与方式如何?也就是说这一事件得以按照制度变迁的轨迹发生的机制在哪里?这需要从S村私人投资者的身份着手寻找答案。S村有线电视事业始建于2000年,严

① 胡正荣,李舒.直播卫星PK有线电视:解析我国直播卫星电视发展的难点——兼谈直播卫星电视与有线电视的竞争[J].南方电视学刊,2008(4):5-11.

格地说，它并不是村级网络，而是在全乡基础上建立的网络，因为S村与乡政府所在地最接近，所以S村最早受惠，目前这个网络共容纳了300多户，其中S村有200户左右，占整个网络的70%。除它以外，S乡还另有两个有线电视网，规模比S村的还要小，仍然是由私人运营，农民若安装有线电视需缴纳初装费300元，每月收视维护费5元，标准基本全市统一。三个有线网均实施的是独立小片网的方案，即不与市(县)联网，独立建立小片网，建卫星接收站，接收各级电视节目，通过小片网送入农户家中，目前农民可接收的共有中央一台、湖南卫视、娄底、上海、浙江、安徽、福建、山东、江西、黑龙江、云南、贵州等数10多个频道。耐人寻味的是这三个小片网的主人均是S乡文化站的工作人员或其亲属，其中，S村所在的这个小片网的主人是原文化站站长LJJ的儿子LJU，换句话说，S乡有线电视的初装、维修与收费均不是简单地下放给任何一个有出资能力的私人，而是下放给国家代理人或其亲属，这就使得本来是一场自上而下的政治任务演变成一场权力与资源参与的市场行为。很明显，从结果上看这是个违反的举动，但如果与国家与地方的法规对照似乎也无可挑剔。经营小片网的国家代理人均有《湖南省卫视设施安装许可证》以及由地区市、涟源市广电系统核发的许可证，履行了合法的手续。在实际运作中，小片网按企业性质对待，接受国家工商部门管理，向税务部门纳税，似乎也承担了企业应该承担的责任。

追究下去，调查发现其实是一种非正式运作的手段在其中发挥了关键的作用。正如孙立平所说的，中国制度运作的一个重要特点是通过中央和各级政府下达文件来推动。这些文件有时只规定目标和‘精神’，而不规定手段；即使规定了手段也常常是强调应该做什么，而对不能做的边界常常只有少数规定[①]。“具体到农村有线电视事业的问题也是如此，中央仅仅提出了“村村通广播电视”的精神与长期的发展计划，对于各个地方如何具体操作并没有明确。经过一层一级到达涟源市一级广电部门时，按照计划经济时期的惯性思维，市广电局应该以自身为行为主体，在乡镇与行政村建网，并与市城区有线电视联网。可是，市广电局的实际情况是心有余而力不足，在上面仅有精神与目标规定手段和边界的前提下，制度安排在“应该如何”和“不能如何”之间出现了许多空白点，利用这些空白点着手新的制度安排就成为广电局的一种变通方式，通俗地讲，即中央没有明令禁止的就是可以去做的。据广电局的领导与职工说，把这一任务继续下放给私人也是无奈之举，自身在农村建网无疑有巨大的回报前景，但庞大的前期建设资金无法筹措，因而只能容忍别人去作为。

① 孙立平.转型与断裂——改革以来中国社会结构的变迁[M].北京:清华大学出版社，2004:378.

事实上，针对当地的实际情况，有关部门提出这样解决的方式也未尝不可。如果他们以公开、透明、公正的方式为农村有线电视的发展寻找到私人承包商，倒可以促进民间的市场化培育。然而，他们最后并没有选择招标等公开方式，而是交付给了乡文化站的职工。至于为什么模棱两可地同意将S乡的实际运营权交给乡文化站的职工，除了文化站的职工本身具备的业务水平之外，市一级广电部门提供了一个牵涉情理的理由。作为省级贫困市，当地的经济发展很不容乐观，2004年国民总收入1.8亿多元，但支出却有4亿多元，财政十分紧张，加之市广电局机关人员众多、机构庞大，又并无太多创收途径，局内职工的工资已经使其不堪负荷，乡镇文化站作为市广电局的下属机构，职工的工资更加得不到保证，因此，上级对下级就存在保护不力的情理亏欠。因此，在建设乡村有线电视网络这个事情上，在市广电部门自身无力与文化站职工公关的双重前提下，便顺水推舟给乡镇文化站职工或者其亲属提供了一条自谋生路的机会。谁也不会承认，不过市广电部门与S乡文化站之间似乎达成一个不成文的默契，在符合国家政策与法规的前提下，在市广电局的指导监督下，S乡文化站职工可以自行筹措资金投资建农村有线网，自行负责初装、维护与收费，上级部门除提供技术援助与每年3000元的资金总和(包括乡镇文化站职工的工资、奖金等)，其余一切由文化站职工自负盈亏。因此，最后的结果就衍变成S乡的三个小片网均由文化站职工个人或其亲属投资建设，他们所承担的除了交税的义务，其余仅仅是向市广电局缴纳几百元的年费。不过，据LJJ自己说，除了他儿子的有线网络确实由个人投资建成(投资10万元)，S乡其他两个小片网的整套设施均来自省内某企事业单位的馈赠，当然，这种由乡文化站作为接受单位的馈赠行为最终并没有影响其他两个小片网私人经营的性质。

(三) 日常形式的反抗—受众的制度解读

根据目前的情况来看，这个隐性协议显然有多赢的结果。一方面农村有线网已经初步建立，基本完成“村村通广播电视”工程的目标，市级主管部门能够维护起下级部门的利益，而一部分基层工作人员也从市场获得一份谋生的机会，对S村接入有线电视的农民而言，有线电视改善了他们的收视生态，一切似乎堪称完美。

可是，这实质上是一起通过变通方式运作的过程性事件，卷入这一事件的有多个主体，不是简单的国家与农民两元的关系，中央决策层可能因为良好的结果暂时忽略了过程，市一级主管部门亲手操刀实践了制度变迁也不便再起风云，乡文化站及其职工在这起事件中获得了最大的实利当然最赞成，但有线电视网络的真正使用者不是他们，而是农民，只有他们的赞同才能真正使这项新制度得到持久生存的土壤。那么，农民对这种私营有线网持什么样的观点呢？显然，凭借农民的位置与学识，他们并没有机会洞悉这一事件曲折的过程，他们更不会意识到这一事件的结果已经出现新的制度解读，因此，他们不可能把直接的矛头指向制度本身。但农民在长期的农耕生活中积累起一套实用的逻辑，也就是对一件事件的判断标准完全要看是否物有所值，依据这个标准，如果小片网提供的产品与服务令人满意，他们对整个事件就持赞同意见，反之，他们则持反对意见。

垄断的私人有线电视网

由于农民在这起事件中毕竟是受动者，为了符合推进的逻辑，首先应该关注使动者 LJJ 父子的行为。LJJ 父子是正宗的梁姓本地人，也就是说他们与 S 村其他人同根同源，从小就接受与 S 村人同样的“地方性知识”（格尔茨，1983）。LJJ 本人是人民公社时期炊事员出身，后升任电话总机话务员，公社解体后，较长时间内，乡里通讯广电长期由他一人兼顾，随乡政府机构的发展，最后成为乡文化站的站长。2000 年他们的小片网建立之前，通过无线接收方式，S 村相对能清楚接收的仅中央一台与湖南卫视，地区的涟源台与冷水江台在不同的地势、不同的农户家有不同的接收效果，当地人对电视频道与质量存在很强烈的刚性需要。与此同时，由于 LJJ 本人乐观爽直、平易近人，在村里的人缘很不错，作为一个原因，当他父子在村里建有线电视网络时得到了同村人的认同。换句话说，除了客观的对有线电视的刚性需求外，主观赞同的原因不是“合法”（履行国家合法手续，获得合法的经营权利），而是“合情”、“合理”，即如果必须选择一个人出来做这件事情，村人认为长期工作在广电系统、熟悉广电业务、又跟同宗同源自己关系密切的 LJJ 最合适也最合心。因此，小片网建立初期，经济条件允许的部分人并没有对有线网的性质产生过多的注目，兴高采烈拆除掉自家屋顶的室外天线，纷纷接入有线电视。

然而，私人投资虽不失为一种解决前期资金问题的办法，却也给农村有线电视的长远发展带来其他的障碍。虽然在广电部门的统一管理下，S 村的有线电视初装费与收视维护费的标准与全市基本统一，但 LJJ 父子的有线网毕竟属于个人投资的产业，在具体运作中遵循市场经济的规律，降低成本、提高效益是必由之路，说到底，对他们而言有线电视网络仅仅是实现经济价值的载体而已。

更重要的是，他们的产业并非简单的产业，而实质上在国家权力的保护下实现了垄断。在 S 村，并非没有其他试图涉足有线电视网的普通出资人，但有线电视网络建立所必须具备的专业性以及国家对传播渠道这一敏感领域私人运营的长期缄默，使得国家的制度空白点似乎又出现另一种变通解释，即国家所没有明确规定的就是不能做的，因此对已经入关的 LJJ 父子而言，此时国家政策又成为保证他们垄断经营的保护伞。也就是说，在围绕这起事件的过程中，投资人与农民二元的关系中，国家始终是站在特殊的投资者身后的一个隐性的存在。

可以想见，在缺乏监督机制的垄断性市场行为中，产品低劣是必然出现的状况。比如，私人投资主体在建网的器材选购上多选用相对廉价的产品，并尽量延缓淘汰老化的设备，造成S村的有线电视频道偏少，收视质量很不理想，遇到大风大雨的天气，许多农民家庭无法正常收看电视。而且，遇到强对流天气等特殊情况，私人投资主体为保护设备强行切断信号；与此同时，由于私人投资主体的业务水平也很难得到保证，因此，S村农民的有线信号一旦出现问题，很难得到他们的维修服务。

因此，有线电视网络虽然客观上部分改善了S村农民的收视条件，但由于悬殊的权力与利益分配关系，由于付出与收益的不平衡，也由于与仅几公里之遥的市区有线网相比，农民从中体会到的相对剥夺感与挫折感较重，有线网络带来的好处与幸福感很快不值一提。私人开办有线网在经历最初两年的蜜月期后开始走向低谷，已经接入的农户积聚了越来越多的不满，一些斯科特所说的“日常形式的反抗”开始出现。如小范围的散布舆论、不按时交费、拒绝交费、拒绝接入有线电视等，另外一些农民从邻居或亲友家中私自拉线，亦有私人安装卫星电视地面接收设施（当地俗称“锅子”或“麻锅子”），甚至出现装锅子退网的零星个案。这类日常的反抗形式说到底是一种没有正式组织、没有正式领导者、不需证明、没有期限、没有名目和期限的社会运动[①]，农民通过这类行动，既发泄对私营投资主体的不满，也试图从反抗中尽量保障自己的权利。不过千万不可小觑其作用，如果居高临下地以为这仅仅是一种边缘化的反抗，仅仅只能获得一点琐碎的物质利益，那么最后会追悔莫及。说得严重点，如果容忍它的日积月累，至少会改变和缩小国家对政策选择的范围[②]。

一个典型的个案：采取主动

MH是村里为数极少的建筑施工方面的工程技术人员，因此他家有条件成为S村第一批接入有线电视的家庭之一。接入之初，第一次需要配上一个遥控器，轻轻按住遥控器，电视画面不停地变换，数十个频道仿佛呈现出无数个魔幻世界，大家的情绪都很高涨。但一次偶然的比较促使MH对小片网开始产生不满足感，MH到蓝田城区的妹妹家做客，他发现，同样的初装费，每月仅多一元的收视费，城区的妹妹家可接收的频道是S村的三倍，信号的稳定性更是S村无法相提并论，沮丧之余，MH将之解释为城市与农村的正常差别。

后来，对门的XZQ跟他商量，希望从他家接线到自己的屋子，MH心里并不愿意，但碍于邻居的面子，无可奈何地同意了，这件事LJJ父子知道但没有回应。过

① 郭于华.“弱者的武器”与“隐藏的文本”——研究农民反抗的底层视角[J].读书，2002(7):11-18.

② 郭于华.“弱者的武器”与“隐藏的文本”——研究农民反抗的底层视角[J].读书，2002(7):11-18.

了两三年左右，MH 家的电视信号不断出现问题，经修理后其他频道很正常，唯独中央一台只显示图像，除了发出刺耳的“嗤嗤嗤”，始终没有其他声音，MH 多次要求 LJJ 上门修理，每次修理后不长时间又仍然恢复原状。LJJ 把 MH 家的问题归结为私自拉线的结果，但他这些话并没有当面对 MH 说出口，因为说出来似乎有两种嫌疑，第一种是追究 MH 同意邻居私自拉线的责任的嫌疑，第二种是以此为借口推脱修理不成的嫌疑，这两种嫌疑中有任何一个成立都将影响他们与当地人良好的关系基础，为了争取在其他农民心中的合法性，LJJ 将这个判断在 MH 未知的情况下首先透露给当地其他农民。这令 MH 对有线电视网及当事人 LJJ 非常恼火，他多次在村内的公开场合称，S 村的小片网要想继续发展，唯一的途径就是改线增加频道。

但是改线谈何容易，MH 并没有等到这个结果，他最后作出了装锅子退网的行动。装锅子是 MH 为了有效改善电视接收环境的一个主动性举措，他并不十分清楚背后有关的制度背景。实际上，根据国务院 1993 年颁布的 129 号令，湖南省人民政府 1993 年颁布的 152 号令，以及 2004 年中央综治办 16 号文件《关于加强非法卫星电视接收设施综合治理的通知》等多项政策法规，私自安装卫星地面接收设施是违法行为。这一行为的性质从娄底地区 2004 年出台的《关于在全市开展非法卫星电视接收设施综合治理工作的实施意见》的第三条可以找到更明确的规定：查处擅自设立卫视接收设施的单位和个人，凡在广播电视有线网络覆盖区域内安装的卫星电视接收设施必须无条件一律拆除；广播电视覆盖不到的边远地区，安装和使用卫星电视地面接收设施，必须到广播电视部门申报、办理有关手续，但是坚决禁止接收境外卫星电视节目，要先通过技术手段锁定频道后才准使用。由此可见，MH 家并不在允许装卫星地面接收设施的范围之内，但中国的特殊国情是所有的国家与地方法规文件均稳稳当当地放在各级政府或相关行政机构的办公桌上，老百姓无从知晓。

因此，MH 的行动的参照系并非是国家的法规，而是他所面临的局部情况，“行动的权宜性”（加芬克尔，1967）是其实践行动的内在特征。MH 所面临的局部条件有两个，首先，若从经济角度计算，有线电视的初装费 300 元，仅接收十个频道，并且需持续支付 60 元的年收视费，直至拆线方能停止。而购买并安装一个接收“亚洲二号”信号的锅子，仅需 300 多元，没有任何后续费用，可以接收 30 多个国内频道与 30 多个亚洲其他国家的电视频道（农民无人懂外语，接收外国电视只是一项炫耀的资本，并无实际使用价值），并且图像、声音更真切，更免除了 LJJ 父子的控制，因此毫无疑问以锅子取代有线传输是一个价廉物美的理性选择。其次，即便 MH 认识到装锅子属于违法行为，但由于国家对 S 村与附近许多地方已出现的先例无所作为，MH 自然产生法不责众的侥幸心理。据修理电器的 ZS 介绍，他常受邀为更深的山里人家装卫星接收器，他们似乎没有履行登记等手续，用卫星接收器观看电视在深山里已经非常盛行，几乎每隔一家的屋顶就有一台。目前，这股风也蔓延到S村，但由于大部分市场份额已经被有线电视网络占据，S村装锅子的并不多，仅约十几户而已。但对MH而言，存在十几户以身试法的先例已经足够，有了这些参照系，MH在某一天下午从市内购买并安装了一个卫星地面接收器。

装锅子与退网并不是同时进行的行动。锅子装在屋顶上一览无遗，但LJJ父子对这件事情的反应与当初MH的邻居私自拉线一样保持缄默。笔者曾随MH到LJJ家缴纳上一年有线电视的年费，有幸领会到LJJ的反应。双方一见面，亲亲热热地互相昵称对方为“坏东西”，谈笑间，LJJ多次很随意地提及设备老化的事实以及他们正在改造网线的种种努力，MH只是附和着应答。后来，LJJ从卧室拿出一个纸张已经发黄的通知以及一本证件，正是地区为综合治理私装卫星地面接收器的通知以及LJJ作为国家执法者的有效证件，然后说：“锅子用不了两三年就接收不到(电视)了，那些已经装(锅子)了的马上还是要重新来装有线。而且有线电视网是得到国家同意的，锅子不合法，你们看看这个国家通知就知道了。你们再看看这个证件，我是有权利跟公安一起拆除(锅子)的。但是我也不想这样干，都是一个村子的，要看他们的自觉性。”MH边听边附和，但后来告诉笔者：“他也只能吓唬人，我们把去年欠下的收视费给他，跟他就两清了。那么多人装锅子也没怎么样，前两天L村就有公安帮着去拆锅子，家里的与村里的人聚起百十个人，公安被堵了半天也没有拆成。”缴费后不久，MH办理了退网的手续，两家似乎仍然相安无事。有一天笔者在MH家观牌，恰好LJJ从门口经过，笔者邀请他来说话，他神情不太自然，说了声“我有事”就急匆匆走了。可见，LJJ对MH装锅子退网的事心存芥蒂，而MH由于达成目的显得较大度，并不计较LJJ的回避。

法与理：两种行动策略的碰撞

这个个案中直接出现的是LJJ父子与MH两个主体，若抱着所谓的中立与客观的研究视角来看他们之间的正式关系，LJJ父子一方是国家特许的投资经营商，MH一方是消费者，他们的力量对比无疑是悬殊的。但在整个事件发展过程中，LJJ父子并没有占据绝对的优势，反而处处表现出力所不逮时的容忍与大度。这种状况如果用基于科学理性基础上的专业化解释很难得到自圆其说的解释，只有还原到实际的行动、实际的情境方能寻找到端倪。

“情境定义”(definition of the situation)最初是芝加哥学派托马斯总结出来的，不过S村人(也许国人皆然)在长期无法回避的人际互动中早就运用得得心应手。调查发现事件中的两个主体面临的“场景”(scene或setting)并不同，各自在这个基础上多大程度上地继续建构有利于自身的“场景”边界正是各自得以在力量对比中胜出的关键，从装有线电视到改装锅子退网是主体之间的博弈过程。就LJJ

父子而言,他们建网收费实行自愿原则,体现公平的市场原则,作为国家广电部门的一员,他们又实际承担了国家自上而下的政治任务,也就是说,无论基于行政立场还是市场立场,LJJ 父子占据的是"法"的优势,并且实质上还掌握着"法"所赋予的权力(LJJ 出示的证件与规定通知)。但是农民的行动显示了他们不但没有认同 LJJ 父子的一套逻辑,在主动的行动中成功地将 LJJ 父子纳入由自身建构的场景之中,因此在一场有关"情境中的主动权的争夺"的权力实践中,农民反而占据了主动。这一被罗伯特·默顿称为"托马斯原理"的假设向人们展示,情境或场景的社会定义尽管是主观的,但却有其客观的结果。

具体而言,农民与 LJJ 父子对国家法律法规与市场原则的熟悉程度是无法相提并论的,两者之间缺乏共同的知识结构,"行动的索引性"(加芬克尔,1967)条件并不具备[1],因此以"法"为核心的场景并不能顺利地将农民纳入,农民在某种程度上做到视而不见是可能的,当然,这与国家日益弱小的控制力量也有相当的关系。

相反,LJJ 作为当地的一员,与 MH 等其他农民共同接受一套以"理"为核心的地方性规范。比如农民当初之所以接受 LJJ 父子,是基于"情"与"理"的判断他们父子最可能建设好乡村的有线电视网络。当 LJJ 父子提供劣质的产品后,他们理所当然认为 LJJ 父子的做法不"合理",甚至从具体的事件推导出着行政与市场制度运作的双重不"合理"。因此,要求合理的行动虽然并非一定合法,却在本土社会中显出合情合理的义正词严。

笔者有一次与一个私自接线的农民聊天,当问及 LJJ 父子是否知道他的行动时,他的话似乎可以作为当地农民对 LJJ 父子及其有线电视网络的整体评介。他说:村里谁私自拉线、谁拖欠费用、谁装锅子这些事在 LJJ 父子心里清清楚楚记着一笔账,但是他们建网也是通过关系得来的,自己又没有把事情办漂亮,自己心里有鬼,而且他们要维持或扩大小片网还离不开我们,如果跟我们太较真的话就是自讨苦吃。

(四) 余论

多角度地透视这次过程性事件,它所呈现出来的立体感与复杂显然是极其耐人寻味的,而最耐人寻味之处恐怕在于这一事件中呈现出来的制度变迁与变迁的技术过程,以及随之而来的国家与民众的新关系。过程显示的丰富与复杂预示着结论的开放性,在此仅作一两点分析。

通过这两年对其他农村地区观察,小片网在全国许多农村正在上演,与之而来

① 所谓"索引性"就是指沟通结果以及所有社会行动都依赖社会成员对言语和行动的意义拥有共同但无需申明的假设和知识。

的制度变通也并非独S村个案。上面曾经言及,S村这种小片网是湖南娄底地区农村广电的主要发展模式,实际上小片网在全国也比较普遍,只是有些地方由政府牵头,有些地方是私人承包,但最终造成的结果是一致的,即全国农村有线电视呈现互相独立、大小不一的碎片化格局。农村小片网在快速推进"村村通工程"与农村有线电视发展的同时,显然走了一条急于求成、重数量不重质量的粗放式发展模式。

这种格局存在巨大的隐患,首先,"诸侯割据"的局面,造成社会资源的巨大浪费。所谓"麻雀虽小、五脏俱全",建立一个小片网就需要一套完整的设备,农村无数的小片网意味着无数次的重复建设;小片网的分布基本是依据行政划分,行政划分的条块分明,加之不同的投资利益主体,致使小片网与小片网的交界处本该可以利用的网络,变成各家各网、互不贯通。其次,小片网林立,各网器材标准不一(尽管国家已经制定有线电视的器材标准,但市场比较混杂),为以后将它们整合成全省乃至全国联通的有线网络增加了很大难度,因此,广电结构性调整很难实施,我国将不得不在很长时间内面临这种粗放式的模式。第三,私人承包的模式后遗症很多,这种把整个村交付给个人发展有线电视的现象,在中西部不发达地区很流行,但是有线电视不是一次性消费品,私人承包者追求经济回报最大化的心理必然使得他们要只顾眼前、不顾长远,购买的器材不是低标准就是伪劣产品,为农村有线电视的发展留下安全隐患,且将来必然要投入巨资才能予以升级改造。另外,私人承包商之所以承包小片网,目的在于赚钱,至于自身的业务资质并不关注,几乎必然存在业务不过关、服务质量上不去等问题,势必招致农民群众不满,影响"村村通工程"的形象。而且,最重要的是,这些私人承包商并不是农村里的一般人,他们往往原本是农村社会里的"能人","能人"原本指集合政治资本、经济资本、社会资本或文化资本较多的那一类人,在S村,更通俗地讲,这些人或是国家单位的职工、或是比较有经济实力的、或者比较擅长关系运作的这些人,由此他们在农村社会里的利益诉求能力比一般农民强。由这些人通过一种"非正式"路径获得建网权,严重地妨碍了公平、公正,尤其是一旦这种非正式运作已经成为社会通用的潜规则,对国家形象的破坏作用相当大。

在S村的语境中解读这个过程-事件,更应关注的是大众传媒业制度变迁的技术过程与结果即利益分配格局。这里有一个最简单的逻辑,中央政府在将"村村通工程"作为一项惠民工程从上至下推进的过程中,资源悄悄地在各中间环节向体制内或与之有关的人员聚合,农民最终获得的仅仅是一个起码的、初级的网络。这个技术过程的逻辑说穿了也很简单,即对上以变通的方式、对下以不公开的方式悄悄推进。这种方式不易觉察,然一经觉察,早已木已成舟,悄悄地改换了大众传媒业改革的利益分配结构。换句话说,在现有的宏观历史、制度背景下,改革的畸形利益格局已然形成，信息的接收生态同样暴露出农民处于最底层的空间，中国式的“一荣俱荣，一损俱损”几乎是颠扑不破的“真理”。这种社会阶层模式对于构建和谐社会显然是危险的，针对此，国家应该以更自信从容的心态，在体制内建立行之有效的监管系统，将改革方案与监督机制制定得更细致一些，承认社会矛盾与冲突存在的合理性，并安排制度通道让各阶层的国民发言并最终能上下流动，以起到社会安全阀的作用。

第三节　电视节目生成环节

一、场域与电视生成场域的基本内涵

为了揭示大众传媒业内心照不宣的生存法则，有必要分析“场域”这个概念。场域的概念与生存心态的概念一样，也是贯穿布迪厄实践理论的中心概念，并且其内容也与生存心态以及他的其他重要概念一样难以言尽，布迪厄虽在自己的学术研究中对这个概念进行不断的反思与修补，却仍难以避免它某种程度的模糊性。不过，这个概念毕竟包含了一个基本的思想与一套研究途径，布迪厄认为，社会世界是一个复杂的、动态的世界，实际上并不存在绝对静止的社会结构，场域的概念正是他在打破静力学的前提下提出的动态与静态结合的一种分析社会的工具。布迪厄在芝加哥大学与一群博士生交流时指出：

从分析的角度来看，一个场域可以被定义为在各种位置之间存在的客观关系的一个网络(network)，或一个型构(configuration)。正是在这些位置的存在和它们强加于占据特定位置的行动者或机构之上的决定性因素之中，这些位置得到了客观的界定，其根据是这些位置在不同类型的权力(或资本)——占有这些权力就意味着把持了在这一场域中利害攸关的专门利润(specific profit)的得益权——的分配结构中实际的和潜在的处境(sites)，以及它们与其他位置之间的客观关系(支配关系、屈从关系、结构上的对应关系，等等。)①

场域的概念首先告诉我们，场域是社会地位的不平等性及其象征性的产物，它的最基本的因素是由占据不同社会位置和地位的行动者所构成的多面向的社会关系网络。其次，场域之所以能够与静力学中的社会结构分别开，之所以作为一个现实的关系网络存在，并不单纯依靠不同的社会地位，单纯不同的社会地位只能呈现固定的和不确定的关系架构和形式，仅仅作为一种空洞的和抽象的框架存在，场域

---

① 布迪厄，华康德. 实践与反思[M]. 李猛，李康，译. 北京：中央编译出版社，2004：133-134.

的灵魂是贯穿于社会关系中的力量对比及其实际的紧张状态。

利用场域这一概念进行分析涉及几个必不可少的因素。首先是社会制约性条件，顾名思义是指一个场域内各社会力量所各自面临的社会条件。其次是作为身体化的社会结构的生存心态，此处不再赘言。另一个就是资本因素，场域作为一个争夺的空间，旨在维持和改变场域内的力量的型构，而各级社会力量争夺场域的手段与目标则是各自持有的特有资本，资本也是布迪厄关系网络中不可缺少的要素。布迪厄将不同形式的资本分成四种类型，并在这基础上又继续细化出一些资本形式。其中，经济资本是由生成的不同因素（诸如土地、工厂、劳动、货币等）经济财产、各种收入及各种经济利益所组成的；社会资本是借助于所占有的持续性社会关系网而把握的社会资源或财富；关于文化资本，在第四章介绍过，也不再赘言；所谓符号资本是用以表示礼仪活动、声誉或威信资本的积累策略等象征性现象的重要概念①。除此之外，还有一个权力的因素，这同样可以归结为一种资本，布迪厄尤其强调国家的权力在所有资本中的统摄力，将之归结为“元资本”。

布迪厄认为高度分化的社会由无数个相对自主的场域构成，其运作类似市场运作却又不同于经济市场。场域的运作比较类似于市场的运作，表现为多种多样的行动者之间的交换和游戏活动，并在这些交换和游戏活动中，实现行动者之间的相互调整和相互竞争，建构起由这些竞争者和游戏者所构成的行动空间总体结构。也正如市场交换一样，场域中流通着不同的行动者所交换的资本②。不过，场域又超越着经济市场，这主要是场域根本不局限于经济活动领域，场域中的行动者并不是单纯依靠其经济利益，而是遵循某种无形的象征性的利益原则，每一个场域都有自身特定的逻辑，比如，艺术场域正是通过拒绝或否定物质利益的法则而构成自身场域的。

对于场域的建构原则是一个非常难以回答的问题。布迪厄的阐释显得含混不清，他一方面告诉我们场域的建构不是随意的、强加的行为，另一方面又列举了一些似乎是可以证明这个观点的例子，不过他最终没有告诉我们场域的建构原则与边界区分，他只是抽象地说，场域的界限位于场域效果停止作用的地方③。这似乎可以解释为建构原则与行动者的区分化活动相联系，是在行动者的区分化活动中呈现的。根据这个原则本书提出了专门生成电视节目的场域，为了叙述的方便，简称为电视生成场域，此时制作、生成电视节目并不作为一个动作存在，而被抽取了

① 高宣扬. 布迪厄的社会理论[M]. 上海：同济大学出版社，2004：148-151.

② 高宣扬. 布迪厄的社会理论[M]. 上海：同济大学出版社，2004：142.

③ 布迪厄，华康德. 实践与反思[M]. 李猛，李康，译. 北京：中央编译出版社，2004：137-139.

其抽象意义作为一个区别于其他活动空间的空间型构存在。在这个社会的特殊空间内，主要由各级不同的电视传播者构成，它们在继续细化后形成各种不同的空间位置，各个不同位置之间的人与机构基于自身的社会限制性条件、持有的资本数量与结构形式及自身特有的生存心态（也是一种特殊的资本），各自运用不同的策略以维持或改变自身在这个场域中的力量对比。

不过电视生成场域只是整个社会的一个子系统，对它的分析如果仅限制在场域内部，恰恰违背了布氏对这个概念所坚持的关系主义原则。本书所构建的分析兼顾了电视生成场域内部以及电视生成场域与相关的其他场域的关系。具体而言，第一步，分析电视生成场域与其他权力场域（以下解释）相对的空间位置；第二步，勾画出电视生成场域内行动者或机构所占据的位置之间的客观关系结构与力量对比；第三步，探讨电视生成场域与电视接受场域（由电视接受这一区分化活动构成的空间型构）的关系，主要探讨S村农民在面对电视生成场域地合力结果时的策略与行动逻辑。这三个层次的划分包括了构成电视生成场域所有的权力关系，在分析过程中，内部与外部、支配与被支配、历时与共时、历史与现实、有形与无形、物质与精神的因素都被纳入同一个关系网络，对理解电视节目生成环节的特殊逻辑及S村媒介角色的变迁动力具有剥茧抽丝的效应。

二、支配中的被支配

布迪厄认为，分析某一个具体的场域首先必须分析它与权力场域相对的场域位置。所谓权力场（域）是各种因素和机制之间的力量关系空间，这些因素和机制的共同点是拥有不在场（尤其是经济场或文化场）中占据统治地位的必要资本①。对目前的电视生成场域而言，占据着这些不在场中的必要资本的因素与机制主要有两个，第一是国家元资本（meta-capital），这种元资本能够对其他不同种类的资本，特别是他们之间的兑换比率（并因此对分别持有这些资本的所有者之间的权力平衡）实施支配的权力②。因此，元资本实际上就是国家权力，在具体实践中，国家的元资本往往被分散成中央与地方各个层级的政治资本发挥作用；第二是经济资本，金钱、物质、舒适的生活以及所有形式的交换筹码可能直接影响电视生成场域的自主程度，统统归结为经济资本的作用。从这一点而言，各级电视传播者无疑与艺术家、作家一样，属于“支配阶级中的被支配集团”。

1849年2月7日，马克思在科伦法庭严正驳斥普鲁士政府对《新莱茵报》的控

① 布迪厄. 艺术的法则——文学场的生成和结构[M]. 刘晖，译. 北京：中央编译出版社，2001:263.

② 布迪厄，华康德. 实践与反思[M]. 李猛，李康，译，2004:156.

告时指出，报刊按其使命来说，是社会的捍卫者，是针对当权者的孜孜不倦的揭露者，是无处不在的耳目，是热情维护自己自由的人民精神的千呼万唤的喉舌①。建国后，马克思主义新闻传播思想成为我国大众传播的指导性思想，大众传媒(包括电视)成为无产阶级专政的宣传工具，"喉舌论"一直是党的新闻事业性质、地位、功能、作用的传统论点和形象比喻，国家的三代领导人毛泽东、邓小平、江泽民均在不同场合有过类似的言论。从这点来看，国家的指导思想一直没有变化，但是，国家权力作为元资本，对电视生成场域的控制在实践中呈不断降落之势，这一过程正对应中国大众传媒体制改革与电视产业化的过程，也是电视生成场域自主性逐渐升高的过程，与此同时，也是传媒业与经济资本亲密接触的过程。

(一) 媒体改革的回顾与前瞻

纵贯中国传媒产业发展的历史沿革，有学者将之称为媒体经营五部曲：①事业单位，全额拨款；②事业单位，企业化管理；③独立自主、自负盈亏；④媒介集团；⑤公司化媒体②。这从宏观上与其他领域的改革途径是一致的，不过由于新闻媒体的特殊性，相对于其他领域，国家对媒体改革的态度与步伐显得更为审慎；另外，也是由于这个原因，媒体改革并不涉及媒介的所有制形式，而只涉及媒体经营方面。这里主要针对电视媒体而言，具体地说，第一，从建国30年至改革开放前，国家根据舆论宣传与控制的需要，构建了广电的全国性布局，所有资源配给与日常经营由国家计划安排，国家通过组织途径确保对媒体的全面渗入。第二，电视媒介的改革最初是自上而下进行的。1978年，《人民日报》等国家级报刊联名要求实行"事业单位，企业化管理"，1979年，中国电视史上出现第一则广告"参桂补酒"，1979年中共中央出台了《关于报刊、广播电视刊播外国商品广告的通知》，承认了电视媒介的经济属性。接着，根据1984年中共十二届三中全会通过《关于经济体制改革的决定》的精神，电视台走事业单位，企业化管理的道路。第三，1992年中共中央、国务院在《关于加快发展第三产业的决定》中要求第三产业机构做到"自主经营、自负盈亏"，1993年国家提出在今后三年对包括电视台在内的事业单位逐年减少拨款1/3，三年后电视台将完全进入市场自负盈亏。第四，竞争促使电视媒介的经营理念与策略改变，20世纪80年代中后期末，出现以传播者为中心转向以受众为中心的定位，代表"大众文化"与"消费文化"的一大批娱乐节目、综艺节目开始在电视上露脸。1995年黄升民第一次提出"媒介产业化"的概念，2000年12月，我国第一个广播影视集团——湖南广播影视集团成立，国内媒体纷纷组建媒体集团，中国广播

① 马克思恩格斯全集(第6卷)[M]. 北京：人民出版社，1961：275.

② 喻国明. 中国传媒业的发展模式与规则再造[J]. 北京社会科学，2003(1)：132-139.

电影电视集团、上海文广集团等超大规模的集团纷纷挂牌，甚至市县一级电视台也争相效仿，2005 年国家广电总局明确指出不再组建，集团化的浪潮才算告一段落。第五，公司化媒体仍然正在孕育中，仍然还没有解决电视传媒一些深层次问题，但媒体在市场竞争过程中开始与体制内外的经济资本全面对接。

新闻发言人制度确立，影视作品制播分离，允许多种媒体兼营和跨地区、跨行业、跨所有制经营，广电集团频道专业化，有线电视网络公司进入资本市场等等，传媒的体制改革已经不可遏制地向市场化发展。在国家元资本与媒体机构的力量对比中，可以看到原本拥有较多文化资本的媒体表现得比较有策略。一方面，媒体改革一直是在遵循国家基本政策的前提下的渐进性改革。有人总结这种改革在实践中的特征有以下几点，一是增量改革，二是试验推广，三是非激进改革①。对国家而言，这几种方式基本实现了改革成本最小化，恰恰是国家希望看到的。不过换一个角度，这种渐进性改革实际上是媒体与其他经济实体合谋“非正式运作”的过程，比如国家对媒介与资本的结合是有不少限制的，但如果死守“国家所没有明确规定的就是不能做的”，媒体内部的资源组合将很难追踪得上市场竞争的脚步，因此在实际操作中就出现许多变通的方式：外资与民资虽不可以直接建立电视台和独立经营某一段电视频道，但可以通过种种参资、提供节目制作、承包时间段等形式加盟；媒体本身也主动出击寻找资本源，据一位专家说，目前媒体融资的手段有 100 多种，100 多种尚难以说，不过目前已经公开的就有直接上市、借壳上市、合资成立子公司、股权收购、合作经营、资产置换、并购重组等许多规避政策的策略。另一方面，当一部分媒体与资本结合并大幅度提升其市场竞争力时，这些机构已经具备某种与元资本直接对话的力量，它们有可能联合其他同向力量维持或者争取更大的改革空间。国内一位研究传媒产业化的著名学者认为，改革开放 20 多年，我国传媒的发展基本上是以“摸着石头过河”的方式进行的。因此，在我国传媒领域，实践始终是最活跃、最前卫和最具有创新意义的因素。“实践探索－理论跟进－政策规范”成了我们基本的前进方式②。

媒介市场化后的一些成果是有目共睹的，令人担忧的是这种前进方式有可能造成的其他后果，实际上这些后果也已经表现得比较清楚了。仔细剖析传媒领域“实践探索—理论跟进—政策规范”的改革方式，会发现国家（此时更准确的表述应该是中央政府）的角色是非常被动的，几乎每一次改革都是在媒介实体的先行动后促成的。有学者认为，中央治国者之所以选择渐进式的改革方式，其根本原因就是

---

① 周劲. 转型期中国传媒制度变迁的经济学分析[J]. 现代传播，2005(1)：93-96.

② 喻国明. 中国传媒业：洗牌、模式与规则再造[J]. 郑州大学学报（社科版），2003(3)：106-109.

在既定的约束条件下，对市场经济制度性质及演进过程中的风险缺乏相应的知识，因此才“摸着石头过河”①。作为具有政治理念的国家领导，并不具备足够的专业知识，他们只能提供一个基本精神，具体运作的媒体机构总是力图把制度创新的空间推进到国家授权或者默许的最高限度，当国家在事后发现最高限度下的改革提高了其效用水平时，就会认可和推行这个政策。从这个类似“逼宫”的过程来看，事实上国家最后的认同是建立在某部分强势媒体、传媒专家以及相关的机构与责任人的判断之上，实践遵循着这些人的既定目标途径，由于强势媒体的微观主体天然知道市场的好处，因此，他们就得以巧妙地将有利于自身的利益格局最终设置成合法的国家政策登场。但是，强势的传播者由于立场、角度、知识结构的局限，往往矫枉过正，不少业内人士与专家对计划经济与市场经济抱持全部否定与全部肯定的态度，某著名学者甚至公开撰文说，20 世纪人类的社会实践已经证明，计划经济体制是造成经济贫困和政治专制的制度根源，传媒业的计划体制是造成传媒领域资源配置效率低下、传播服务脱离人民群众要求的制度根源。历史确实已经证明，旧的计划经济体制存在着动力与秩序这一无法解决的问题，但市场化道路难道就没有自身的顽疾？媒体与资本的结合确实在某一段时间内促进了社会发展与本行业的兴旺，但一旦发展到某一个饱和点上，会引发传媒业高度分化、媒介资源分配不平等这另一个难以解决的问题，因为他们忽略了，媒介改革的起点本来就设置在行政保护的起点上。

（二）“注意力”资源

当强势传媒在面对国家元资本时的自主性逐渐增高时，它们也逐渐在经济上与国家切断了联系，与此同时，由于媒介产品的许多特殊性，它们无法避免经济资本的限制。美国学者 B·罗希科说，为了对新闻下定义和加以识别，我们需要承认“发表出来的新闻都具有双重来源。作为社会产品，新闻的内容反映了它所产生于其中的社会；作为一个机构的产品，新闻内容是搜集和发布新闻的专业机构的工作成果。”②事实上，不仅仅新闻具有双重性质，媒介产品的任何一个部分都有区别于其他一般商品的综合特征，下表是在集合两位传播学者的有关论断基础上的总结③：

---

① 杨瑞龙，杨其静. 阶梯式的渐进制度变迁模式——再论地方政府在我国制度变迁过程中的作用[J]. 经济研究，2003(3)：24-31.

② Bonard Roshco，News Making，p5，university of Chicago，1975.

③ 刘成付，王爱华. 媒介产品使用价值特性分析[J]. 湖南大众传媒职业技术学院学报，2005(1)：58-61.

项目	二重性	多重性	备注
产品性质	商品＋宣传品	＋娱乐品	
产品效用	消费者使用价值＋生产者使用价值	＋广告商使用价值＋广告主使用价值	
交换对象	读者＋广告客户	＋广告商	
读者支出	货币＋时间	＋文化支出	
生产者收入	发行收入＋广告收入	＋品牌收入	
价格	发行价格＋广告价格	＋其他价格模式	
市场	发行市场＋广告市场	＋馈赠等发行模式	
消费属性	私人品＋公共品	＋混合品	
生产单位	经济利益实体＋社会公器	＋兼具其他社会角色功能	

在媒介产品的这些特殊性中，最关键的是媒介的收入，也正是这个收入的秘密导致与促成媒体在失去国家计划的资源配置后不得不在面临左冲右突的窘境并最终选择经营目标上的方向性逆转。从表中可见，媒体的收入主要有发行收入与广告收入(品牌收入下面另论)。普通受众并不清楚，媒体的发行收入仅仅只占媒体总收入中极小的一部分，一份报纸中仅仅新闻纸的价格已经超出了几毛钱的报纸售价，我们所缴纳的有线电视费用也远远不能抵消传媒从业人员在制作生产、流通与服务等领域内的劳动付出，从这个意义而言，传媒业长期以来实行的是媒介产品的负定价。那么，传媒业为什么能够实行这种负定价呢？个中原因就在于"第二次售卖"，麦克卢汉在20世纪60年代就曾经说过，媒体正是通过"第二次售卖"，即将凝聚在媒体版面或时段上的受众"出售"给广告商以及对于这些受众感兴趣的各种宣传者，并从广告商处获得其最主要的收入，在这个过程中，受众付出的不是直接的电视节目费用，而主要是广告商所需要的注意力，以及注意力作用下可能潜在的市场购买行为，"注意力"资源是传媒经济真正的价值所在。媒体依赖广告商的程度是极其高的，以广电为例，一方面在整个收入结构中，广告收入大多占比重的70％以上，有的高达90％，作为国内多元化经营较好的上海文广集团，2002年广告收入也占集团总收入的70％；另一方面，除广告收入外，节目发行及其他行业的盈利能力较弱，有的甚至亏本①。

可见，当国家元资本无法提供直接的资源分配时，外生型主导的收入结构决定

① 李景成.中国广电集团化进程与多元化经营的战略选择[J].决策参考，2001(11)：49-51.

了各种经济资本在实际上控制了传媒业生存与发展的命脉。一般地，电视的信息生成有三个步骤，采集、处理和播送，这三个步骤中媒体最具有独立性的可能仅仅是技术主导的播送阶段，媒介在权力场域内最占优势的就是掌握某种传播技术的文化资本，说到底，它仍然只是一个工具。尽管随着传播技术的发展，越来越多的人加入媒体的队伍，使它具备了运用人类的智慧行动的能力，使我们常常忘记了传媒的本质，不过，如果透过媒介获得价值的途径(媒体从使用工具的人与机构处获得价值)，我们会发现高度隐秘下的媒体天生的一种依附的工具性，它的能力与过去最大的差别仅仅在于在种种权力资本的力量对比中它可以有策略地、主动地取媚于某一个对它本身有利的权力资本。因此，在国家与社会赋予的角色与媒体追逐经济资本的行为发生矛盾时，媒体往往寻找规避国家权力的变通途径。希望传媒继续稳定有效的发挥与传媒业自身的生存与发展并不直接相关的社会公器的功能实在难上加难，这种情况犹如要求一个已经被别人掐着脖子的人去帮助其他的老弱病残，根本无济于事。

三、奇异的竞技角斗场

从共时的空间而言，电视生成场域内部的关系格局已经形成。这个场域已具备了社会分化的特征，空间位置高低不平、参差不齐，本书根据场域内各行动主体所掌握的资源数量与结构的不同，参照东西差异与城乡差异粗陋地将它们分为三个层级。其中，占据力量第一梯队的绝大多数是东部的、大都市的大型媒介集团，第二梯队主要由各省级、东部发达地区市级电视台或传媒集团组成，最后一个梯队则由市县电视台(尤其是西部地区)构成。它们之间竞争的目的无非是生存与发展的有限资源，不过这个资源不是一般的资源，而是一种特殊的“影响力资源”，更通俗地说则是品牌竞争。

这要从“注意力经济”谈起，最早提出“注意力经济”的是 Michael · H · Goldhaber，他在《注意力购买者》一文中指出，在互联网时代，信息非但不是稀缺资源，反而是过剩的，相对于过剩的信息资源，人们的注意力才是稀缺资源[①]。2001年，达文波特和贝克出版了《注意力经济》一书，成为阐释注意力经济的权威之作。喻国明教授创造性地把注意力经济引入中国的传播学领域，并在它的基础上提出媒介经济是一种“影响力经济”的论断。他认为，随着传播产业与传媒技术的进步，传播市场上的渠道资源以一种不可遏制的方式释放出来，信息传播渠道的数量规模及其品种质量都有了爆发式的增长，以视频传播为例，上星频道管制放松，又可增加几十个卫星频道，电视直播卫星即将上空可以容纳上百个频道，加之宽带视

① 郭赫男.“注意力经济”时代下的媒体炒作[J].新闻界，2004(3):38-39.

频、3G技术等等的普及,"渠道霸权"的时代已经宣告终结①。在渠道已经不成问题,受众的注意力分散这种前提下,他认为只有传媒通过提升"影响力"、建立品牌才能在市场竞争中占据一定的份额,从这个意义上而言,传媒经济是一种"影响力经济"。

在电视生成场域中,占据第一层空间的正是在这种思路指导下崛起的一批品牌媒体。在改革前,国家实行"四级办台"的全国性布局,即中央、省、市、县各自组建电视台,电视媒体虽然有国家行政级别与相应资源配给的差距,但资源配置权都在国家手中,不存在经济竞争。转型以来,国家没有改变"四级办台"的传媒布局,利益驱使下,甚至很多地方乡镇、乡村均有自己的有线台或频道,因此,改革前夕的传媒业的一个基本现实就是产业经营的"碎片化"——一个个小而全的彼此割裂、互不链接的经营实体,在一个初级层次的经营水平上高水平、低效率地运作着②。因此,很长一段时间以来,"媒介整合"、"去碎片化"、"合竞"等成为改革的一个中心话题,尤其是中国在经历了长达十几年的赛跑进入全球化的发展轨道时,传媒业结构的不合理成为业界精英改革扛的一面大旗。经过几轮改革,传媒业的"跑马圈地"大致完成,部分强势传媒实际上影响了改革的方向,它们往往是计划经济时代国家或发达地区的重要传媒,或者是在改革中由强有力的资本注入的新锐传媒,改革的结果导致媒介资源迅速向这些传媒单位聚拢。国内出现一批最强势的"媒介航母",如整合了中央电视台、中央人民广播电台、中国国际广播电台、中国电影集团公司、中国广播电视传输网络有限公司和中国广播电视互联网站等国家级媒体在内的中国广播电视集团,拥有《计算机世界》等16家IT纸质媒体、光盘出版与影视媒体的赛迪集团(CCID),独家代理与统一经营湖南七大媒体的上市公司电广传媒,以及北大文化、博瑞传播、上海文广集团以及各类报业集团等。这些集团实际上占据了传媒业内数量最大、质量最优的那部分资源,形成媒介产业集群现象,分布于北京、上海、广州等全国几个最重要的城市。以2001年组建的中国广播电视集团为例,它的固定资产达200亿元,年收入110亿元以上,涉及的产业有广播、电视、电影、传输网络、互联网站、报刊出版、影视艺术、科技开发、公告经营、物业管理等众多领域。与此同时,中央电视台的广告投放一直是最优质的,《新闻联播》前的广告费甚至高达几亿元,在对广告与资本的"影响力"的竞争中明显处于绝对性的优势,既是官方传媒的典范,又实现文化资本与经济资本的高度统一。因此,与其他领域类似,在政府与市场这两只手共同的干预下,可以说国内传媒业也同样出现

① 喻国明."渠道霸权"时代的终结——兼论未来传媒竞争的新趋势[J].中关村,2005(1):115.

② 喻国明."去碎片化":传媒经营的新趋势[J].视听界,2005(4):21-23.

了一个集多种资本于一身的“总体性精英集团”。

省级、发达地区的市级电视台或传媒集团处于第二层空间，由于总体性集团的绝对影响力地位，这个空间腾挪移动的空间已经不多，不过由于各省在转型后的自主性越来越强，省级电视媒体仍然比上不足、比下有余，在此忽略不谈。生存真正面临严峻挑战的是市县电视台，如果说传媒产业的竞争力主要体现在内容、渠道、销售、品牌（影响力）四个方面的话，由于媒介资源的相对集中，这些传媒根本无法通过正面的市场竞争与强势媒体抗衡。转型过程中，这些市县电视台的改革步伐也是随动的，20 世纪 90 年代传媒合竞时，不少市县也将广播、电视及有线、无线合并组建广电集团。事实上，市县电视台在传媒改革中是功不可没的，没有市县广播电视局在 80 年代的无线电视及 90 年代以来的有线电视投入，中央与省级电视是不可能在低成本下达到目前的覆盖率的。但是一方面中央在效率优先的原则下对市县电视台的政策有更多的限制，一方面也没有能力继续行政拨款支持它们的发展，加之受地区经济水平与自身基础的影响，目前市县电视台处于半死不活状态的占大多数。不得已的情况下，这些弱势媒体只能以非正当的竞争手段分得市场生存空间，比如通过差转站在品牌频道插播本地区各企业的广告，甚至在经济利益驱使下无视广告真伪，制造市场混乱，让当地老百姓深恶痛绝。与此同时，由于这些弱势传媒仍是体制内的一分子，它们得以隐蔽地在国家元资本的保护下实现对经济资本的追逐，不管是出于主动的策略还是被动的回应，这个过程分两步进行（实际上这是同时进行的两步），第一步，电视台甘当同级地方政府主要领导与会议的亮相的渠道，成为领导与会议的“集体相册”，不少记者在自己办公桌上或墙上贴上当地四套班子成员的电话号码与地址，随时待命；第二步，媒体则利用自身所有的某一种政治资本的折射在不成熟的市场实现资本转换，这导致我们耳熟能详的有偿新闻、虚假报道、传媒从业人员道德滑坡等问题的纷纷出现。业内精英、学界专家经常振臂高呼要彻底将这些丑恶消除，殊不知这些丑恶已上升为一部分人与机构的生存法则，并隐匿于合法的体制之内，清除积垢谈何容易。笔者曾经与湖南某市（县级市）级电视台采访部的主任有过一番推心置腹的谈话，他告诉笔者，采访部一共有近十位记者，人均工资仅五六百元，其余都靠记者自己创收，创收的途径是可想而知的，但市内资源很少，所以这位主任的做法是让他的下属轮流出去采访以平衡各自的经济效益。

三个方阵各守其道，各自在可以渗入的范围内发挥作用，电视生成场域与其他场域相比，行动者之间似乎并没有形成直接的冲突，显得较为奇异，背后的原因与权力场域的复杂有关。不过，如果国家仍然试图依托这些明向元资本抛媚、暗向经济资本投怀送抱的定位混乱的媒体作为自身与民众联络的有效通道，则有可能出现相反的被利用的危机，国家所希望看到的媒介宣传功能以及舆论监督、丰富文化生活等促进社会发展的媒介正功能将有可能被淹没在媒体所制造的娱乐虚拟空间之中。与此同时，由于媒体迄今为止仍然在国家上层建筑内占据一席之地，各类媒体及其背后的利益集团反而可以凭借这个身份得到国家权力的保护，因此传媒业内出现的都市化、娱乐化、平面化、虚拟化等现象似乎已经得到某种无可奈何的认同，许多人都以为电视本应如此；传媒在国家的“保护”下甚至有恃无恐地制造虚假信息，搞有偿新闻，以致整个行业的职业道德都令人生疑，公信力难以提升。

四、被支配中的支配

在“注意力”资源一节中，本书详细地揭示了电视媒介主要收入的秘密，这个秘密在于电视媒介通过售卖凝聚在媒体版面或时段上的受众给广告商并从广告商处获得自身主要收入。不过，当时的阐释主要在电视生成场域与权力场域中的经济资本之间展开，事实上，电视传播者实现经济利益这一结果的产生是与电视接受场域无法分开的。

电视节目的生成场域与接受场域原本是一对传与受、主动与被动的关系，由于大众媒介占据着渠道资源与话语权，它与受众之间客观存在着权力的支配与被支配关系，然而，由于大众媒介作为工具天生的依附性，部分地改变了两个场域之间的权力关系。电视媒介之所以能够实现经济利益，并非仅仅将凝聚在某个时段上的受众出售给广告商了事，广告商对受众的选择有既定的标准，这个标准是什么呢？这里面有一系列的依赖关系，由于传媒的主要收入来自于广告商，广告商的收入来自于广告主（提供产品的企业主），而广告主的收入则来自于消费产品的受众，因此，广告商真正需要的归根到底仅仅是对广告主的产品有支付能力的那部分受众。广告商对受众的选择对电视传播者造成深远的影响，它直接决定了电视传播者对目标受众的取舍，电视媒体只有能够凝聚起有购买力的受众的注意力，并转而兜售给广告商才能最终体现自己的市场价值。无论对哪一级传播机构而言，真正的市场价值体现在它在多大程度上能够持续地凝聚起目标受众，以及在多大程度上成为其所凝聚的那群具有某种社会行动能力的目标受众了解社会、判断社会乃至作出决策、付诸实践的信息来源和“咨询”解析的支点①。因此，体现在终端的媒介产品上，电视媒体有意地在这部分人群中培育和宣传广告商所需要的消费主义理念，与此同时，由对广告商的依附性决定了电视媒体对这部分广告商所需要的目标受众的依附性，电视媒体必然通过制作、生产这部分目标受众喜闻乐见的电视节

① 喻国明．关于传媒影响力的诠释——对传媒产业本质的一种探讨[J]．新闻战线，2003(6)：24-27．

目以吸引他们的注意力。需要交代的是，在这个过程中，“议程设置”（麦考姆斯等，1972）①成为电视媒体最佳的策略，由此体现了媒体不可替代的权力。

由此可见，媒体在制作节目的时候已经锁定目标受众，对于媒体与广告商而言，一名受众的购买力越强，消费行为受广告影响越大，他的注意力的价值也就越高。换句话说注意力价值等于购买力与广告影响系数二者相乘，购买力不用说了，所谓广告影响系数是指消费行为受广告影响的大小，购买行为受广告影响越大，那么广告影响系数越大，反之则相反。首先，从S村农民的购买力来看，他们一年的纯收入才600～800元之间，消费水平必然很低。实际上，以2005年为算，城市消费总额是农村的3.11倍。其次，S村农民的消费行为受广告影响也很小，在农村，房子自己盖，粮食自己种，瓜果蔬菜也可自产，并不需要市场交换，对于S村不生产的产品而言，农民的生活消费停留在最低级、最必需的阶段，牙膏、牙刷、面霜（仅青年妇女使用）、香皂、洗发水、小食品等大都在村里的小商店购买，便宜的仅一两毛，最贵的也就三两元，便宜得令人咋舌；衣物、玩具、书籍、碟片等可反复使用的商品反复在家庭甚至村内流通；即便如彩电、洗衣机、摩托车等高档消费品，农民也主要是量力而行，一般不会贪图名牌。村里人对电视广告鲜有喜欢：

那些狗皮膏药最不喜欢了，这个肯定是假的，就是真的电视上放出来我们也不去买的，买不起，起不得作用。电视上那么多广告，比如某某医院治病好，如果真的治病好就不需要打广告了，比如我们人民医院就从来不要做广告。当然这些广告是真是假，我们也不知道，看了也没有用。

以此为对照，由于购买力与广告影响系数都非常低，对广告商与电视媒体而言，S村的这一批已经被淘汰的农民显然不可能是它们理想的目标受众，即便电视节目在农民中引起的注意力达到最大化，也根本无法实现他们在内容中包含的利益欲望，因此，媒体在节目生成阶段已经将农民对信息、娱乐的需要剔除出去，S村农民每天收看的都是与他们无关的电视节目（当然，在元资本干预下生成的节目除外）。从形式而言，S村的农民家家户户都有电视机，覆盖无线、有线、卫星等多种传输手段，与此同时，也基本不存在电力中断等外部条件的限制，农民与其他人享受同一个传媒体系，似乎并无任何不平等可言。事实上，形式的平等掩盖了实质上的不平等，从国家元资本的而言，国家毫无疑问是将农民纳入大众传媒的受众体系的，不过，进行了近30年的社会转型迄今为止仍然没有改变工具传播从上到下的单向性，这实际上使得农民根本无法获得利益表达的制度性途径，也使得电视媒体

① “议程设置”是麦考姆斯等在1972年提出的一个观点，即大众媒介虽然不能影响人们怎么想，但却能够决定人们想什么。也就是说，媒介通过选择性呈现和对一些主题的强调或淡化，建立起人们对社会有关主题的一般文化规范，从而间接体现媒介的强效果。

缺乏根本性的反馈机制。

从这个角度而言，所谓"影响力经济"似乎可以新解为对有影响力的受众的经济。这似乎同时又是一个美国传媒现象的中国版：新闻价值含量与"含权量"成正比；在一个权、钱直接交换的社会，新闻价值含量也与"含金量"成正比；社会的底层往往是"隐形群体"，落在新闻媒体的视野之外①。农民本身不处于电视生成场域，但由于与电视生成场域存在的支配与被支配关系，必须接受电视生成场域对这一阶层的边缘化处理结果。这个边缘化表现为两个方面，一方面电视传播的信息无论在内容与形式上都为都市制作，与农民的需求有明显的错位，农民急需的政策、法规、农业技术、就业机会等信息得不到媒体及时地提供；另一方面，媒体并没有设置制度通道保障农民的表达权，农民很少成为叙述的主体，它们的表达权被拥有话语霸权的媒体牢牢地把握。对于这个问题，国内一位学者概括得更为具体，他认为：第一，国内缺乏增强弱势群体（包括农民在内）自信心的节目。全国电视台有上千家之多，开办对农（农村、农业、农民、农民工）栏目的只有1%；省级电视台中，只有大约十五六家开办了农村专栏，与368家注册的各种电视媒介相比，开办率只占有4%。第二，电视跟着流行走，"游戏"大众。第三，有的商家通过媒体打着赞助"弱势群体"的幌子招摇撞骗、沽名钓誉，有的新闻媒体假赞助"弱势群体"之名提高知名度，扩大广告效益。第四，虚假广告充斥荧屏。第五，新闻媒体在热心帮助"弱势群体"时也不能保护弱者的权益，有的只是"游戏"和"欣赏"，甚至把弱者的个人隐私暴露在公众面前②。

然而，布迪厄的场域理论之所以区别于传统的社会结构分析，有一个重要原因在于他强调了主观面对客观条件具有的调适性。对于各个行动者而言，各自手中掌握的资本数量与结构固然重要，行动者对于所有参与者之间的相互关系网络的熟悉程度、把握并调动资本走向的能力更为重要。这与"生存心态"是密切相关的，它作为一种必然在斗争中发挥效力的才能和能力，是一种属于不同者的"垄断资本"，这种资本尤其在斗争策略中体现出来。对S村农民而言，他们已经在社会变迁的过程中被抛出社会结构之外，这种状态除非在结构调整的情况下才能改变，因此形成了保守、愚昧、性格内生、不关注外部世界的稳定的生存心态，由于生存心态的建构性，他们并不关注具有外向意义的电视信息，没有发展就无从需要所谓对发展有帮助的电视信息，电视对他们而言，仅仅是一种娱乐麻醉，哪怕再丰富的电视节目也根本无法取代现实生活的无望。与此同时，由于电视生成场域在追逐经济资本的同时抛弃了农民，体现在电视节目中也很少对农民有用的信息，这使得农民

① 潘忠党．作为一种资源的"社会能见度"[J]．郑州大学学报（哲学社科版），2003(4)：12-14.
② 戴元光，陆琼琼．弱势群体在中国社会中的"弱势"[J]．中国传媒报告，2003(3).

继续巩固这套性情体系。正如布迪厄所说的，在遵守游戏的默契规则和再生产游戏及其利益关键的先决条件的情况下，游戏者可以通过参加游戏来增加或维持他们的资本，即他们拥有的符号标志的数量；但他们也同样可以投身游戏之中，去部分或彻底地改变游戏的固有规则[①]。S村农民在目前的社会条件下已经无法增加或改变他们在电视接受场域中拥有的资本，改变电视接受场域的游戏规则是唯一可行的斗争策略，因此调查中发现，除了部分人仍然利用电视娱乐麻醉，人们不再神化电视，不再相信电视信息可能产生的积极意义，电视掩映在S村盛行的赌博与宗教活动之下往往反而成为它们的工具。

---

① 布迪厄，华康德. 实践与反思[M]. 李猛，李康，译. 北京：中央编译出版社，2004：136-137.

第六章 媒介角色变迁的反思

社会转型一些因素造成了S村社区大众传媒角色的变迁。这一事实可从农民的生存心态与所处场域的力量对比来看。从农民的生存心态而言，若以整个社会的结构作为一个场域，在这个场域内部，社会转型后经过种种博弈，力量对比已经非常明确，农民阶层显然在利益表达与诉求上处于最弱势地位，且向上流动的空间极其稀薄，这导致S村人心理性格趋于内生，对外界缺乏关注，精神堕落，丧失了主动运用电视信息的积极性。若以我国大众传媒业的结构作为一个场域，力量对比也非常明确，农民对应的生存心态也非常消极，他们在实践行动中还是首先选择本土可以利用的资源，以实现社会生活与个人发展所需要的种种物质与精神支持。比如，针对S村需要的各种教育、培训、就业等信息，S村人更相信同乡、同宗的提供或帮助；针对S村人的文化娱乐需求，拉家常、打麻将等本土娱乐方式是多数人首选，电视是次选；针对S村人的精神与信仰需求，宗教是庇护所，电视无所作为。

再来看结构性的场域，本书在分析大众传媒业的场域时，实际上分成了两个子场域，一个是电视接收场域，也即有线电视建设，在阐释中运用了过程—事件的分析方法。毫无疑问，在这个场域内城乡差距很大，这还不是研究的重点，即便不用于比较，1998年，由国家号召发起的“村村通工程”中，国家致力于改善S村收视环境的有线传输在实践的运作过程中已经也变成地方精英甚至国家代理人盈利的工具，他们垄断当地电视接收生态（电视传播过程中接收环节的生态环境，包括频道种类与数量、信号质量、信号开关控制等），农民最后从这起惠民工程中获得的利益已经非常小，仍然处于最底层空间，这相对程度上剥夺了农民收看电视的自主权。另一个场域是制造电视内容的场域，由于我国传媒业单一的盈利手段，国内传媒业出现特殊的生存法则，即传媒是通过“第二次售卖”，即将受众“出售”给广告商并从广告商处获得主要收入，传媒在社会守望与市场角色的两相选择中必然通过选择目标受众、议程设置等经营策略向后者倾斜，客观上导致绝大多数电视节目与S村农民无关，因此从根本上抑制了S村农民接收电视的内在动力。

第一节 反思电视传媒业改革

这个研究结论告诉我们什么呢？很多人会含糊地说，这是我国社会主义改革必经之路，是社会主义初级阶段政治、经济、文化、社会与法律还需要完善的地方。也有人会用学术话语说，这是经济学的悖论，媒体过度关注微观经济学强调的利益最大化原则而忽视了社会公平原则；若用社会学分析，长期的城乡二元结构造成了事实上公民各种社会地位的落差，而大众传播必然也无法摆脱它的规制，这最终导致了传媒对农村地区的边缘化处理。而通过以湘中S村为主的个案调查认为，这些结论或者失之含糊，或者没有从全局考虑，一言以蔽之，之所以出现农民在大众传媒业被边缘化的根本原因在于在大众传媒业的改革途径发生了偏差。由于我国的改革是在原有权力体系、意识形态并不变的基础上的渐进性改革，由于我们改革遵循“摸着石头过河”的方式，由于具有政治理念的国家领导并不具备足够的专业知识，他们只能提供一个基本精神，使得最初处于最优势位置的一部分传媒企业、学术精英与少数个人便事实上拥有了主动权，他们可以通过手中掌握的资源实际上扭转改革的利益分配方向，传媒改革的大部分成果被这部分企业与少数精英攫取，处于最弱势地位的农民无法下情上达，不得不接受改革之后大众电视节目反而与之无关的事实。

然而，社会系统论告诉我们，社会与自然界的有机体一样，由各种功能不同的子系统组成，只有各子系统之间保持稳定、协调的关系，才能保证整个社会系统的平衡、发展。马克思主义也要求我们从社会有机体出发去把握社会的存在和发展，而不应把社会各体系割裂开来，否则就不能正确说明一切关系在其中同时存在又相互依存的社会机体。农民阶层作为社会结构的一部分，尤其是中国社会的最大部分，一旦在发展的道路上被割裂开来，大众传媒业的发展与和谐社会的建设都将是一种空话，因为衡量木桶价值的不是木桶的最高处，而是最低处，以牺牲一部分人利益的方式最终要损害的还是整体的利益。

具体而言，社会发展是有其规律可循的，若过分迫切地要求发展则会欲速而不达。改革的利益分配偏差必然最终也要损害大众传媒业，尽管从每年的数据来看，这个产业似乎蒸蒸日上，实际上若仔细分析，跟它的政治地位、我国的经济发展、人口基数等都是有关的，这种兴盛或多或少带有受客观条件提携的痕迹，一旦将这些优势用尽，它就有可能出现发展瓶颈。它的性质定位仍然是不明确的，它的四级办台的组织结构仍然存在，虽则传媒在竞相合众，传媒集团仍然大而不强，总之，传媒业实际上并没有解决一些根本性的分歧，而迫不及待地贸然地跟着其他行业走上一条粗放式产业发展的道路。这条道路走到至今，根本性的弊病越积越重，其中一个重要表现便是传媒国有性质、传媒的社会属性与传媒经营之间的内在矛盾，但由于传媒自身的生存仅能依赖市场经营，加之在经营中收益渠道过分单一，传媒在国家召唤、社会守望和市场角色的三相选择中最主动地向市场角色靠拢，农民等大量弱势群体客观上被抛出它们的结构之外。对媒体自身发展而言，这一做法最起码有两个弊病：第一，由于农民等弱势群体在我国人口基数中占据了最大的数额，若剔除了全国60%以上的人口，大众传媒提供的信息资源的流动半径必然过于狭窄，资源的可利用率大大降低。一旦目标受众的需求满足，意味着未来大众传媒业的发展空间严重受阻，甚至产生类似经济学所担心的“滞胀”现象。第二，一旦传媒业抛弃弱势群体单方面快速发展，传媒业所赖以生存的真实、公正和平衡等专业精神必然无法生存，传媒业的公信力必然大大下降，传媒业存在的社会基础将丧失殆尽。

对整个社会而言，改革的利益分配偏差使得中下阶层尤其是最底层的农民从改革中获得的幸福感很低，相对剥夺感很重，民间戏称“看病难、教育难、买房难”为新三座大山，这些困难将无路可走的社会底层推至“穷凶极恶”的深渊。这里的“穷凶极恶”取其本意，即“凶恶”、“道德低劣”的意思。如果有人愿意到中西部农村去走一走，看一看，如果有人留心报刊杂志铺天盖地的诸如“要不要做好事”的报道，或者街头巷尾日渐兴起的有关偷、骗、抢的种种议论，如果有人自身就有被偷被骗被抢的经历，或者根本不必如此，从年轻的妈妈们要求孩子们不要走出校门的反复叮咛中，你们必然能体会这层含义。整个社会的道德在滑坡，整个社会的信任机制发生危机，整个社会的信仰发生危机，城市的犯罪率在大幅提升，农村社区在纵情赌博与宗教迷信。为什么呢？道理很简单，因为改革的利益分配偏差使得贫富差距拉大，底层向上流动的空间稀薄，对未来发展的绝望会导致人的精神的下坠，文化空洞、道德堕落，甚至产生破坏的欲望和冲动。尤其是，底层之所以是底层，是一种结构性的安排，并不影响底层人的智慧和洞察力，只要整个社会都以经济作为判断能力、社会位置的唯一的标准，而不关注对方攫取经济的方式方法，通俗地说便是“笑贫不笑娼”，将一种简单的弱肉强食的丛林法则作为社会的法则，底层也必然会在实践中效仿之。

与此同时，这个“道德低劣”跟大众传媒也有一定的关系，大众电视实际上已经是国家管理社会事务，进行政治、经济、文化建设的必要工具，S村的个案也告诉我们，大众传媒已经客观承担了农村文化道德建设的重任。因为，改革开放与以经济交换为核心内容的市场化从根本上摧毁了农业社会的文化道德根基；与此同时，由于集中经济建设，基于新的社会条件下的新文化体系并没有建立起来，国家虽提出了一些目标，但失之空洞，文化建设远远滞后。在农村（实际上城市与农村的情况是一致的），地方戏曲、戏剧、传统节日庆典（如龙舟节、地方自排节目）、地方游戏等由本土实践创造的地方文化形式日渐式微，农村文化最后在事实上基本都交付给了大众传媒来建设。而另一方面，由于大众传媒在传播内容时并没有考虑经济上处于弱势地位的人群，农民接收的是跟城市居民一样的已经失控了但对农民无用的“大众文化”或“消费文化”，所以长期以来农民的精神世界是干涸的，这个现状对农民而言，意味着尽管旧文化已经没有再生产能力，农民仍然无法从传统社会走出。他们将用他们落后的世界观、价值观、历史观去面对现代城市与现代社会，并为自身的历史观、价值观服务。农民意识的落后与堕落最终将导致提高国民素质，建构市民社会乃至和谐社会会很难。

当然，坦率地说，传媒业之所以如此，确实也有他们的难处。作为社会主义国家的媒体，它原本应该是连通国家、社会与民众之间的桥梁，原本应该是农民与其他弱势群体诉求利益的合法渠道，它原本应该及时反映社会动态、曝光社会阴暗面以充当社会的安全阀(科塞，1956)，并最终促进整个社会的发展。可是，媒体目前面临着权力与资本的胁持、结构和运营的矛盾、社会责任与追求经济利益的冲突等根本性难题，使得它确实没有能力负载这样沉重的负担。但在这种情况下，仍然有学者雄心勃勃地说，传媒作为一项产业的市场价值在于，它能够在多大程度上保持对目标受众的影响，并且这种对于受众的影响力能够在多大程度上进一步地影响社会进程、影响社会决策、影响市场消费和影响人们的社会行为。因此，不如将它看作是一个普通人的感性表白，因为这里面体现了两套逻辑的共存，一套是经济的逻辑，传媒被定位为一个经济产业未尝不可，那么追求利润足矣，可是笔者的野心似乎不仅与此，追求宏大的社会影响力甚至媒介霸权的政治逻辑也包含其中。这就让人非常担心，如果这个“理想”真正实现，后果是很难想象的，到底是经济要挟了政治，还是政治控制了经济？恐怕无论哪一个后果对传媒业的未来都是一场巨大的灾难！

第二节 未来传媒业改革的猜想

时至今日，针对传媒业发展的内在矛盾与困惑，也许我们的国家应该考虑，传媒业要想真正走上良性发展的轨道，必然要对传媒业的性质有明确的定位，以杜绝传媒一边享受国家体制的保护，一边追逐经济失控而堂而皇之地行私利之实。有学者将传媒的这种行为称为“行政性市场垄断”，其最突出的特点是：媒体的垄断依靠市场和行政的双重力量形成，既具有计划经济体制下国家垄断的特点，依靠行政组织和行政手段来推动垄断的形成和运作，又融合了市场经济体制下市场垄断的成分，依托目前尚不完善的市场机制来操纵垄断，是当前体制转轨过程中行政权力加市场力量而形成的特殊垄断。这种垄断造成的状况跟我们前面分析场域时“奇异的角斗场”一致，即形成我国传媒业长期的条块分割，在纵向里的行业里表现为行业垄断，在横向的区域内表现为地域垄断[①]。很多传播学学者都在呼吁改革，童兵、黄升民、喻国明、李良荣等人都曾在会议、报刊与文章中提及，人大的喻国明教授说，过去 30 年媒介改革获得的成果是一种“增量”的变革，是在过去“存量”现实基础上对于社会发展要求的一种有限的调试，因此，虽然取得了一定的成就，但其发展的基本态势仍然是以既往的“存量逻辑”为“圆心”的一种延伸和扩张。现在，这种旧规则、旧逻辑、旧传统让我们不得不思考一个问题，这种传媒运作的“语法”是不是到了必须加以改变的时候了[②]？复旦大学的李良荣教授也指出媒介的三重属性（机关、事业、企业）的内在属性，在媒介运作过程中出现了种种扭曲和畸变，集中表现为结构失衡、竞争失序、运作失规、管理失范，因此中国传媒业必须分类定性[③]。

显然，理论界和业内已经形成一种共识，不少人还提出具体的方案。最激进的学者直接提出对传媒进行完全的公司制改革，这个已经遭到批评，故不作详解。大多数方案有共性，也有区别，共性在于不约而同地大家都提出对传媒进行分类的方式，不同之处在于分类方式的差异。有学者提出“办好党办传媒，逐步放开民营传媒”，并且对民营传媒有计划有步骤地放开提出了非常细致的前提条件与方案[④]。还有学者提出将传媒分成 10％的政治性传媒、60％的事业性传媒和 30％的企业性传媒，分类后的政治性传媒是党和政府专属的宣传机构，事业性传媒主要为公众的日常工作、生活提供信息服务，企业性传媒是一批娱乐性媒体，包括电视台的影视、音乐、戏曲、文艺体育等专业频道[⑤]。

这些分类咋听似乎有理，不过经不住反复推敲，这也是国家之所以没有实施的原因。第一个是政治原因，传媒分类后，可能直接影响到国家对电视传媒（当然也包括其他传媒形态）的有效控制，因为，一旦分类，除企业类传媒恶性竞争不可避免外，不同性质的传媒之间必然也会面临直接的竞争，理论上虽然党办传媒或者政治性传媒仍然存在，但显然这部分传媒与日渐增长的企业性传媒的市场份额不能相比，这部分传媒很有可能淹没在其他传媒业之中，其影响力日薄西山，由此必然影响党与政府的政令宣传与对社会舆论的引导。第二个也非常重要，现在的大众传

① 金冠军，冯光华. 中国传媒产业的现实困境与发展路径——中国传媒产业的政策解读与未来转型[J]. 视听界，2005(4)：4-9.

② 喻国明. 传媒发展：从“增量改革”到“语法”改革——小议中国媒介改革的逻辑转型[J]. 青年记者，2007(11)：11.

③ 李良荣. 中国传媒业的性质定位和制度创新[J]. 南方电视学刊，2004(2)：40-47.

④ 金冠军，冯光华. 中国传媒产业的现实困境与发展路径——中国传媒产业的政策解读与未来转型[J]. 视听界，2005(4)：4-9.

⑤ 李良荣. 中国传媒业的性质定位和制度创新[J]. 南方电视学刊，2004(2)：40-47.

媒跟过去已经不可同日而语，由于城市化、工业化、市场化，现代国家一个非常重要的标志就是国家不得不通过大众传媒而不可能是其他更低级的媒介来统治国家，换句话说，现在大众传媒的意义不仅仅是党和国家的喉舌，还是党和国家管理各种社会事务，进行政治、经济、文化、法律等等建设的必要工具，国家在近阶段若仍要维持强力的控制资源的能力，还十分必要要求传媒能够为其服务。国家同样担心一旦将大部分传媒从体制内彻底剥离出去，最终造成的事实不是传媒业百花齐放、各尽其能，而是放虎归山，这些急匆匆卸下政治包袱的传媒企业，忙着互相恶性竞争，忙着圈地运动与占据市场，甚至就像前面那位著名的传播学者所言，忙着从经济着手最终对政治与社会决策产生重要影响力，罔顾种种社会责任与国家的召唤，罔顾非物质层面的建设，整个传媒业在权力失控中彻底沦落成以经济利益为核心，以弱肉强食为竞争手段的生态格局。这显然跟近阶段国家建设的重任是背道而驰的。第三个是可操作性的问题，即便承认可以分类，实际上分类很难进行，10%的政治性传媒还好分别，60%的事业性传媒跟30%的企业性传媒根本难以分类，恐怕又会是一场打破了头的事情。

话已至此，需要说明的是在传播学这个单一学科、传媒业这个单一行业内是无法解决这个问题的。传媒业界与学界现在迫切想解决的是本行业内所有制性质与企业经营的内在矛盾，而忽略了要实现这个愿望必然要其他制度与社会条件与之配套，传媒业内要改革，但在其他制度与社会条件没有成熟之前还没有到改革的时机。

目前，我国的社会转型已到纵深阶段，经济改革走在最前面，但是政治层面的改革迟迟没有跟上，社会内在矛盾重重，此时若裹足不前，则说明在怀疑与否定之前的改革，这个已经被历史经验以及多个经济学家与社会学家予以否定。若继续按照之前的改革进程，由于国家是在维持原政体、权力与意识形态连续性的前提下进行的全面社会转型，由此整个社会腐败和权力资本化蔓延，少数与政体、权力与意识形态有亲和关系的人或者机构攫取了社会绝大部分的财富，包括农民在内的大部分人则承担了改革的成本。换句话说，改革导致的利益分配偏差将越拉越大，城乡差距、贫富差距、地域差距造成的社会分化将越来越大，最后，利益分配的不公必然使得社会以“断裂”的形态出现。“断裂”会有什么样的后果呢？S村的个案呈现便是一个明证！另外，讲一个最近在网络视频中出现的小故事：一个人（后来证明没有得到一分钱）在银行的ATM机前将一取款人连捅九刀致其死亡，三小时后被捕。许多人听了都觉得这个杀人者极其可笑，“这个人怎么不知道，ATM机都装摄像头的啊”。其实，杀人者不可笑，笑人者才可笑，笑人者提出的道理确实是现代社会的基本常识，但并不是杀人者的社会常识，这便是一个“断裂”社会的悲剧，并且只要这种社会状态不改变，人与人之间的生活世界不能沟通，这种悲剧还会继续上演。

中国的改革已经走到深水区，很多学者都进一步提出了在反思的基础上进行改革。2006年，由“中国经济50人论坛”主办的中国经济50人论坛年会中，吴敬琏呼吁对过去(改革)进行认真反思，对未来进行慎重细致规划。他进一步指出，我国过去的改革存在四个重大缺陷：第一，从经济领域说，一些关键领域的改革，如大型国有企业的股份化改革，垄断行业的管理体制和产权制度改革，基本经济资源的市场化配置等由于障碍重重而进展缓慢；第二，现代市场经济正常运转所必需的法治环境还迟迟未能建立；第三，政府必须提供的教育基本社会保障等公共服务不但没有加强反而有削弱的趋势；最后，与传统社会主义经济社会体制相适应的粗放增长方式也难以向集约增长方式转变。由分配不公、贫富差距扩大、行政腐败扩散等造成的社会矛盾日益加剧，并引起了部分群众对现实生活中消极现象的强烈不满。吴敬琏强调坚持改革，摆出了过去改革中积累的一些尖锐问题，但具体下一步如何改革指向并不明确。孙立平则在2005年12月19日《经济参考报》上撰文提出新的改革的基本目标，就是建立一个好的市场经济，并在一个好的市场经济的基础上，建立一个好的社会。就改革的目标和内容而言，至少包括以下几点：将兼顾程序公平与结果公平的原则作为新体制建立的原则之一；以社会保障制度、分配制度、就业和劳动制度等方面的改革，扩大改革的受益者范围；对改革中利益受损比较严重的群体进行必要的补偿。

以上这两个学者分别从经济学和社会学角度强调了同一个问题，即改革必须进行下去，但今后的改革(包括传媒业的改革在内)必须要在纠正过去的缺陷基础上，在法治化、社会公平与公平的环境中上进行。也就是说，过去的利益偏差要纠正，纠正的方式就是跟进政治与社会改革，建立现代法治制度，强调民生，建立城乡社会保障制度，培育公平、公正的社会。马克思主义认为市场竞争是不平等的根源，西方自由主义认为有权力介入的再分配才是造成不平等的根源，其实，无论是再分配还是市场整合机制，与社会不平等都没有一种固定不变的关系，当一方成为根源，另一方的干预则可以起抵消作用①。

事实上，我们国家针对过去30年改革过程中出现的经济市场化先行、政治与社会改革后进以及由此引起的腐败、权力寻租与贫富差距、社会不平等的弊病已经看得非常清楚，这几年也抓紧各方研讨，紧锣密鼓地制定相关政策。针对矛盾最突出的“三农”问题，国家高度重视，2004年，胡锦涛总书记在中央十六届四中全会上明确提出中央的“两个趋向”的重要论断，标明中央二次改革的方向，“纵观一些工业国家发展的历程，在工业化初始阶段，农业支持工业、为工业提供积累是带有普

① 孙立平. 社会转型：发展社会学的新议题[J]. 社会学研究，2005(1)：1-23.

遍性的趋向;但在工业化达到相当程度以后,工业反哺农业、城市支持农村,实现工业与农业、城市与农村协调发展,也是带有普遍性的趋向。”同年12月底,胡锦涛总书记在出席中央经济工作会议时进一步强调:我国现在总体上已经到了“以工促农、以城带乡”的发展阶段。我们应当顺应这一趋势,更加自觉地调整国民收入分配格局,更加积极地支持“三农”发展。从2004年起,国家连续7年发布中央“一号”文件,这些文件针对农村土地、农产品、税费、社保、金融、教育、技术等等重要问题提出了非常具体、实际的措施。如果说20世纪80年代初的五个“一号”文件确立了农村联产承包责任制,取消了农副产品统销统购的制度,用农业的改革开启了工业的改革,那么新世纪的7个“一号”文件则跳脱出“三农”的框架,从国家经济发展的大局来谈谈“三农”,要实现全民平等,实现城乡统筹发展,推动中国二次革命的平稳发展。目前来谈这次改革转向的结果还为时尚早,但结果值得我们期待。

对于我们传媒业而言,作为一个后辈学人,由于我们这个行业肩负着我们社会所有行业与区域的信息交流,确实任重道远,任何一处做不到位就可能导致社会某处的“堰塞湖”。我们这个行业更需要剔除急功近利的想法,我们只有等待并与国家和社会一起积极推进法治、社会保障体系与其他社会公平、公正体系的一一建立,只有在这个过程中韬光养晦,消除戾气,并提升传媒业内在修养,才能确保下一阶段的传媒业的改革成功,才能确保传媒业长期健康、和谐的发展。因为,古代哲人毕达哥拉斯曾经说过,和谐的基础是公正,不公正就破坏了秩序,也就破坏了和谐。如果社会中有最大的一部分人不是我们传媒服务的对象,那还谈什么和谐。我们汉字的“和”字,寓意就是“人人有口饭,个个可以说”,所以传媒应该跟粮食一样,都是我们今天社会成员维持生存与发展的必要条件,而我们置身在这个行业内,就应如农民一样尽自己的本分才能吃饭。

附录

难以交接：现代传媒与本土化社会

——关于江苏苏北 X 县的调查

英格尔斯曾经这样评价大众媒介对现代性的积极作用："大众传播媒介给人们带来有关现代生活诸多方面的信息；给人们打开了注入新观念的大门；向人们展示新的行事方式；显示有助于增进效能感的技能；启迪并探讨纷呈多样的意见；刺激并加强对教育与流动性的期望；歌颂科学、为技术大唱赞歌——所有这一切在能够接受外来影响的人那里将会导致更多的现代性。"[①]相信这样的断言时至今日没有多少人持反对意见，然而，我们要是将这样的结论与中国广阔的农村并置，与中国农村的城市化、现代化的缓慢脚步相提并论，难免要意兴阑珊。

一

不管中央媒体及政治家、社会学家关于农村传媒收视率、收视时间等的统计怎么乐观，我们还是认为中国的媒体面对农村市场是疲软无力的，远不如人们想象的那么具有张力，或者至少说许多农民没有也不习惯从媒体获得他们真正需要的信息，传媒还没有在农村形成有实效的信息网络。这是我们的假设。

为了证实我们对媒体在农村市场形势的推测，笔者于 2004 年 7 月初对江苏省东北部 X 县 C 镇 X 村进行了为期一周的实地调查。调查主要采取实地访问与深度访谈的形式，重点选择三户农户，与他们同吃同住，全程观察和倾听他们从起床到休息的所有时间内利用媒体的一举一动。与此同时，充分利用农民易于聚集的地点，与其他农民集中访谈，收集相关资料。现将调查结果报告如下。

---

① 英格尔斯. 从传统人到现代人——六个发展中国家中的个人变化[M]. 北京：中国人民大学出版社，1992.

(一) 个案专访

1. 村民徐家

常住人口只有夫妻俩，两个女儿均出嫁，儿子一家三口长期住城里。他们共承包 6 亩田，种植稻麦(自己与儿女家的口粮)与棉花，均由徐妻一人负责耕种，共计收入约 4 000 元。另外，经营家庭豆腐作坊已经 20 多年，目前作坊年收入至少 6 000元。这两块构成他们的主要收入，在当地属于经济上乘的农户。但是，这样的收入要求他们付出的精力和时间成本同样十分昂贵，每天的 3:00～20:30 属于劳动时间，20:30～22:00 是吃饭、休闲时间，22:00～03:00 是休息时间。

2. 村民尤家

尤家四口人，一儿一女均在上海打工，均未婚。夫妻俩承包 8 亩田，另外饲养了 180 只长毛兔作为家庭副业，共计年收入 12 000 元～15 000 元(儿女的收入不入账)。作息:5:00 起床，21:00 吃饭、休闲，22:00 休息。

3. 村民王家

王家基本是纯农业户，家中共承包近 7 亩田，不过偶尔王某在镇上做点短期零工，乐观估计年收入 8 000 元左右。他们是典型的三口之家，唯一的女儿刚从小学毕业。他们同样是从早到晚，没有停息时间，只有晚上所有的事情完毕后有大概 1～2 个小时的休闲时间。

这三户人家分属于苏北农村主要的三种家庭结构模式，即农业与家庭小作坊结合的家庭、纯农业户和打工家庭，而且，不论哪个家庭，其成员在农村都属于生活态度踏实严谨、勤俭持家、积极向上的类型。换句话说，他们的生活世界在相当程度上反映了苏北农村绝大多数农民物质与精神的现实语境。

(二) 座谈调查

除重点对这三户家庭入户的实地调查外，还与约 40 多位农民交流，对新闻传媒在苏北农村的现状有基本的了解。

1. 农民几乎不订报刊

根据 X 县宣传部统计，党报党刊共 8 种，分别为《人民日报》、《新华日报》、《求是》、《群众》、《光明日报》、《半月谈》、《经济日报》和《盐阜大众报》，全县共 105 万人口，2003 年全年共征订 18 395 份，征订率约 1.76%。征订对象主要局限在县乡两级行政、事业机关与少量企业，全县 263 个行政村各有一份，几乎没有个人订阅。今年国家不允许强行征订后，党报党刊从原来的 8 种变成 5 种，《半月谈》、《经济日报》和《光明日报》惨遭腰斩，征订份数降至 11 581 份，比上年少 6 814 份，下降约 32%，普及率不到 1.1%。相信随着今后取消行政干预订阅报刊，这个数字还有下降的可能性。

据了解全镇没有一个可以购买书画杂志的书报亭，没有图书馆和新华书店，笔者也没有在所调查的任何一户家庭中看到书籍和报纸的踪迹，只有在村部的书橱内看到有几十本书籍：一排毛选、邓选等宣传主流思想的书，一排农业技术书籍，还有几本文学书籍。这些书除经典著作外，大部分已陈旧过时。书橱虽隔着一层玻璃，上面还是落了一层厚厚的灰尘。看得出鲜有村民借阅。

订阅报纸的途径只有邮寄，因此，从邮政所抄来的报纸发送数字可以看到今年全镇订阅报刊的情况：《盐城电视报》430 份；《盐阜大众报》300 份；《扬子晚报》100 份；《江南时报》80 份；《盐城晚报》63 份；《新华日报》60 份；《现代快报》40 份；《人民日报》5 份，总共 1 078 份。相对于长荡 4.83 万的总人口，比例非常小。而在这个很小的比例中，主要是电视报、晚报类，党报党刊较少。

个案：我们所调查的三户人家有两家曾经订阅过报纸，但都是历史了。徐家的小女儿曾经征订过《盐城广播电视报》，六年前出嫁时停止了订阅。王家的女儿从小学四年级起订阅《数学报》、《关心下一代》，是学校的统一要求，同学们统一交钱集体订阅。女孩甚至不知自己订阅的是月刊还是周刊，邮差什么时候送到什么时候阅读。她还告诉我们，今年由于学校把订报的时间搞错了，虽然同学们交上了钱，最终还是由于延误时间没有订上报纸。农村订报远不如我们想象的方便。

2. 广播开始萎缩

脱离了印刷媒体的抽象概念和文字障碍，广播一度是农村媒介中的一枝独秀，然而，目前苏北的广播事业跟苏南一样，也不容乐观。“主体媒介地位已被电视取代，广播一通天下的盛世不再。”①2000 年 X 县广电局统计，X 县拥有有线广播共 23.5 万户，入户率 95%，通响率也在 95%以上。但 2000 年起 X 县直机关体制改革，原由县统一管理、乡镇提供直接技术支持的乡镇广播电视站均下放由乡镇管理，由于乡镇一级财政瘫痪，无钱投入，仅三四年时间农村有线广播事业大大滑坡，全县入户率降至 50%左右，有部分乡镇入户率甚至不到 30%，通响率也降至 80%～90%。如今，乡镇一级广电站又重新收归县直接管理，但是，是否有成效还是未知数。

虽有广播，但可收频率很少。C 镇只可接收一个广播台，即 105.7 兆赫——X 县广播电视台。每天的播音分三次播出，早上 5:30～8:15、午间 10:55～13:00、晚间 17:35～20:00，一般地，开始播音的时间比较固定，结束时间不能肯定。

节目安排千篇一律。节目预报、广告和自制节目（县乡两级广电系统自制的节目，目前已经很少）占据整点以前的时间；整点开始是新闻时间，依次转播各级新

① 方晓红. 大众传媒在农村[M]. 北京：中华书局，2002.

闻;接着是40分钟左右的广告时间,大多是化肥、农药的广告,也有生活日用品广告和一些外地招聘用工的信息;广播结束前照例是天气预报。至于各项《通知》和农业技术讲座(偏少)主要安排在广播播音的开始时间或者天气预报结束之后。在所有的节目中,只有天气预报与农业技术讲座受农民欢迎。

个案:徐家靠近村部,村部里有高音喇叭,因此,自家就没有安装广播。老徐说,村镇的重要通知,高音喇叭的声音自然会传到他们家中,更广范围的新闻在电视里会有更详尽的报道。尤家与王家都接上了广播,有时听,大多数时候忘记或者错过。除却节目单调,他们还统一对广播里每天不断轰炸的广告非常反感,认为可信度低,不少是骗人的狗皮膏药。尤妻今年曾经在广播中听到地方台宣读国家减轻农民负担的报道,其中有一条就是禁止化肥农药涨价,因此,她不同意丈夫多买83元/百斤的尿素(去年是68元/百斤),等着价格下调,结果化肥的价格越来越高,不到一月就涨到95元/百斤,丈夫对她抱怨得不得了。另外一种情况是,广播里做了广告的产品农民在本地市场根本买不到。比如,南京、南通、大丰等江苏本地产的化肥,农民知道质量好,市场上却不见踪影,充斥市场的都是新疆、重庆、海南等远道而来的所谓免检产品。自然这样的事情多了,在农民朴素的认知中必然会损害农民对广播媒介的信任度。

3. 电视是"填空"

在苏北,电视基本普及,有线电视还没有进入大多数农民家庭。看电视已经是农村最主要的文化活动之一,但被农民置于"填空"的位置。

施拉姆曾经就受众的选择性行为提出一个公式:

选择的或然率=报偿的保证/费力的程度

该公式认为,受众在选择某一类信息时,有两个主要标准:一是看其内容是否能够满足自身的特定需要,二是看做出这样的选择所需付出的代价大小。相较于报纸与广播,电视节目更直观、更丰富;同时,报纸邮寄困难、广播播音时间限制,电视获得的途径更简单,因此电视已经无可争议地在苏北农村文化领域独领风骚。

据了解,整个X县的电视用户率90%以上,但有线电视覆盖率不到20%,而且主要集中在县城及其各个乡镇的街道周围。单以C镇计算,全镇共1.47万户,除了个别困难特殊家庭,基本户户都有一台电视机,但是有线电视的覆盖仅仅604户。实际上,1999年县里为了实现县城与乡镇的光缆连通投入了800多万元,使全县60%的村都接通光缆。但2000年的体制改革使广播电视事业大滑坡,时至今日,依然还是在1999年的水平上原地踏步。

X县的有线电视共接收26个频道,非有线电视只能接受中央一台、江苏卫视、盐城电视台第一套节目以及射阳电视台一套的部分节目共四个频道。X村距离C

镇中心仅四五里，但有线电视至今没有进入任何一户，几百元的初装费与180元/年的收视费让农民望而却步。

苏北农村一年之中分农忙和平时两种情况，不同的时段农民收看电视的时间不同。在方晓红教授的统计中，苏南“平时收视时间的每天平均长度约为143.9分钟。……农忙时平均收视时间长度约为97.8分钟。”[①]调查显示，苏北农民每天的收视时间也不出一个半小时左右，跟苏南相当。

但是，从传播的有效性而言，苏北和苏南就存在不小的差别。据观察，农民看电视时间一般在一天的劳动以后，“状态散漫，专注性低，目的性弱”[②]。“有空就看”、“有什么看什么”、“边做事边瞄瞄”、“打开电视增加点人气”，这些都是他们看电视的普遍心理。70%以上的男性喜欢新闻类节目，国际新闻与国内新闻都同样关注。社会新闻普遍受欢迎，如中央电视台的《今日说法》、江苏卫视的《江苏新时空》男女都喜爱，在平时的交流中这类节目也是农民议论最多的，说明农民对社会公平从潜意识里都有理性的追求。75%以上的受众喜欢电视连续剧，尤其是古装宫廷戏。但是按时按点在黄金时间里收看是不太可能的，尤其是农忙时候，“看得有一搭没一搭的”，所以农民对播放过的片子都零碎的知道一点。

对电视中没完没了、花花绿绿的广告，农民一方面心烦，却无从抗拒；一方面新奇，却觉得遥远。但比起广播广告，电视广告颇有点“外来的和尚好念经”的意味。他们会在广告的引导下购买名牌，从摩托车、家用电器到生活日用品都更看好品牌。不过，这几年农村市场假货越来越多，农民也开始对电视广告说“不”了。

二

官方数字显示，X县的GDP目前在全国县级排名第119位，“争进百强”是这个县提出的奋斗目标。X村的人均纯收入4 192元/年，位列全县中等，因此，在全国属于中等偏上。从地理位置而言，X村处于江苏东北部，东临黄海，南距上海、南京、苏州，北距徐州、连云港等城市均不过三四个小时车程，应该不算闭塞。然而，传媒的力量仍然难以渗入，就像它的地理位置，总是对隔江而立的繁华和消费社会雾里看花。

确实，媒体对农村市场的忽视是显而易见的，“各级电视台都把基本受众定位在城市观众”，“至于占人口总数80%的农村居民的收视兴趣和生存境况，却似乎

① 方晓红. 大众传媒在农村[M]. 北京：中华书局，2002.

② 华荣祥，郑智斌. 电视的尴尬——农村居民电视接触透视[J]. 中国广播电视学刊，1999(3)：7-9.

被我们有意无意地忽略了"[①]。但这不是根本的原因,因为只要媒体在市场经济条件下生存,实现利润最大化就是理性的选择,毫无疑问没有能力买单的农村市场就不是媒体注意力集中的地方。正如马克思所说:"物质生活的生产方式制约着整个社会生活、政治生活和经济生活的过程。不是人们的意识决定人们的存在,相反,是人们的社会存在决定人们的意识。"[②]笔者以为,现行的社会结构决定了农民目前最迫切的需要不可能是大众传媒。

(一)政策导致大众传媒难以渗入

新中国成立以来,农民的生命历程几经周折。既有土改时无偿分得土地的斗志昂扬,也有合作社时期劳动互助的荣誉感,还有人民公社时期留给他们的对理想的憧憬和破灭以后的苦难。然而,尽管运动不断,尽管部分社会阶层的位序发生错位或者倒置,农民国家主人翁精神高涨,政治地位、经济地位依然不低。而改革开放以来,尽管出现了家庭联产承包责任制后连续几年的农业大丰收,农民基本解决吃饭、穿衣的问题。但好景不长,从1997年起,农村粮食连续减产,农业价格接连下降,农民的收入锐减,而农民的负担更加沉重,农业劳动者这个阶层不可遏制地以垂直方向向下运动。与此同时,原来的"两个阶级一个阶层(工人阶级、农民阶级与知识分子阶层)"的其他两者也都发生了显著分化,短短十年时间,整个中国社会阶层结构发生了结构性的改变。

2002年1月,以陆学艺为组长的"当代中国社会阶层结构研究"课题组发表了初期研究研究报告《当代中国社会阶层研究报告》,将当前中国社会划分出十大阶层。占人口44%的农业劳动者仅处于城乡无业、失业、半失业者(仅占3.1%)之上,位列倒数第二位。2004年7月,该课题组推出第二部研究报告《当代中国社会流动》,声称:"从1997年起,农业劳动者阶层的经济社会地位明显存在下沉趋势。这种趋势已经使得他们丧失了改革开放初期的优势,而转变为一个地位较低而且明显处于劣势的社会阶层。"[③]这是迄今为止政府与学界得出的最具权威、精确的论断。清华大学的孙立平教授认为中国社会已经是分裂的(社会意义上),中国的社会各阶层甚至"处于互相完全不同时代的发展水平,他们之间也无法形成一个整体的社会。"[④]无可争议的是"作为我国国民主体的中国农民即是我国社会中最大的'弱势群体'",政治、经济和文化全方位都处于弱势位置。

---

① 王晴川.对我国农村电视节目的现状与未来的思考[J].电视研究,2000(3):25-27.

② 童兵.马克思主义新闻经典教程[M].上海:复旦大学出版社,2002.

③ 陆学艺.当代中国社会流动[C].北京:社会科学文献出版社,2004.

④ 孙立平.断裂——20世纪90年代以来的中国社会[M].北京:社会科学文献出版社,2003.

农民的弱势地位有历史的原因，也与农民阶层的自身弱点相关，但国家政策是根本原因。解放初期，社会秩序没有完全稳定，社会财富与资源极度匮乏，两个半阶级(工人阶级、农民阶级与知识分子)差距很小，计划经济符合当时的特殊国情。然而，现在国际与国内环境发生巨变，市场已经取代计划成为资源配置的主要方式，计划经济时期遗留下来的许多政策越来越成为经济与社会发展的累赘，比如，"城乡的制度性分割仍然是造成贫困问题主要集中在农村的重要原因；社会资源的二元化再分配使得资源更多地向富裕的城市社会倾斜；社会保障和福利制度是高度选择性的，覆盖的是社会中一部分富裕人口；正式就业市场的相对封闭性阻塞了部分向社会流动的渠道等。"①

笔者从在与农民的交谈过程中，几乎所有人都在头脑中形成这样两个概念，一个是"种田种不出钱"，农民面临住房、子女教育、子女婚嫁、医疗、养老等一系列问题，这些问题没有一样是农民可以负担的。另一个是"谁叫我们生出来就在农村呢?"农民没有更多的选择，只好还是种田、种田，再去搞一两样副业，或者选择打工做最差的工种，从早上 3 点或者 5 点到晚上 10 点，像一只只陀螺转动在田间、豆腐坊、鸡舍兔屋、村村户户或者城市最肮脏最危险的地方，否则将陷入更绝对的贫困之中。有学者说李昌平向朱镕基总理疾呼的"农民真苦、农村真穷、农业真危险"有一些情绪化，他不知道农民沉默了这么多年，他们太需要这样的代言人了。

当农民把几乎所有的精力和时间都投入到维护生存的"战斗"中，留给"文化"或者"大众传媒"的空间还有多少呢？换句话说，当农民沦落在社会的最底层，他们如何能安贫乐道呢？农民心里非常清楚，安贫乐道的结果"甚至已经不再是社会结构的底层，而是被甩到了社会结构之外。"②

(二) 有效的农村人际传播网络

20 世纪 40 年代，费孝通认为从基层而言，中国社会是乡土性的。乡土社会的基层结构叫做"差序格局"，"我们的格局不是一捆一捆扎清楚的柴，而是好像把石头丢在水面上所发生的一圈圈推出去的波纹。每个人都是他社会影响所推出去的圈子的中心。被圈子的波纹所推及的就发生联系。每个人在某一时间某一地点所动用的圈子是不一定相同的。"③说穿了，乡土社会的实质是"一根根私人联系所组成的网络"④，而网络的中心，就是自己。

---

① 孙立平. 失衡——断裂社会的运作逻辑[M]. 北京：社会科学文献出版社，2004.

② 孙立平. 断裂——20 世纪 90 年代以来的中国社会[M]. 北京：社会科学文献出版社，2003.

③ 费孝通. 乡土中国[M]. 北京：三联书店，1985.

④ 费孝通. 乡土中国 生育制度[M]. 北京：北京大学出版社，1998.

可以说,乡土性纵向贯穿了中国自农耕社会形成以来至1949年中华人民共和国成立这一段难以计数的悠长历程。解放后在掀起的合作社与人民公社的理想浪潮中它似乎沉默了,但是20世纪90年代,乡土社会似乎又开始有点卷土重来的迹象,虽然没有大兴土木,重建宗祠,但在苏北农村乃至全国重新恢复了其精神内涵,发挥了它所特有的整合秩序与配置资源的功能。

在现在的苏北农村,血缘还是稳定的力量。农民见人从不指名道姓,按对方在家族里的辈分相称,不管对方姓什么,都能够七绕八弯找出之间的亲缘联系,就是俗语的"一表三千里"。农村里因生育和婚姻结成的人际网络,可以推至无穷,死去的、要出生的都可包括。现在,计划生育在苏北农村已经深入人心,独生女多了,"家族"这些字眼人们已经换了一个说法,家不仅包括传统的父系宗族,母系势力也日益强大,家的范围比起从前更为壮观。平时农民各忙各的生计,遇到婚丧嫁娶、生日喜庆、节日农闲,走亲戚是第一要务。频繁的族亲和姻亲覆盖的亲缘人际传播网络,形成一种普遍化的封闭化亲缘秩序,自给自足,外人和外事物很难领会,很难进入。

与此同时,"地缘不过是血缘的投影,不分离的。'生于斯,死于斯'把人和地的因缘固定了。生,也就是血,决定了他的地。"[①]邻居、老乡、同学、朋友、朋友的朋友、以前的邻居、拜干亲、干爸干妈的亲朋……他们与血缘相呼应,在苏北农村又组成一个更大范围的社会,费孝通称之为没有陌生人的"熟人社会",也有人称之为"圈子社会","圈子更多的是一个心理概念,是一种对'自己人'的自我认同。这种由'自己人'组成的圈子以自我认同为纽带,将各种有关系的人联合在一起,形成一个个生活共同体,并构成社会的单元。"

然而,正如费老自己说的,这种乡土社会原本是生产社会化程度不高的产物,用涂尔干的话说,即还属于"机械团结"而不是"有机团结"的阶段,为什么在改革开放的十多年后反而又获得重生呢?在这里,笔者认为马林诺斯基的观点有助于我们理解这个社会现象。

马林诺斯基认为社会制度"是人类活动有组织的体系。任何社会制度都针对一种基本需要;在一合作的事务上和永久团集着的一群人中,有它特具的一套规律及技术;任何社会制度都建筑在一套物质的基础上,包括环境的一部分及种种文化的设备。"[②]现在农村的经济、技术、环境条件等客观物质条件跟过去相比,有不同但没有本质的不同,确实乡土社会的一套结构形式没有过时。乡土社会曾经出现的短暂沉默不是自然的选择,而是国家制度人为安排导致。从农民主观来说,他们都是向往高处的,但是农民的现实社会地位需要维持这种熟人社会所提供的无所

---

① 费孝通.乡土中国[M].北京:三联书店,1985.

② B·马林诺斯基.文化论[M].北京:商务印书馆,1940.

不在的亲情链条和被动员、整合的群体性社会力量。

乡土社会的存在实质上对徐家等这样的农民而言实在是理性与睿智的选择，“作为一种地方生活结构，它还是在组织村庄秩序、形成文化认同、实施社会救助与救济等多个方面发挥着重要作用。”过去，生产社会化程度低，社会流动很少，是没有陌生人的社会，相应人们的需求也很少，通过人际交往便可以解决自己无法解决的问题。当人民公社的解体消解了农民之间集体化的经济联系，面对着汹涌而至的市场经济大潮时，个体化的农民是否能够面临从经济到社会全方位的独立呢？凭借他们自身的社会位置和所拥有的社会资源，可以说是不可能的。这样的历史语境下，他们必然要因时而动地寻求和再造能够适应社会变迁需要，并且满足农民交流与互动需要的组织资源。农村所能提供的以及他们所能熟练运用的正是乡土社会中取之不尽的人情网络，因此，血缘、地缘构建的人际传播网络依然是农民最信任、农村最主要的传播形式。

仅围绕农民工进城这个社会事实为例就很有说服力。农民打工采取人带人、人接人的方式，基本不是依靠媒体的宣传。他们被熟人或者亲戚带出去，进入熟人或者亲戚已经进入的行业，在城市又更多跟熟人和亲戚相处，站稳了以后，自己又将亲戚和邻居家的孩子带出去，熟人社会的人际网络成功地实现了乡村与城市的联通。

农民进城后又面临一系列社会问题，家庭的托管、田地的耕作、孩子和老人的照料、工作与生活的压力、信息、知识的缺乏、自身承受的社会排斥等等，这些具体、零碎的困难，从政府、社会或者媒体出发的整体救助往往间接、滞后、难以深入，此时，从血缘与地缘所浸润的人情网络中农民往往能够得到更及时的回应与有效的帮助。尽管不可否认的是有时这样的亲情、乡土情对法律、社会治安存在一定的破坏作用。

所谓“亲帮亲，邻帮邻”、“朋友多，好办事”，由于农民阶层的弱势，现在乡土社会的卷土重来实质上是一种无可选择的、互利性的、自我保护的应对措施，也包含和装饰着一种文化、一种人伦。正如哈耶克所讲，“我们几乎不能被认为是选择了他们；毋宁说，是这些约束选择了我们。他们使我们得以生存”①。与此同时，大众传播媒介的存在虽然丰富扩展了人们的生活，延伸了人们的想象力，然而，面对农民最关心的问题，媒体的表现实在有限，“如果大众传媒仅告诉人们希望什么，而不告诉他们如何去获得（如粮食、高收入和儿童良好的教育）时，那最终结果只能是挫败而不是现代化”②。也许，从中我们可以找到现代传媒与农村本土社会难以交接的原因吧。

---

① 哈耶克. 不幸的观念[M]. 北京：东方出版社，1991.

② 埃弗里特·M·罗格斯，拉伯尔·J·伯德罗. 乡村社会变迁[M]. 杭州：浙江人民出版社，1988.

参考文献

中文部分

一、中文著作类

[1] 曹锦清. 黄河边的中国——一个学者对乡村社会的观察与思考[M]. 上海:上海文艺出版社,2000.

[2] 边燕杰. 市场转型与社会分层——美国社会学者分析中国[M]. 北京:生活·读书·新知三联书店,2002.

[3] 李彬. 透支的权力——地方政府决策失误的深层观察[M]. 武汉:湖北人民出版社,2003.

[4] 孙立平. 转型与断裂——改革以来中国社会结构的变迁[M]. 北京:清华大学出版社,2004.

[5] 孙立平. 断裂——20世纪90年代以来的中国社会[M]. 北京:社会科学文献出版社,2003.

[6] 孙立平. 失衡——断裂社会的运作逻辑[M]. 北京:社会科学文献出版社,2004-12.

[7] 陈力丹. 精神交往论——马克思恩格斯的传播观[M]. 北京:开明出版社,1993-8.

[8] 戴元光. 撞击下的浮躁与选择——当代中国西北人的文化价值观[M]. 兰州:兰州大学出版社,1993.

[9] 戴元光. 传播道德论[M]. 上海:上海大学出版社,2000.

[10] 方晓红. 大众传媒在农村[M]. 北京:中华书局,2002.

[11] 裘正义. 大众媒介与中国乡村发展[M]. 北京:群言出版社,1993.

[12] 喻国明. 变革传媒——解析中国传媒转型问题[M]. 北京:华夏出版社,2005.

[13] 翟学伟. 中国社会中的日常权威——关系与权力的历史社会学研究[M]. 北京:社科文献出版社,2004.

[14] 张国良. 新闻媒介与社会[M]. 上海:上海人民出版社,2001.

[15] 罗钢,王中忱. 消费文化读本[M]. 北京:中国社会科学出版社,2003.

[16] 乔健. 中国家庭及其变迁[M]. 香港:香港中文大学社会科学院暨香港亚太研究所出版,1991.

[17] 费孝通. 乡土社会[M]. 北京:北京三联书店,1985.

[18] 贺雪峰. 新乡土社会[M]. 桂林:广西师范大学出版社,2003.

[19] 支庭荣. 大众传播生态学[M]. 杭州:浙江大学出版社,2004.

[20] 戴元光,童兵,金冠军. 20世纪中国新闻学与传播学(7卷本)[M]. 上海:复旦大学出版社,2001.

[21] 陈世敏. 大众传播与社会变迁[M]. 台北:台北三民书局,1993.
[22] 涟源市志编纂委员会. 涟源市志[M]. 长沙:湖南人民出版社,1998.
[23] 田玉川. 圈子! 圈子! [M]. 北京:中国社会出版社,2003.
[24] 郑也夫、彭泗清,等. 中国社会中的信任[M]. 北京:中国城市出版社,2003.
[25] 卜长莉. 社会资本与社会和谐[M]. 北京:社会科学文献出版社,2005.
[26] 陆学艺. 当代中国社会流动[M]. 北京:社会科学文献出版社,2004.
[27] 中国"三农"形势跟踪调查研究组、中汉经济研究所农村发展研究部编. 小康中国痛——来自底层中国的调查报告[M]. 北京:中国社会科学出版社,2004.
[28] 高宣扬. 布迪厄的社会理论[M]. 上海:同济大学出版社,2004.
[29] 朱国华. 权力的文化逻辑[M]. 上海:上海三联书店,2004.
[30] 孙立平. 现代化与社会转型[M]. 北京:北京大学出版社,2005.
[31] 孙立平. 博弈——断裂社会的利益冲突与和谐[M]. 北京:社会科学文献出版社,2006.
[32] 高宣扬. 当代法国思想五十年[M]. 北京:中国人民大学出版社,2005.
[33] 方汉奇、陈业劭. 中国当代新闻事业史[M]. 北京:新华出版社,1992.
[34] 王铭铭. 西学"中国化"的历史困境[M]. 桂林:广西师范大学出版社,2005.
[35] 王铭铭. 社会人类学与中国研究[M]. 桂林:广西师范大学出版社,2005.
[36] 谭英. 中国乡村传播实证研究[M]. 北京:社会科学文献出版社,2007.

二、中文期刊文章类

[1] 华荣祥,郑智斌. 电视的尴尬——农村居民电视接触透视[J]. 中国广播电视学刊,1999(3).
[2] 王晴川. 对我国农村电视节目的现状与未来的思考[J]. 电视研究,2000(3).
[3] 叶琦. 政治仪式中的媒介权力——大众传媒对美国总统竞选的影响[J]. 现代传播,2001(1).
[4] 黄旦,韩国飚. 1981—1996:我国传播学研究的历史和现状[J]. 新闻大学,1997(春季号).
[5] 李青. 对传播媒介权力的思考[J]. 国际新闻界,1999(3).
[6] 贺建平. 仿真世界中的媒介权力:鲍德里亚传播思想解读[J]. 西南政法大学学报,2003(11).
[7] 黄旦. 媒介是谁:对大众传播媒介社会定位的探讨——兼论大众传播研究的社会学框架[J]. 新闻与传播研究,1997(2).
[8] 王怡红. 僵化与断裂——对我国传播学研究思路的反思[J]. 新闻与传播研究,1998(4).
[9] 戴元光."三个代表"重要思想与新闻传播理论创新[J]. 上海大学学报(社会科学版),2005(5).
[10] 黄旦. 全球化:中国新闻传播学者的理解与构思——转型期中国媒介研究扫描[J]. 新闻记者,2002(11).
[11] 唐华. 从文化背景和媒介功能看电视谈话节目的现实困境[J]. 传播艺术与艺术传播,2000(1).
[12] 喻国明. 大众媒介公信力理论初探——兼论我国大众传媒公信力的现状与问题. 上、下[J]. 新闻与学界,2005(1、2).
[13] 喻国明. 关于传媒影响力的诠释——对传媒产业本质的一种探讨[J]. 新闻战线,2003(6).
[14] 陈翔. 回顾与批判:检阅媒介功能理论[J]. 西南民族大学学报·人文社科版,2004(11).
[15] 陈翔. 媒介整合社会:建构媒介功能新理论[J]. 西南民族大学学报·人文社科版,2004(4).

[16] 喻国明. 中国传媒业发展的关键与“问题单”[J]. 新闻记者,2003(3).
[17] 张开,石丹. 提高媒介传播效果途径新探——媒介素养教育与传播效果的关系[J]. 现代传播,2004(1).
[18] 潘忠党. “补偿网络”作为传播社会学研究的概念[J]. 国际新闻界,1997(3).
[19] 温铁军. 不发达地区的资源资本化[J]. 中国改革,2002(9).
[20] 温铁军. 中国的问题根本上是农民问题[J]. 北京党史,2004(5).
[21] 田向东. 布迪厄与社会实践理论[J]. 社会经纬,2000(12).
[22] 谢元媛. 从布迪厄实践理论看人类学田野工作[J]. 云南社会科学,2005(2).
[23] 任中锋. 民生新闻与农民失语[J]. 新闻爱好者,2005(2).
[24] 李继宏. 城乡心理和生活世界——从齐美尔到舒茨[J]. 人文杂志,2003(4).
[25] 孙立平. 社会转型:发展社会学的新议题[J]. 社会学研究,2005(1).
[26] 孙立平. 和谐就是利益表达的规范化和制度化[J]. 山西师大学报(社会科学版),2005(3).
[27] 孙立平. 利益均衡:和谐社会的基本含义[J]. 发展,2005(1).
[28] 潘泽泉. 实践中流动的关系:一种分析视角——以《礼物的流动:一个中国村庄中的互惠原则与社会网络》为例[J]. 社会学研究,2005(1).
[29] 郑也夫. 在人生观提供者大转换的时代:反省快乐,批判消费[J]. 博览群书,2004(3).
[30] 郑也夫. 信任与社会秩序[J]. 学术界,2001(4).
[31] 郑也夫. 走向杀熟之路——对一种反传统历史过程的社会学分析[J]. 学术界,2001(1).
[32] 郑杭生. 西北农村地区的文化消费:现状及其引导[J]. 社会,2004(7).
[33] 杨敏. 中国特色社会学的理论构建——郑杭生思想评述[J]. 贵州大学学报(社会科学版),2002(5).
[34] 党国英. 非正式制度与社会冲突[J]. 中国农村观察,2001(2).
[35] 戴元光,陆琼琼. 弱势群体在中国社会中的“弱势”[J]. 中国传媒报告,2003(3).
[36] 喻国明. 中国传媒业的发展模式与规则再造[J]. 北京社会科学,2003(1).
[37] 周劲. 转型期中国传媒制度变迁的经济学分析[J]. 现代传播,2005(1).
[38] 喻国明. 中国传媒业:洗牌、模式与规则再造[J]. 郑州大学学报(社科版),2003(3).
[39] 杨瑞龙,杨其静. 阶梯式的渐进制度变迁模式——再论地方政府在我国制度变迁过程中的作用[J]. 经济研究,2003(3).
[40] 刘成付,王爱华. 媒介产品使用价值特性分析[J]. 湖南大众传媒职业技术学院学报,2005(1).
[41] 李景成. 中国广电集团化进程与多元化经营的战略选择[J]. 决策参考,2001(11).
[42] 郭赫男. “注意力经济”时代下的媒体炒作[J]. 新闻界,2004(3).
[43] 喻国明. “渠道霸权”时代的终结——兼论未来传媒竞争的新趋势[J]. 中关村,2005(1).
[44] 喻国明. “去碎片化”:传媒经营的新趋势[J]. 视听界,2005(4).
[45] 潘忠党. 作为一种资源的“社会能见度”[J]. 郑州大学学报(哲学社科版),2003.

外文部分

一、译著类

[1] 斯蒂文·小约翰. 传播理论[M]. 陈德明,叶晓辉,译. 北京:中国社会科学出版社,1999.
[2] 加布里埃尔·塔尔德. 传播与社会影响[M]. 何道宽,译. 北京:中国人民大学出版社,2005.
[3] 尼克·史蒂文森. 认识媒介文化——社会理论与大众传播[M]. 周宪,许均,译. 北京:商务印书馆,2001.
[4] E·M·罗杰斯. 传播学史——一种传记式的方法[M]. 殷晓蓉,译. 上海:上海译文出版社,2002.
[5] 戴维·阿什德. 传播生态学——控制的文化范式[M]. 邵志择,译. 北京:华夏出版社,2003.
[6] 希伦·A·洛厄里,梅尔文·L·德弗勒. 大众传播效果研究的里程碑[M]. 刘海龙,等,译. 北京:中国人民大学出版社,2004.
[7] 哈贝马斯. 公共领域的结构转型[M]. 曹卫东,王晓珏,刘北城,宋伟杰,译. 上海:学林出版社,1999.
[8] 皮埃尔·布迪厄,华康德. 实践与反思——反思社会学引论[M]. 北京:中央编译出版社,1998.
[9] 克利福德·格尔兹. 文化的解释[M]. 北京:上海人民出版社,1999.
[10] 齐美尔. 社会学——关于社会化形式的研究[M]. 林荣远,译. 北京:华夏出版社,2002.
[11] 齐美尔. 社会是如何可能的——齐美尔社会学文选[M]. 林荣远,编译. 桂林:广西师范大学出版社,2000.
[12] 乔纳森·特纳. 社会学理论的结构(上下)[M]. 北京:华夏出版社,2001.
[13] 詹姆斯·S·科尔曼. 社会理论的基础(上下)[M]. 邓方,译. 北京:社会科学文献出版社,1999.
[14] 杜赞奇. 文化、权力与国家——1900—1942年的华北农村[M]. 王福明,译. 南京:江苏人民出版社,2003.
[15] 克利福德·吉尔兹. 地方性知识——阐释人类学论文集[M]. 王海龙,等,译. 北京:中央编译出版社,2000.
[16] H·孟德拉斯. 农民的终结[M]. 李培林,译. 北京:社会科学出版社,2005.
[17] 伊曼纽尔·沃勒斯坦. 所知世界的终结——二十一世纪的社会科学[M]. 冯炳昆,译. 北京:社会科学文献出版社,2002(9).
[18] 乔治·瑞泽尔. 后现代社会理论[M]. 谢立中,译. 北京:华夏出版社,2003.
[19] 戴维·波普诺. 社会学[M]. 李强,译. 北京:中国人民大学出版社,1999:8.

二、英文原著类

[1] Max Weber, "Economy and Society", New York: Bedminster, 1968.

[2] Steven Vago, "Social Change", Peking University Press, 2005. 1.

[3] Doris A. "Graber, Media Power in Politics", Washington, D. C: CQ Press, 2003.

[4] Majid Tehranian, "Grobal Connunication and World Politics: domination, Development, and Discourse", Lynne Rienner Publishers, Inc.

[5] Edward S. Herman and Robert W. McChesney, "The Global Media: the New Missionaries of Corporate Capitalism", Wellington House, 1997.

[6] Collins, "Conflict Sociology: Toward an Explanatory Science", Academic Press, New York, 1975.

[7] Anthony Oberschall, "Social Conflict and Social Monvement", Englewood Cliffs, NJ: Prentice-Hall, 1971.

[8] Jonathan Turner, "A Strategy for Reformulating the Dialectical and Functional Theories of Conflict", Social Forces 53(1975).

[9] Wolf Margery: "Woman and the Family in Rural Taiwan", Stanford University Press, 1972.

[10] Calefato P, "Fashion, the Passage, the Body, Culture Studies", 1988.

[11] Ahmad A, "In Theory : Class, Nations, Literatures", Oxford University Press. 1992.

[12] Alan Swingewood, "The Myth of Mass Culture", Macmillan Publish Ltd., 1977.

[13] L. Sklair, "Sociology of the Global System", Harvester Wheatsheaf, 1991.

[14] Bonard Roshco, News Making, p5, university of Chicago, 1975.

后记

终于要将多年来的一个小小的总结交付出去，没有期待，也没有忐忑，只有无法用文字形容的轻松。我对这本著作没有凝结名利的欲望，只有单纯的认识与呈现，现在，终于交出了答卷。

从我第一次面对S村，它就以她的热情、冷清、古朴、贫穷、秀丽、堕落等等奇异、复杂的气质震撼了我，我渴望了解它的欲望出自内心。在我没有认识这个山村之前，我生活在临近海边的平原农村，一切都是按部就班地，房屋、河流、田地、树木、庄稼都一排一排、整整齐齐，我们的生活，大到人生规划，小到每天的作息与洗脸刷牙的程序，也是纹丝不乱，还有我记忆中的社会关系，例如夫妻之间、父子之间、朋友之间，总是淡淡的，家家户户都有记账本，记录着人情来往的数目清单，如果收支不平衡，调整也是悄悄地、会意地。我在这样的环境中长大，慢慢也以为这就是乡土社会与人情世故，也学会要全无声色的了然。可是，来了这里就全乱了。山区的婀娜多姿、变化多端构建了相称的文化，房屋、河流、田地、树木、庄稼都是依势而建或而生，整个山村错落有致。人们的作息与做事风格非常随性，吃饭、睡觉没有根据谁定的规矩，似乎饿了就吃，困了也再睡。山村的交往很直接，女人们几乎都有一副好嗓子，人们隔着老远就互相招呼，吃饭的时候邻居们互相串门，我把我碗里的分一点给你，再到你的碗里夹一块。农民门上辟邪的镜子、家里供奉的观音，还有人们影影绰绰的张望与说话，总令我觉得透露着那么几分原始的神秘。这里的人们还长期保留着使用中草药的习惯，来了客人，炖的鸡汤里会撒一把天麻、黄芪或者当归；哪天头疼了、腰酸了，男人女人好像个个都是医生，随便到山上扯那么几根草来就能治病，也很诡异。孩子们似乎也比较幸福，一堆堆扎在一起你追我赶，碰到如我一样的陌生人，一群人停下来，盯着我张望、张望，一直到我开腔，“哗”一下散开，慢慢又聚拢而来。我由衷地喜欢，我在这里从一套并不一定符合本性的规矩里解放出来。

所以借着调查的机会我一次次来到这里，不过一当剥开神秘的面纱，S村的轮廓就呈现出巨大的粗陋与破败。我在这里长时间的生活，跟他们一起全人工收割稻谷、脱粒，一起上山采野草莓与野竹笋，一起到小菜场上称肉，跟他们一起坐上可能早已报废的小公共汽车上蓝田街上买衣服，跟他们一起计算收入和支出。也跟随着他们互相串门，集中在一起看电视，打牌，我也常去山上的庵堂拜佛，跟居士们聊天。庵堂“请菩萨”的时候，我坐上了车跟他们到几十里地外一起去迎接菩萨。

另外，更多的时候，我会选择倾听别人的谈话或者对我的倾诉，我知道以诚恳的方式去回应别人。在这个漫长的互相熟悉与了解的过程中，我慢慢体会到了在这里生存的艰难与发展的绝望，我慢慢能够理解人们的孤陋寡闻与精神下坠，我也慢慢地感受到农民式的睿智计算。

这些在本书中基本都赤裸裸呈现了，能够向他们保证的是我并不是站在一个与他们无关紧要的位置审丑，而是一种深沉客观的表达，这是我所能做到的最合适的支持。我更希望的是将来有一天，我再次来到这里的时候，山村能够以美丽、洁净、富裕和满足的姿态迎接我。

在我调查与写作这本书的时候，我受到了S村人的热心支持。在这里，我首先要向梁中柱老先生致敬，感谢他的热心接待和赠与的由他主持撰写的《湖南梁氏S文史》。这本书内容丰富充实，记录了S村从古至今重要的历史资料，与梁氏宗谱与地方史志共同构成为我最主要的地方性文献。还要感谢梁中桂、梁中夫、谭生清等人，是他们的口述让我基本了解了S村目前在人口、土地、房屋、收入等等方面的一些重要数据。另外，还有许许多多接受我访谈或者根本不知道我在工作的人们，这里的名字无法尽述，他们是无名英雄，正是他们的积极配合与热心指导，最终才在我的笔下记录出完整的S村社区社会文化生活，我要感谢他们。

本书是在导师戴元光教授的悉心指导下完成的。承蒙戴老师的亲切关怀和精心指导，虽然有繁忙的工作，但仍抽出时间给予我学术上的指导和帮助，特别是给我提供了良好的学习环境，使我从中获益不浅。戴老师对学生认真负责的态度、严谨的科学研究方法、敏锐的学术洞察力、勤勉的工作作风及勇于创新、勇于开拓的精神是我永远学习的榜样。在此，谨向戴老师致以深深的敬意和由衷的感谢。还要感谢复旦大学童兵教授、南京大学丁柏铨教授、浙江大学邵培仁教授、华东师范大学严三九教授、上海外国语大学郭可教授及上海大学的沈关宝教授、李友梅教授、陶飞亚教授、张佩国教授、仇立平教授、范名林教授、吴信训教授，他们或在教学与开题的不同阶段予以点拨，令我深受启迪，或在论文评议过程中，给予我很大的支持和鼓励，并及时提出了精审的意见，对我更深入思考相关问题提供了更广阔的空间，或在百忙中抽出时间参与我的毕业论文答辩工作，谨表谢忱。

最后，感谢我的父母、丈夫、儿子在我读书期间对我的支持，感谢所有关心我、支持我和帮助过我的同学、朋友、老师和亲人。正是有了他们，我才能克服孤独、困顿和内心的惶惑，完成学业！